Theological Women's Studies in Southern Europe

Theologische Frauenforschung in Südeuropa

Recherche théologique des femmes en Europe Méridionale

Journal of the European Society of Women in Theological Research

Jahrbuch der Europäischen Gesellschaft für theologische Forschung von Frauen

Annuaire de l'Association Européenne des femmes pour la recherche théologique

Volume 13

Bibliographical information and books for review in the Journal should be sent to:

Dr. Ursula Rapp, Franz Heim-Gasse 3
A - 6800 Feldkirch, Austria

Articles for consideration for the Yearbook should be sent to:

Dr. Sabine Bieberstein, Obere Brücke 2,
D-96047 Bamberg, Germany

Theological Women's Studies in Southern Europe

Theologische Frauenforschung in Südeuropa

Recherche théologique des femmes en Europe Méridionale

Editors:
Valeria Ferrari Schiefer, Adriana Valerio
Angela Berlis and Sabine Bieberstein

PEETERS - LEUVEN - DUDLEY, MA

Library of Congress Cataloging-in-Publication Data

Theological women's studies in Southern Europe = Theologische Frauenforschung in Südeuropa = Recherche théologique des femmes en Europe Méridionale / editors, Valeria Ferrari Schiefer ... [et al.].

p. cm. -- (Journal of the European Society of Women in Theological Research = Jahrbuch der Europäischen Gesellschaft für theologische Forschung von Frauen ; 13/2005)

Includes bibliographical references and index.

ISBN 90-429-1696-6 (alk. paper)

1. Women in the Catholic Church--Europe, Southern. 2. Feminist theology--Europe, Southern. I. Title: Theologische Frauenforschung in Südeuropa. II. Title: Recherche théologique des femmes de Europe Méridionale. III. Ferrari Schiefer, Valeria, 1954 IV. Jahrbuch der Europäischen Gesellschaft für theologische Forschung von Frauen ; 13/2005.

BX2347.8. W6T48 2005
230'.082'094--dc22 2005054741

Journal of the European Society of Women
in Theological Research, 13

ISBN Peeters 90-429-1696-6
ISSN 1781-7846
D.2005/0602/129
Cover design by Margret Omlin-Küchler

CONTENTS - INHALT - TABLE DES MATIÈRES

Vorwort der Herausgeberinnen

Der Reichtum und die Vielfalt der Erfahrungen und Traditionen Europas spiegeln sich auch in der Wirklichkeit der *Europäischen Gesellschaft für theologische Forschung von Frauen* (ESWTR) wider. Zugleich gilt es Sprachbarrieren zu überwinden, schwierige strukturelle und unterschiedliche ökonomische Verhältnisse auszugleichen, damit das Potential der Theologischen Forschung von Frauen in all seinen Facetten zutage kommen kann. Das Jahrbuch 2003 hat den Anfang gesetzt, sich theologischen Zugängen von Frauen aus einer bestimmten europäischen Region, nämlich Mittel- und Osteuropa, zu widmen und deren Reichhaltigkeit hervorzuheben. Ähnlich soll es auch in diesem Band des Jahrbuches geschehen: Er soll einen Beitrag dazu leisten, den geographischen Horizont zu weiten und unseren Blick auf die Realität der Theologischen Forschung von Frauen aus dem Süden Europas, nämlich aus Spanien, Italien, Frankreich und Griechenland zu richten. Er soll ihre theologische Reflexion herausstreichen und einen Ansporn bieten, die Arbeiten der Theologinnen aus dem Süden immer wieder aufzuspüren und sichtbar zu machen, da diese trotz der vielfältigen zu überwindenden Hindernisse von großer Vitalität zeugen.

Eines der schwerwiegendsten Probleme für die Theologinnen vor allem aus dem römisch-katholischen Süden stellt die in der Tradition begründete Trennung zwischen Päpstlichen Theologischen Fakultäten, zu denen LaiInnen nur schwer Zugang finden, und staatlichen Universitäten dar, wo sich aber die theologische Lehre und Forschung nicht in entsprechenden Studiengängen wieder findet. Die theologische Reflexion von Frauen wird somit von den akademischen Institutionen kaum unterstützt und kann nur über Umwege stattfinden.

Eine mangelnde akademische Anbindung, das Fehlen einer entsprechenden institutionellen Unterstützung und die auch ökonomisch bedingte Notwendigkeit, auf benachbarte Gebiete, wie Geschichte, Altphilologie, Psychologie, Philosophie usw. auszuweichen, bedeuten für die einzelnen Theologinnen vielfach Isolierung oder Überbelastung. Für eine Koordinierung von wissenschaftlichen Veröffentlichungen stellt dies die große Schwierigkeit dar, überhaupt Theologinnen als Autorinnen zu finden. Dieses Jahrbuch erhebt deswegen keinen Anspruch auf Vollständigkeit – einige Regionen/Länder konnten gar nicht berücksichtigt werden, wie etwa Portugal, andere hingegen nur unvollständig, wie etwa Frankreich.

Damit dennoch möglichst viele Stimmen zu Wort kommen konnten und die Situation in den einzelnen Ländern mit ihren spezifischen Schwerpunkten deutlich wird, wurde kein gemeinsames Thema vorgegeben, vielmehr sollten die Autorinnen aus ihrem Kontext und ihrem Forschungsbereich berichten.

Trotz der oben genannten Schwierigkeiten zeugt nämlich die Präsenz von Gruppierungen und Vereinigungen wissenschaftlich tätiger Frauen in der Theologie und in theologisch relevanten benachbarten Fächern beispielsweise in Spanien und in Italien von einer unerwarteten Lebendigkeit und vom Willen der Frauen, in der Theologie präsent zu sein und sich einzumischen. Ihre Veröffentlichungen zeigen gerade aufgrund ihrer unterschiedlichen Ausgangspositionen eine grundlegende interdisziplinäre Ausrichtung und kreative Betrachtungsweise, der es in erster Linie um eine fruchtbare Zusammenführung von Werten geht, um die Möglichkeit, durch eine auf Erfahrung, Vernunft und Toleranz gründende Arbeit Dogmatismen und absoluten Ansprüchen entgegenzuwirken, und um eine fundamentale Offenheit für Auseinandersetzung und Dialog.

Paradigmatisch für diese Interdisziplinarität und für eine kreative Auseinandersetzung mit naturwissenschaftlichen Methoden ist der Beitrag der Theologin und Psychologin *Mercedes Navarro Puerto*, die Feministische Theologie im spanischen Kontext auf dem Hintergrund der Metapher der Grenze interpretiert. Inspiriert unter anderem auch von Hedwig Meyer-Wilmes möchte sie feministische Theologie als ein Ganzes mit vielen Zentren auffassen und bezieht das Paradigma des komplexen Denkens mit ein, um die fließende und dynamische Dimension der Metapher der Grenze zu zeigen. Das komplexe Denken spricht von *dissipativen Strukturen*, das heißt von Strukturen, die in sich bei einem Übergang von einer Energieform in eine andere zugleich Veränderung und Stabilität verknüpfen, und von *Emergenz*, die die Ergebnisse bezeichnet, die aus der Dynamik der dissipativen Struktur hervorgehen und neue Formen der Ordnung hervorbringen. Feministische Theologie kann demnach als eine solche dissipative Struktur und als eine Emergenz verstanden werden, weil sie durch fundierte theologische Reflexion und wissenschaftliche Arbeit für Kontinuität sorgt, aber zugleich mit ihrer innovativen Kreativität Veränderung und Erneuerung des gesamten Systems der Theologie hervorbringt.

Ein fruchtbarer interdisziplinärer Dialog bildet gerade die methodische Basis für den Beitrag von *Pilar de Miguel*, die einen Überblick über die Entwicklung der Feministischen Theologie in Spanien gibt. Seit der gesetzlichen Abschaffung politischer und gesellschaftlicher Frauendiskriminierungen 1960 erlebt Spanien ein Aufblühen der Geschlechterforschung. Es finden sich zunehmend katholische Frauen in Gruppen zusammen, um Themen zu diskutieren, die Arbeit und Familie betreffen, aber auch um sich mit dem Glauben und mit theologischen Fragen auseinander zu setzen. Zunächst hat vor allem die nordamerikanische Theologie die theologische Reflexion der ersten spanischen Theologinnen beeinflusst. In den letzten Jahren lässt sich aber eine spanische Identität feststellen, vor allem seit der Gründung der Asociacíon de Teólogas Españolas (ATE) 1992. Die Spanische Theologische Gesellschaft hat bereits zahlreiche Tagungen zu unterschiedlichen Themen der Exegese, Geschichte und Spiritualität organisiert und damit die Möglichkeit zur Vertiefung und zur Auseinandersetzung mit anderen Disziplinen gegeben. Daraus sind auch mehrere Veröffentlichungen entstanden.

In Italien hat sich die philosophische und psychoanalytische Frauenforschung seit den 80er Jahren vor allem in Richtung Geschlechterdifferenz entwickelt, wie der Beitrag von *Alessandra Cislaghi* zeigt. Diese Diskussion hat auch die italienischen Theologinnen deutlich beeinflusst, die das Thema der Differenz in den unterschiedlichen Bereichen vertieft haben, beispielsweise in der Theologie- und Kirchengeschichte, indem sie der Frage nach der Spezifizität der Spiritualität von Frauen nachgegangen sind und in der Exegese untersucht haben, ob es eine bestimmte Frauentradition der Bibelauslegung gibt. Die Zunahme der Studentinnen an den theologischen Fakultäten stellt zwar ein kreatives und erneuerndes Potential für die italienische theologische Forschung dar, das aber zugleich auf Schwierigkeiten sowohl von kirchlich offizieller als auch akademischer Seite stößt.

Ein Beispiel für eine italienische feministisch-theologische Arbeit wird von *Marinella Perroni* angeboten, die kritisch die österliche Ersterscheinung im Johannesevangelium (Joh 20,1-18) auslegt und sie als einen Beitrag zur feministischen Pneumatologie interpretiert. Perroni erfasst die entscheidende Rolle der Maria von Magdala im Dialog mit dem Auferstandenen sowohl aus theologischer als auch ekklesiologischer Sicht. Die Jüngerin und Apostelin Maria von Magdala hat die notwendige Vermittlung für den Empfang des Geistes für die Christenheit garantiert und deshalb eine fundamentale Rolle in Bezug auf die Gründung der Kirche gespielt. Ihre Rolle bestand nämlich darin, den Geschwistern im Glauben zu helfen, den Auferstandenen zu erkennen als Voraussetzung für den Empfang des Geistes. Dadurch wurde der Glaubensgemeinschaft ein Leben im Geiste eröffnet. Im Bezug auf das Heilsgeschehen hat somit Maria von Magdala als echte Christusjüngerin eine fundamentale kirchliche Funktion erfüllt.

Wenn feministische Theologie auf der französischsprachigen theologischen Bühne zunächst nicht sichtbar wird, liegt es nach *Elisabeth Parmentier* vor allem daran, dass sie einen besonderen Weg zurückgelegt hat. Der Feminismus im frankophonen Europa wurde durch große Frauen wie Simone de Beauvoir beeinflusst und ist deshalb vor allem auch philosophisch, politisch und gesellschaftlich geprägt. Seit den 70er Jahren werden aber auch grundsätzliche und kritische Fragen an die theologische Tradition und an die christlichen Kirchen gestellt. Die feministische Theologie in Frankreich und in der französischen Schweiz wird jedoch nicht in derselben Weise wie in den anderen europäischen Ländern umgesetzt, sie wählt einen eigenen integrativen und partnerschaftlichen Weg, der auf Dialog, Gegenseitigkeit und Solidarität zwischen Männern und Frauen gründet.

Aus Frankreich stammt auch der Beitrag von *Waltraud Verlaguet* über mystische Schriften von Frauen. Dieser Artikel, der aus der Dissertation der Autorin hervorgeht, zeigt am Beispiel von Mechthild von Magdeburg die Situation von Frauen in der Gesellschaft des XIII. Jahrhunderts im Norden Europas und geht der Frage nach, warum gerade in den germanischen Regionen des Nordens trotz bestehender Frauenmarginalisierung mehrere Frauen religiöse Schriften verfasst haben. Um darauf Antworten zu finden, untersucht sie die anthropologischen Konzeptionen aus dem Süden und aus dem Norden, die zwar beide auf Frauendiskriminierung basieren, jedoch in unterschiedlicher Art und Weise. Während im Süden ein Gedanke der Gleichheit zwischen den Menschen zu finden ist, wobei Frauen allerdings aus dieser Ebenbürtigkeit ausgeschlossen sind, herrscht im Norden das feudale System, das auf einer fundamentalen Ungleichheit der Menschen gründet. Frauen sind in diesem System zwar gleichrangigen Männern untergeordnet, können aber Männern aus niedrigeren Schichten übergeordnet sein. Außerdem konnten die Frauen aus den oberen sozialen Schichten in der Regel lesen und schreiben und sich in der Öffentlichkeit äußern. Wenn diese Frauen ein religiöses Leben wählten, waren für sie die Bedingungen zum Verfassen von Schriften günstiger als für ihre Schwestern aus dem Süden.

Eleni Kasselouri-Hatzivassiliadi und Georgios Hatzivassiliadis geben einen Einblick in die Entwicklung von Frauenforschung und feministischen Fragestellungen innerhalb der orthodoxen Theologie Griechenlands und speziell der Exegese. Obwohl feministische Fragestellungen im orthodoxen Kontext nach wie vor einen schweren Stand haben, konnte sich doch eine beachtliche Forschung etablieren, die sich mit der Stellung und der Stimme von Frauen in der orthodoxen Tradition befasst und dies zum Teil von einem dezidiert feministisch-kritischen Standpunkt aus tut. So wurden nicht nur Qualifikationsarbeiten wie die von Evanthia Adamtziloglou oder Eleni Kasselouri verfasst, sondern griechische ExegetInnen meldeten sich auch in internationalen Zeitschriften zu Wort. Vor diesem Hintergrund stellen die Autorin und der Autor ein wachsendes Interesse orthodoxer Hermeneutik für neue Methoden fest, postulieren aber die Notwendigkeit weiterer feministischer Forschungen gerade im orthodoxen Kontext, um das weithin unbekannte weibliche Gesicht orthodoxer Tradition, das im Tiefsten biblisch geprägt ist, sichtbar zu machen.

Unter der Rubrik "Frauentraditionen in Europa" stellt *Evanthia Adamtziloglou* einen Teil ihrer Dissertation über 1 Kor 11,2-16 vor. Obwohl diese Untersuchung bereits 1989 (auf Griechisch) publiziert wurde und den damaligen Stand der Diskussion widerspiegelt, fanden wir es wichtig, ihrer Forschung in diesem Band Raum zu geben. Denn zum ersten stellt Adamtziloglous Arbeit, wie Eleni Kasselouri-Hatzivassiliadi und Georgios Hatzivassiliadis in ihrem Überblick deutlich machen, die erste systematische Untersuchung paulinischer Vorstellungen über Frauen im griechisch-orthodoxen Bereich dar, die auf einer feministischen Hermeneutik basiert. Zum zweiten bietet sie eine Interpretation des Textes, die nach unserem Kenntnisstand in der westlichen exegetischen Diskussion in dieser Weise nirgends vertreten wurde oder wird. Und zum dritten stellt Evanthia Adamtziloglou ihre Überlegungen in den Kontext orthodoxer Frauentraditionen, wodurch sich nochmals ein Akzent ergibt, der so in der übrigen Diskussion nicht zu finden ist.

Adamtziloglou sieht – mittlerweile mit der Mehrheit der Exegesen zu 1 Kor 11,2-16 – nicht die Frage der Kopfbedeckung von Frauen als Hauptthema dieses Textes an. Doch geht sie in ihrem Lösungsvorschlag einen eigenen Weg, indem sie den in der exegetischen Diskussion kontrovers interpretierten V. 10 ("Deshalb soll die Frau eine Macht auf dem Haupt haben um der Engel willen") nicht als Konsequenz aus den VV. 4-9 liest, sondern auf V. 3 bezieht. So gelangt sie zu einer Lektüre, die nicht die Unterordnung der Frau betont, sondern die "Macht" als die "Vollmacht" der Frau versteht – und zwar über den Mann, der in V. 3 als das "Haupt" der Frau bezeichnet wird. Doch geht es nach Adamtziloglou darum, dass diese Macht nicht als Herrschaft ausgeübt wird, sondern im Sinne Christi als Entäußerung, so dass den Frauen die Verantwortung dafür zukommt, dass auch die Männer die ihnen gegebene Macht nicht im Sinne der alten patriarchalen Ordnung ausüben, sondern ebenfalls als die Macht Christi, die die Herrschaft überwindet.

Außerhalb des thematischen Rahmens südeuropäischer Forschungen stellt *Maria Katharina Moser* im "Forum" einen spannenden Vergleich zwischen

Mel Gibson's Film "The Passion of the Christ" und Selbstgeißelungs- und Kreuzigungspraktiken auf den Philippinen an. Dabei zeigt ihre Kritik, dass solche Vergleiche, die in manchen Filmkritiken gezogen werden, nur sehr differenziert gehandhabt werden dürfen bzw. sogar völlig unangemessen sein können. Denn Gibsons Film enthistorisiert in seiner Inszenierung der Passion das beispiellose und einzigartige Leiden des "Superhelden" Christus und trennt es dadurch von jeglichem anderen menschlichen Leiden ab. So wird diese Leidensgeschichte jeder politischen Dimension beraubt. Dem gegenüber sind die Passionsrituale der Philippinen aus dem Leiden der armen Bevölkerung entstanden und sind so in einen konkreten politischen Kontext eingebettet. In befreiungstheologischer Hermeneutik müssen sie als ritueller Ausdruck eines gekreuzigten Volkes (Jon Sobrino) verstanden werden. Zentral ist die Präsenz Christi in der Geschichte, die zur Ermächtigung von Frauen und Männern verhilft, ein Aspekt, der in Mel Gibsons Inszenierung des Leidens in keinster Weise zu finden ist.

Der Bericht von *Rajah Scheepers* über die nationale Tagung der deutschen Sektion der ESWTR e.V. vom 12. bis zum 14. November 2004 mit dem Thema "Hat das Böse (k)ein Geschlecht?", der von *Angela Berlis* zusammengestellte Büchermarkt und die Rezensionen schließen dieses Jahrbuch ab.

Die Herausgabe eines solchen Bandes kann nur als Gemeinschaftswerk gelingen. Da die einzelnen Beiträge in unterschiedlichen Sprachen verfasst wurden, waren umfangreiche Übersetzungs- und Redaktionsarbeiten notwendig. Ein besonderer Dank gilt deshalb den Übersetzerinnen, Elaine Griffiths, Dr. Andrea Günter, Dr. Karin Heerlein und Margaret A. Pater, sowie Dr. Angela Berlis für redaktionelle Unterstützung bei den deutschsprachigen Texten, Dr. Charlotte Methuen und Prof. Dr. Susan Roll fürs Korrigieren der englischsprachigen und Annick Yaiche für die Korrektur der französischen Texte.

Mit diesem Jahrbuch verabschiedet sich Angela Berlis als verantwortliche Herausgeberin des Büchermarktes. Nachdem sie bereits im Jahr 1995 gemeinsam mit Caroline Vander Stichele erstmals für den Büchermarkt zuständig war, hat sie seit 2000 – nun in Zusammenarbeit mit Charlotte Methuen – kontinuierlich die Veröffentlichungsliste und die Rezensionen betreut. Sie hat in all den Jahren eine immense Arbeit für das Jahrbuch geleistet und damit ein gutes Stück Jahrbuchgeschichte geschrieben! Uns bleibt es, ihr an dieser Stelle sehr herzlich für ihr Engagement zu danken – und ihr ganz zum Schluss das Wort zu überlassen: "Es hat mir immer Spaß gemacht, für den Büchermarkt verantwortlich zu sein. Nicht nur deshalb, weil ich Bücher liebe und die Kontakte, die im Laufe der Jahre gewachsen sind, interessant sind. Am Büchermarkt wird deutlich, wie international und wissenschaftlich weitgefächert feministische Theologinnen arbeiten. Die Liste der Veröffentlichungen ist informativ, der Rezensionsteil bietet zudem die Möglichkeit, die Vernetzung feministischer Theologie und Theologinnen sichtbar zu machen. Wenn da zum Beispiel eine Frau aus Großbritannien ein in Italien erschienenes Buch, eine Österreicherin das Buch einer Engländerin, eine Deutsche das Buch einer Ungarin, eine Schwedin ein amerikanisches Buch, eine Niederländerin ein Buch aus Polen und eine Italienerin ein französisches Buch rezensiert, dann ist da doch einiges in Bewegung und im Gespräch miteinander."

Wir wünschen Ihnen eine bewegende und inspirierende Lektüre!

Valeria Ferrari Schiefer, Adriana Valerio, Sabine Bieberstein
Bobingen/Ludiano/Sion – Napoli – Bamberg, im Juli 2005

Mercedes Navarro Puerto

Die feministische Theologie – eine Theologie an der Grenze

Einleitung

Die folgende Betrachtung ist im spanischen Kontext des katholischen Glaubens angesiedelt, in einem Umfeld rapide zunehmender Indifferenz gegenüber religiösen Institutionen, und dies auffallend deutlicher unter Frauen. Dieses Phänomen hat mehrere Lesarten, die weder notwendig negativ noch alarmierend sind, wenn wir Lösungen jenseits der gewöhnlichen Denkmuster und Maßstäbe annehmen. Wir treffen nämlich auf eine Suche nach Spiritualität und nach einer Religiosität, die das vielfältige, säkulare Angebot von christlichen Institutionen wie den katholischen, herausfordert. Die religiöse Indifferenz könnte man als lebendigen Protest verstehen. Der massive Austritt der Frauen aus der katholischen Kirche ist darüber hinaus die überzeugende, gewaltfreie Antwort auf die symbolische Gewalt der Kirche.

Als spanische Theologinnen denken, lehren und schreiben wir für ein weibliches Publikum in einer Grenzsituation innerhalb der institutionalisierten Kirche, gespalten durch widersprüchliche Gefühle. Viele unter uns weigern sich, das eigene Haus zu verlassen, um es jenen zu überlassen, die sich für seine Eigentümer halten. Wir versuchen, ein Erbe zu beanspruchen, das uns historisch zusteht und zu dem wir beigetragen haben; denn ohne uns Frauen wäre diese Kirche unmöglich. Die feministische Theologie in Spanien kann nur eine Theologie an der Grenze sein.

Diese kontextuelle Verortung ist Ausgangspunkt für den weiteren Rahmen des ersten Teils. Im zweiten Teil werde ich die theoretischen und praktischen Implikationen einer feministischen Theologie unter dem Aspekt der Metapher der Grenze untersuchen. Schließlich widme ich den dritten Teil einer kurzen Beschreibung der Funktionen, die sich aus all dem herleiten lassen.

Warum ausgerechnet eine Metapher? Ohne hier aktuelle Theorien über die Metapher darstellen zu wollen[1], möchte ich ihre Bedeutung für die Gestalt

---

[1] Zur Theorie der Metapher Georg Lakoff / Mark Johnson, *Metaphors We Live By* (University of Chicago Press: Chicago/London [1980], 2003); Georg Lakoff, *Women, Fire and Dangerous*

unserer Wahrnehmung der Wirklichkeit hervorheben. Wir denken mittels Metaphern. Strukturale Metaphern bedingen die Art und Weise, wie wir uns verständigen und wie wir uns in der Wirklichkeit zurechtfinden. Die Wirklichkeit zu verändern heißt auch, ihre Metaphern zu verändern.

Während der Zweiten Europäischen Frauen-Synode (Barcelona 2003) begann ich mit der Dekonstruktion einiger Metaphern und dem konstruktiven Vorschlag anderer Metaphern für Frauen in den Religionen und Kulturen. Die vorliegende Arbeit setzt das seinerzeit Begonnene fort und konzentriert sich auf die Metapher der Grenze in Verbindung mit der feministischen Theologie.[2]

I. Kontext für eine feministische Theologie an der Grenze

Der Kontext einer feministischen Theologie an der Grenze muss in der Grenzperspektive gegründet sein. Der Feminismus betrachtet die Realität von der Grenze her, jener Schwelle, auf der wir Frauen leben und wo *wir sind, ohne zu sein.*[3] Die neuen Strömungen und Paradigmen der Wissenschaft, die, aus den Naturwissenschaften stammend, schrittweise von den Geisteswissenschaften übernommen wurden, werden allmählich auch zum Rahmen für die kritische feministische Theologie an der Grenze, wie ich im Folgenden, wenn auch in sehr kleinem Umfang, zeigen werde.

Things (Cambridge University Press: Cambridge 1987); Ders., *Philosophy in the Flesh* (Basis Books: New York 1999), und v.a. Paul Ricœur, *Die lebendige Metapher*, dt. von Rainer Rochlitz (Übergänge. Studien zu Handlung, Sprache und Lebenswelt 12; Fink Wilhelm: München 1986, ²1991 [Paris 1975]).

2 Anregungen für diese Metapher entnehme ich bei spanischen Philosophen, z. B. Eugenio Trías, besonders seinem Werk *Lógica del límite* (ed. Destino: Barcelona 1991), seinen Beschreibungen des "Präludium", 15-22 und seinem Bezug auf das Sakrale in Kap. IV, 467-479. José Antonio Marina hat in seinem philosophischen Werk ebenfalls semantische Aspekte von Grenzen und Begrenzungen entwickelt. Dann bin ich der "Philosophie der Komplexität" des französischen Philosophen Edgar Morin sowie, indirekt, Paul Ricœur verpflichtet. Seit einigen Jahren studiere ich die Metapher der Grenze auf meinem Gebiet der Psychologie, sowohl in der psychotherapeutischen Praxis (fast immer mit Frauen), wie in der Theorie. Dies verdanke ich Autoren wie José Luis Pinillos und Antonio Vázquez Fernández, um zwei von ihnen zu nennen. Die konkrete Anwendung auf die feministische Theologie mit reichen Anregungen verdanke ich außerdem Hedwig Meyer-Wilmes, deren Werk *Rebellion auf der Grenze. Ortsbestimmung feministischer Theologie* (Herder: Freiburg i. Brsg. 1990) ich in verschiedenen Teilen meiner Arbeit folge. Hinsichtlich der Anwendung des Begriffs der Grenze auf Bibel und Spiritualität ragen heraus die Bibelwissenschaftlerin Dolores Aleixandre und die systematische Theologin Trinidad León.

3 Celia Amorós (Hg.), *Feminismo y filosofia* (Síntesis: Madrid 2000).

Das Paradigma des komplexen Denkens

Das Paradigma des komplexen Denkens[4], an dessen Anfängen die anerkannte feministische Wissenschaftlerin Evelyn Fox Keller steht, nimmt den ihm zugehörigen metaphorischen[5] Ort an der Grenze ein. Die christliche und jüdische feministische Theologie, beide zunächst in chronologischem Sinne, sind entstanden und wachsen in einem Kontext ungleicher Vielfalt. Sie sind auf Neuerung hin orientiert, wie eine *dissipative Struktur*[6], die eine wirkliche *Emergenz*[7] ermöglicht. Die feministische Theologie hat gelernt, sich neben den Kritiken nicht westlicher Frauen, die weder der weißen Rasse noch dem Mittelstand angehören, zu etablieren. Später nahm die Vielfalt (der feministischen Theologie, Anm. d. Ü.) mit der Ausbreitung der islamischen Theologie und den asiatischen, orientalischen Theologien sowie jenen der Indios und der lateinamerikanischen Ureinwohnerinnen zu.

---

4 In der Sprache der Mathematiker und Wissenschaftler bezeichnet man es als *nichtlineare Dynamik*, Fritjof Capra, *The Hidden Connections. A Science for Sustainable Living* (Doubleday: New York 2002; deutsch: *Verborgene Zusammenhänge: vernetzt denken und handeln*, Scherz: Bern u.a. 2002). In der philosophischen Sprache sind die Begriffe *komplexes Denken* und *Wissenschaften der Komplexität* sehr geläufig, Edgar Morin, "Epistemología de la complejidad", in: Dora Fried Schnitman, *Nuevos paradigmas, cultura y subjetividad* (Paidós: Barcelona / Buenos Aires / México 2002), 421. Ich werde allgemein die Bezeichnung *Wissenschaften der Komplexität* oder *komplexes Denken* übernehmen.

5 Vgl. Evelyn Fox Keller, "From Secrets of Life to Secrets of Death", in: Mary Jacobis / Evelyn Fox Keller / Sally Shuttleworth (Hg.), *Body/Politics: Women in the Discourses of Sciences* (Routledge: New York 1990), von ders. zitiert in "La paradoja de la subjetividad cientifica", in: Schnitmann, *Nuevos paradigmas*, 143-173.

6 Wir verdanken den Begriff *dissipative Struktur* Ilya Prigogine (Nobelpreis für Chemie 1977), der auf der Basis seiner wissenschaftlichen Entdeckungen, in einem Begriff *Dissipation* [in der Physik Übergang einer Energieform in Wärmeenergie, Anm. d. Ü.] (Veränderung) und *Struktur* (Stabilität) verknüpft. Der Begriff *dissipative Struktur* bezieht sich auf ein offenes System, das sich in einem Stadium jenseits des Gleichgewichts befindet und doch gleichzeitig seine Stabilität bewahrt. Die allgemeine Struktur wird aufrechterhalten trotz des unaufhörlichen Fließens und des kontinuierlichen Austauschs seiner Komponenten.

7 *Emergencia* bezeichnet das Ergebnis aus der Dynamik einer dissipativen Struktur: Neue, aus der Komplexität stammende Formen der Ordnung. Wenn der Energiefluss das System erweitert, kann es einen Punkt der Instabilität erreichen, bekannt als *Bifurkationspunkt*. Daraus kann ein neuer Zweig wachsen, der einen völlig neuen Zustand hervorbringt, aus dem selbst wiederum neue Ordnungsformen und neue Strukturen entstehen können. Ilya Prigogine / Isabelle Stengers, *La nouvelle alliance. Métamorphose de la science* (Gallimard: Paris 1979); Manuel Almendro, *Psicología del caos* (La Llave: Vitoria 2002); Capra, *The Hidden Connections*; Steven Johnson, *Sistemas emergentes. O qué tienen en común hormigas, neuronas, ciudades y software* (Turner-FCE: Madrid 2003).

Fast ohne dessen gewahr zu werden, entstand die feministische Theologie inmitten eines sehr komplexen Geflechts, in einem Umfeld, in dem Überschneidungen und Vermischungen entstehen, die die orthodoxen Theologien mit dem Gespenst des Synkretismus und Relativismus bedrohen. Tatsächlich erweist sie sich durch den Effekt der Rückkoppelung (*retroalimentación*) und als *Emergenz* als autopoietisch.[8] Die Entwicklung vollzieht sich in dem Moment, in dem Theologinnen beginnen, dieses Geflecht als Merkmal des Denkens und den Kontext als Paradigma des Denkens zu sehen. Es ist eine Methode des Zugangs zur Wirklichkeit (der Erscheinungen und Objekte[9]), die wiederum die Mittel dieses Zugangs selbst modifiziert. Die Auswirkung einer solchen Bewegung im alten Paradigma ist zumindest verwirrend, denn Komplexität erzeugt Furcht, und ihr Überborden erscheint uns als Mangel an Kontrolle, was ein Gefühl der Beklemmung auslöst. Komplexität wird gewöhnlich negativ interpretiert als Zersplitterung und Atomisierung. Die Theologien der Frauen, die sich schwer in ein einheitliches Denken einfügen und die dezentralisiert entstanden sind, die kontinuierlich der kritischen Konfrontation unterworfen sind, und die sich darum unaufhörlich wandeln und Wandel schaffen, diese Theologien werden als babylonische Sprachverwirrung wahrgenommen. Wer sich andererseits dem Paradigma der Komplexität, der Netzwerktheorie und der dezentralisierten Kontrolle höher entwickelter Systeme annähert und sich allmählich darin zurechtfindet, für diejenigen erscheinen die Dinge strahlend vor einem neuen Horizont voller Hoffnung und Kreativität.

Nach Edgar Morin entsteht die Komplexität dann, wenn gleichzeitig empirische und logische Schwierigkeiten auftreten, wenn eine Verwirrung von Aktionen, Interaktionen und Rückwirkungen entsteht, wenn aleatorische, die Ungewissheit vergrößernde Phänomene auftreten.[10] Schließlich stammt die Komplexität, so Morín, aus derselben Realität, deren Elemente in Relation zu zahllosen anderen Elementen (Netzwerken) stehen. Die Auswirkungen dieser

---

[8] Gr. *'autos'* (selbst) und *'poiein'* (machen) sich selbst erzeugend, gestaltend und erneuernd, Kennzeichen offener, komplexer Systeme. Von den Biologen Humberto R. Maturana und Francisco J. Varela geprägter, in der Systemtheorie auf andere Wissensbereiche übertragener Begriff für biologische Organismen, Anm. d. Ü.

[9] Jorge Wagensberg, *Ideas sobre la complejidad del mundo* (Tusquets: Barcelona 1985) und ders., *La rebelión de las formas* (Tusquets: Barcelona 2004).

[10] Morin, "Epistemología de la complejidad", 421. Vgl. auch Edgar Morin, *Introducción al pensamiento complejo* (Gedisa: Barcelona 1996).

Mannigfaltigkeit an Relationen sind in den meisten Fällen nicht vorherzusagen. Diese Komplexität ist auf allen Ebenen des Lebens und des Universums festzustellen, besonders im Hinblick auf den Menschen und die Gesellschaft. Dieses Paradigma fordert unsere Erziehung mit ihrem Ideal des Gleichgewichts und der Ordnung heraus, das das Chaos als etwas Negatives versteht mit ausschließlich schädlichen Auswirkungen. Nach dem alten, aus der Moderne abgeleiteten Paradigma lässt sich alles vorhersagen, wenn wir den Ausgangspunkt kennen, wenn die Komponenten der Realität sich isolieren, einwandfrei unterscheiden und sich getrennt analysieren lassen können. Wir haben gelernt, mittels Disjunktionen und auf reduktive Weise zu denken.

Die Realität widerlegt jedoch dieses klassische Modell. Nach dem Paradigma der Komplexität existiert alles miteinander verbunden und erfordert, dass wir konjunktiv, relational, vernetzt und rückkoppelnd zu denken lernen. Die Naturwissenschaften sind dabei, die Umrisse dieses neuen Modells zu bestimmen, indem sie die Dialogik der Ordnung und des Ungeordneten einbeziehen, in der das Ungeordnete eine kreative und produktive Funktion im Universum hat.[11] Ilya Prigogine meint, das Chaos sei autopoietisch, selbstschöpferisch, sich selbst organisierend.[12] Diese Realität fordert uns dazu heraus, das Chaos und die Ungewissheit in unser Denken einzubeziehen. Der Zugang zur Wirklichkeit verlangt, viel eher in Systemen als in einer Objekt-Begrifflichkeit zu denken. Das Ungeordnete und das Chaos sind notwendige Elemente für die Schöpfung und Neuerung. Obwohl sie in erster Linie als Abweichungen und Fehler in Bezug auf das etablierte System wahrgenommen werden, sind sie unverzichtbar für die *Emergenz* und die Kontinuität des Lebens, für das Lernen und den Übergang zu höheren Ebenen des Bewusstseins und der Spiritualität.

Die feministische Theologie gestaltete sich seit ihrem Entstehen und in ihrer Entwicklung als eine plurale Theologie, die sich mit der Komplexität und dem Chaos konfrontiert sieht; die sich in den bestehenden Netzwerken angereichert und neue Netzwerke geschaffen hat; die sich in dezentralisierten Systemen in kontinuierlicher Rückkopplung bildet und in dieses Paradigma integriert bleibt.

---

[11] Dies hat bereits Carl Gustav Jung in der ersten Hälfte des 20. Jahrhunderts vertreten, als er im Rahmen der Tiefenpsychologie den Archetyp des Schattens einführte und über die Vereinigung der Gegensätze sprach.

[12] Gregoire Nicolis / Ilya Prigogine, *Self-Organization in Non Equilibrium Systems* (Wiley: New York 1977); Ilya Prigogine, *Exploring Complexity* (Freeman and Co.: New York 1989); ders., *La fin des certitudes* (Odile Jacob: Paris 1996); ders. / Stengers, *La nouvelle alliance*.

Das ist einer der Gründe, warum das patriarchale theologische System einer jeden Religion die feministische Theologie als ein destabilisierendes Element, als etwas Irriges und Verstörendes wahrnimmt, das es zu beseitigen gilt. Die feministische Theologie hat trotzdem ein Bewusstsein ihres höheren kreativen Potentials gegenüber den traditionellen theologischen Systemen, deren Stagnation und Abgelöstheit von den Netzwerken des Lebens dem Tod viel näher stehen als dem Leben.

Der patriarchale, politische und globale Kontext

Religionen und Kulturen. Die feministische Theologie erscheint in einem politischen, patriarchalen Kontext der untereinander in Verbindung stehenden Religionen und Kulturen unter dem Zeichen der Konfrontation, dank der Verknüpfungsfähigkeit der Netzwerke und der Rückkopplung aus ihren jeweiligen Umkreisen. Sie sieht sich mit der Mannigfaltigkeit und Komplexität aller Kulturen und Religionen gemeinsam konfrontiert, in ihren Ähnlichkeiten und ihren Unterschieden. Deshalb ruft sie Ungläubigkeit und Skepsis in der Welt der LaiInnen und Misstrauen sowie ein Gefühl der Bedrohung in der religiösen Welt hervor. Die jüdische und die christliche feministische Theologie teilen zahlreiche Voraussetzungen des westlichen Feminismus, ein Anlass für fortwährende Konfrontation angesichts des zu Grunde liegenden Antijudaismus in der christlichen Mentalität des Westens. Beide werden konfrontiert mit der im Entstehen begriffenen islamischen feministischen Theologie, die sie des Ethnozentrismus bezichtigt. Die östlichen Religionen ihrerseits drängen seit längerem vor, einmal innerhalb der Religionen des Westens wie der christlichen, zum anderen aus den autochthonen Religionen anderer Kontinente. Im Unterschied zur Zeit vor einigen Jahrzehnten hat dieser multireligiöse und multikulturelle Kontext die Zentren und die Peripherien unserer westlichen Städte erreicht. Wir müssen ständig mit ihnen rechnen. Die Konfrontationen setzen reiche und positive Elemente zueinander in Beziehung, die, mehr oder weniger bewusst, jedes einzelne System und jede einzelne religiöse Institution und Gruppierung innerhalb der feministischen Theologie betreffen.

In dieser Hinsicht erinnert Morin daran, dass das komplexe Denken ein in Zeit und Raum verortetes Denken ist, das sich der Ungewissheit bewusst ist. Die feministische Theologie in ihrer Komplexität und mit ihrem Grenzcharakter braucht Zeit, um verstanden zu werden, da die kognitive Revolution, die sie voraussetzt, langsam und schwierig ist und mehrere Dimensionen umfasst. Einen Gegenstand auf eine einzige Weise zu erfassen, führt zu einem nur brüchigen Wissen, ihn aber zumindest in zwei verschiedenen Bedeutungen aufzufassen, ermöglicht seine wirkliche Erkenntnis. Denn jedes Nachdenken über etwas bestärkt und vertieft jede andere Denkweise und führt zu einem umfassenden Begreifen, das reicher ist und von anderer Art als jegliche einseitige Form des Verstehens. Es mag genügen, daran zu erinnern, wieviele feministische Theologinnen aus anderen Wissenschaften kommen, die ihnen besondere Blickwinkel eröffnen, aus denen sie über Gott/Göttin, das Heilige, die religiöse Erfahrung nachdenken; wieviele von ihnen von Erfahrungen und Perspektiven ausgehen, die sehr weit von den traditionellen religiösen Perspektiven entfernt sind, und was dazu führte, die körperliche Erfahrung der Frauen und ihre eigene weibliche Erlebniswelt einzubeziehen.

Theologie und Ökonomie. Übersetzt man die Risikogesellschaft und die Ungewissheit in ökonomische Begriffe, dann hat das Auswirkungen auf die theologische Tätigkeit der Frauen und ihr Bestreben, schöpferisch Wirklichkeit zu gestalten.[13] Wenn wir Theologinnen von der Erfahrung ausgehen, lassen wir häufig die wirtschaftliche Frage außer Acht, sei es, weil sie evident ist oder weil wir sie nicht als zugehörig erachten. In beiden Fällen tragen wir dazu bei, dass diese Dimension unseres theologischen Schaffens unsichtbar bleibt. Neben dem notwendigen Geld, das theologisches Denken und Arbeiten ermöglichen soll, verweist die wirtschaftliche Situation auch auf das System, in dem wir theologisch arbeiten und an das wir unsere Arbeit richten. Die Mehrheit unter den Theologinnen kann außerdem nicht von dieser Arbeit leben, so dass wir uns eine andere Arbeit suchen müssen oder wirtschaftlich von anderen Personen abhängen, sei es in der Familie oder in Institutionen. In vielen Fällen muss die Zeit für die Theologie mit der Sorge für andere Personen geteilt werden. Zeit und wirtschaftliche Situation sind, wie wir Frauen wissen, sehr eng miteinander verbunden. Andererseits beansprucht die theologische Arbeit einen Kraftaufwand, der Erholung, emotionale Unterstützung und Fürsorge erfordert, was die Männer stets für unwichtig gehalten haben, was auch immer ihre Aufgaben gewesen sein mögen. Geld, Mittel, Raum, Zeit, Hingabe, Fürsorge, Erholung machen uns, da sie fehlen, die wirklichen Umstände deutlich, in denen die Mehrheit der Frauen, darunter vor allem Laiinnen, Theologie erarbeiten, schreiben und lehren. Das könnte eine Bresche der Kritik in das System schlagen, doch das systematische Unsichtbarmachen dieser äußerst wichtigen

---

13 Isabel Matilla, "Nosotras somos la economía", Bericht der Tagungen 2004 von Arnasatu *El sexo del dinero: Sínodo Europeo de Mujeres, de Gmunden a Barcelona.*

Dimension stärkt die patriarchalen Voraussetzungen und verstärkt den Widerstand, uns als vollberechtigte Glieder in das System zu integrieren.[14] Die *Emergenz*, wie ihre Theoretiker versichern, entsteht nicht aus dem Nichts, sondern das jeweilige Umfeld ermöglicht oder unterdrückt eine höhere Intelligenz.[15]

Blick in die Zukunft: Die Spiritualität der LaiInnen in den Kulturen

Bis vor kurzem betrachteten wir die Spiritualität als eine Dimension des religiösen Glaubens innerhalb einer bestimmten Religion und, obwohl wir sie nicht präzise zu definieren wussten, wussten wir doch, wo wir sie zu verorten hatten. Das ist nun nicht mehr der Fall. Die Annahme einer wachsenden so genannten *religiösen Indifferenz* kann in die Irre führen, wenn wir uns nicht klarmachen, dass die Menschen die Religionen verlassen und zugleich eine mit ihnen unverbundene Spiritualität wieder einfordern. Sie fragen nachdrücklich nach sehr unterschiedlichen spirituellen Formen. Die europäische westliche, vor allem die angelsächsische feministische Theologie greift dies auf inmitten von Intentionen, Unsicherheiten, Zurückweisungen und reduktionistischen Klassifizierungen, die die Schwierigkeiten und Widerstände aufzeigen, sie zu verstehen. Zweifellos gibt es gewichtige Gründe misstrauisch zu sein. Dessen ungeachtet müssen wir uns einem vielseitigen Phänomen zuwenden, dessen Begriff *Spiritualität* gleichsam ein Schirm ist, unter dem sehr unterschiedliche Empfindungen, Haltungen, Notwendigkeiten und Praktiken Schutz finden.

In der Beilage einer konservativen Tageszeitung mit landesweiter Auflage betitelte ein Autor seinen Artikel “Was eigentlich bedeutet ‘spirituell’?”[16] Darin greift er (ungerechterweise, wie ich meine) die Religionen an und kommt zu der Feststellung, dass sie nichts mit der Seele und sogar noch weniger mit dem Geist zu tun haben. Der Autor unterscheidet die Religion, die er als System von Glaubensinhalten betrachtet, von der Moral und der Spiritu-

[14] Die konkreten Fälle könnten vermehrt werden: Frauen, die sich verpflichtet sehen, die Arbeit für den Lebensunterhalt und die familiären Verpflichtungen mit der theologischen Arbeit in Einklang zu bringen, die finanziell nicht entgolten wird; andere, die in einer bestimmten Lebenssituation gezwungen sind, zwischen der Arbeit für den Lebensunterhalt und der Berufung zur Theologie zu wählen; oder jene, die sich der Theologie im akademischen Rahmen einige Zeit widmen konnten, bis sie durch Restrukturierungen des Stellenplans und Kürzungen des Budgets an der Universiät hinausgedrängt werden, dann schließlich die feministische oder genderorientierte Theologie selbst, die nicht “wichtig” ist für das (patriarchale) theologische System.

[15] Zitiert in Johnson, *Sistemas emergentes*, 104.

[16] Andrés Ibáñez, “¿Pero qué significa ‘espiritual’?”, in: *ABC Cultural*, 20. September 2003, 17.

alität. Für letztere reklamiert er seinen Laienstand. Er behauptet, dass die "spirituelle Suche eine solche nach Freiheit ist und die Suche nach dem wahren Ich jenseits der mechanistischen Tendenzen des Verstandes". Der Artikel gibt zweifellos die derzeitige Stimmung wieder. Die jungen Männer und Frauen haben sich, um es nicht theoretisch zu formulieren, allmählich und fast unbemerkt in sehr unterschiedlichen Bereichen eingerichtet, die in spirituelle Strömungen, wie wir sie nennen, einführen: Nämlich in Praktiken der transpersonalen Psychologie, in die Meditation, in Übungen und Rituale östlicher Spiritualität oder einfach in die Selbstreflexion, wie es bei vielen jungen Frauen der Fall ist. Unter dem Schutz psychologischer Strömungen mit jungianischem Hintergrund oder gestützt auf die östlichen oder westlichen Traditionen, die traditionell mit der Religion verbunden sind, verlangen viele Frauen nach einer diffusen Spiritualität – mit enormen Potentialen und vielen Risiken. Darüber hinaus ist diese Forderung mit dem Paradigma der Nicht-Linearität (Komplexität) verbunden, das über die Interrelation zwischen den Sozialwissenschaften und der Philosophie die spirituelle Dimension berührt, wo alle letzten Fragen des menschlichen Seins konvergieren.[17]

Die feministische Theologie hat erklärtermaßen zur Entstehung (*emergencia*) dieser komplexen Spiritualität beigetragen und sieht sich zugleich durch sie herausgefordert. Sie trifft auf die Spiritualität von den Grenzen der Religionen her, allerdings mit zunehmend laienhaftem Charakter, der tief in der jeweiligen Kultur verwurzelt ist. Sofern sie christlichen Ursprungs ist, umfasst sie die soziale und politische Dimension (prophetische Spiritualität), denn die feministische Spiritualität begreift sich lediglich als eine politische Spiritualität, wie es auf den Europäischen Frauensynoden deutlich wurde.[18]

II. Die feministische Theologie und die Metapher der Grenze

Vor diesem Hintergrund können wir nun die *Grenze* als Metapher erörtern, was uns hilft, die feministische Theologie zu verstehen.

---

[17] Unter anderen: Prigogine / Stengers, *La nouvelle alliance*; Capra, *The Hidden Connections*; José Luis Pinillos, *El corazón del laberinto* (Espasa Calpe: Madrid 1997).

[18] Pilar de Miguel / Maria Josefa Amell (Hg.), *Atreverse con la diversidad. Segundo Sínodo Europeo de Mujeres* (EVD: Estella 2004); Isabelle Gómez-Acebo, "Convertirse en varón. Un camino de salvación pova las mujeres en la literatura apócrifa, budismo, hiduismo y taoismo", in: Jesús Campos/Victor Pastor (Hg.), *Actas del Congreso Internacional de Biblia, Memoria histórica y encrucijada de culturas* (Zamora 2004), 678-685; Dies., "El entorno socio-religioso del siglo I", in: Isabelle Gómez-Acebo (Hg.), *La mujer en los orígenes del cristianismo* (DDB: Bilbao 2005), 21-64.

Die Grenze als Metapher

Ich verwende *die Grenze* (*la frontera*) als begriffliche Metapher[19] wegen der kreativen Möglichkeiten ihrer Anwendung und stelle dabei immer eine kritische Dekonstruktion ihrer patriarchalen Verwendung voran.[20] In ihrer paradigmatischen Definition erfüllt *die Grenze* die Funktion, das Unterschiedliche als das Andere oder das Abgetrennte zu schaffen und zu erhalten. Das patriarchale System der Herrschaft/Unterwerfung hat *die Grenze* dazu benutzt, jedem ihrer semantischen Felder (der Trennung und der Verknüpfung) ein Genus zuzuweisen. Die *Schranken* (*límites*) und die *Einschränkung* (*delimitación*) wurden als eher den Männern und dem Maskulinen zugehörig betrachtet. Dies diente ihrer überlegenen Stellung, wobei sie sich an Tätigkeiten der Eroberung und territorialen Ausdehnung orientierten, und indem sie viele Bereiche des Lebens (Politik, Religion, Moral, Recht, Wissenschaft, Beziehungen, Körper und Sexualität) besetzten. Im Gegensatz hierzu wurde die Bedeutung *verbindend und relational* eher den Frauen oder dem Femininen zuerkannt. Die Konsequenz dieser Aufteilung ist das scheinbare Gleichgewicht zwischen jenen, die trennen und jenen, die vereinen, als wären es komplementäre und symmetrische Rollen, anstelle von hierarchisierten und asymmetrischen. Das reale Leben zeigt uns jedoch, dass die verbindenden Kräfte niemals den destruktiven patriarchalen Gebrauch der Grenze mildern.

Die Religionen wie auch der Rest des patriarchalen Systems bedürfen der begrifflichen Metapher der Grenze, um *Funktionen zentralisierter Kontrolle* auszuüben. Darum verschleiern sie viele ihrer besseren Gestaltungsmöglichkeiten über die Gleichwertigkeit zwischen Trennung und Unterscheidung, weil beides eine große Bedeutung für die Ausübung von Macht sowie die Möglichkeit, Wirklichkeit zu definieren, hat. Die patriarchale Zuschreibung dieser Funktionen an Männer ist darum interessant im Hinblick auf Macht und Rollenverteilung.

Die religiösen Institutionen haben die Grenze häufig benutzt, um durch den Rückgriff auf die Natur (*naturalización*) und den Willen oder die Vorsehung Gottes Beschränkungen aufzuerlegen.[21] Sie haben unter dem Zeichen der Grenze für die Frauen begrenzte und abgrenzende Räume entworfen und sie

---

[19] Lakoff / Johnson, *Metaphors We Live By*.

[20] De Miguel / Amell, *Atreverse con la diversidad.*

[21] Z. B. das "Schreiben an die Bischöfe der Katholischen Kirche über die Zusammenarbeit von Mann und Frau in der Kirche und in der Welt", unterschrieben von Josef Ratzinger und Angelo Amato am 31. Mai 2004, in: *Verlautbarungen des Apostolischen Stuhles* 166, 31. Juli 2004.

ihnen zugewiesen: Verbote, die den Geist, den Körper, die Sexualität und die Beziehungen beeinträchtigen sowie den physischen Raum mit seinen entsprechenden undurchlässigen Teilräumen, die nach wie vor die Stufen der Ordnungen und Hierarchien darstellen. Es sind Grenzen, die Verbindungen und Rückkoppelungen isolieren und damit Wachstum, Ausdehnung und Leben hemmen. Das, was sich auf Frauen bezieht, gilt auch für das Feminine und das Maskuline; denn wir sollten nicht vergessen, dass die Definition des Maskulinen immer viel offener und diejenige des Femininen viel geschlossener gewesen ist, gleich, ob sie Männer oder Frauen übernehmen. Die patriarchalen Religionen haben Aspekte, die von vielen Frauen als Beziehung, Berührungspunkt, Transaktion oder Rückkoppelung aufgefasst werden, in Verunreinigung, Unreinheit und Entwürdigung verwandelt. Die mögliche schöpferische Offenheit der Grenze wurde neu definiert als zwangsläufig ausschließende Überschreitung. Die Religionen haben die Metapher der Grenze nicht nur negativ verwendet, denn sie haben ebenso ihre verbindende und Beziehung schaffende Dimension in sich aufgenommen, aber auch in diesem Fall sind die Bindungen nach wie vor hierarchisiert.

Dieses Verständnis der Metapher der Grenze und ihre Verwendung sind statisch und in seiner Art hemmend. Es betont die Begrenzungen und macht sie als Verbote sichtbar, ebenso wie die Grenzlinien als Eindämmung und Kontrolle, als Isolation und Verarmung, wobei viele andere Möglichkeiten der Interpretation verborgen bleiben. Ich schlage vor, die fließende und dynamische Dimension der Metapher der Grenze sichtbar zu machen, indem ich sie in das Paradigma der Komplexität und der lebendigen Systeme integriere. Eine der Eigenschaften dieser Systeme ist ihre Konfiguration in Netzwerken, denn die Marginalität ist Teil der Struktur der feministischen Theologie, wie Hedwig Meyer-Wilmes treffend feststellt.[22]

Demnach erlaubt die Grenze negative und positive Bewertungen. Ihre negative Bewertung dient uns dazu, die Art und Weise, wie die patriarchalen Religionen feministische Theologie wahrnehmen, zu analysieren sowie die Rezeptionsschwierigkeiten zu verstehen. Die negative Bewertung der Grenze ist der räumlichen Kategorie Zentrum-Peripherie oder Zentrum-Randbereich einbeschrieben. Diese Kategorie stützt sich auf die körperliche Erfahrung; denn wir fassen unseren Körper als einen Raum mit Zentrum und Peripherie auf, und zwar nach innen wie nach außen. Die Elemente einer solchen Kategorie sind

22 Vgl. Meyer-Wilmes, *Rebellion auf der Grenze*.

Ganzheit (*entidad;* das Ganze) und *Zentrum und Peripherie* (räumliche Organisation). Ihre Logik besteht darin, dass die Peripherie vom Zentrum abhängig ist und nicht umgekehrt, so dass wir die Organisation der Gesamtheit einem hierarchisierten Schema entsprechend wahrnehmen; denn das Zentrum wird höher geschätzt als der Randbereich. Dieses metaphorische Modell impliziert auch, dass Theorien sowohl zentrale als auch periphere Prinzipien haben. Und das Wichtige fassen wir insoweit als zentral auf, als wir diese und andere Begriffe als Synonyme verwenden (etwas ist zentral = grundlegend = wichtig).

Die Theologie[23] wird traditionell als ein Ganzes wahrgenommen, als ein Einheitssystem bestehend aus einem *Kern*, der durch akademische oder religiöse hierarchische Autoritäten bestimmt ist, sowie aus *Peripherien*, zwischen denen häufig bestehende Grenzen die Zugehörigkeit zur einen oder anderen Peripherie eingrenzen. Die traditionelle Theologie wird als ein System aufgefasst, das seinerseits zu anderen akademischen und wissenschaftlichen Systemen auf der Basis von Kriterien, die zwischen *religiös* und *profan* unterscheiden, Grenzen zieht. Innerhalb des genannten Systems wäre die feministische Theologie integriert, mehr noch in seine Peripherie, in seine Randbereiche oder Umkreise und würde somit auf gefährliche Weise die andere Seite der Grenze berühren: die profanen Wissenschaften und Kategorien. Die feministische Theologie wird in Bezug auf das Zentrum bewertet und beurteilt, das sich in das Kriterium verwandelt, mittels dessen sie wahrgenommen wird.

Das Aufbrechen des Systems als eines Ganzen mit einem Zentrum

Die feministische Theologie wird zunehmend als ein Ganzes mit vielen Zentren (dezentralisierte Netzwerke) aufgefasst, in dem die Wahrnehmung der Ränder nicht so sehr vom Kern abhängt, da wir nun auf Subsysteme treffen, die sich als miteinander in Beziehung stehende und aufeinander bezogene Räume gestalten (Verknüpfungsfähigkeit und Rückkopplung). Die Grenzen bestehen fort, doch einige der Subsysteme stellen selbst Grenzen dar in Bezug auf das Ganze. Wenn wir die Theologie als eine Pluralität von Theologien (als einen Raum mit vielen Zentren) betrachten, können wir sie auch in das Phänomen der *Emergenz* integrieren, das heißt in den Evolutionsprozess vom Einfachen zum Komplexen, wie eine wahrhaft dissipative Struktur. In diesem

[23] Ich werde mich hier allgemein auf die christliche Theologie und in den meisten Fällen auf die katholische Theologie beziehen.

Sinne teile ich nicht den Pessimismus (obwohl ich ihn verstehe), der häufig einzelne Theologinnen, Gruppen und Vereinigungen auf Grund der unüberwindlichen, harten Konfrontationen mit den Machtzentren der jeweiligen Religionen[24] überkommt, denn gewöhnlich vergessen wir in solchen Augenblicken, dass das Leben auf unserer Seite steht.

Die feministische Theologie selbst ist *Grenze*, wenn wir sie sowohl als ein koordiniertes und kohärentes Subsystem betrachten, als auch als offenes Subsystem, das wie ein Netz über zahlreiche Knotenpunkte mit vielen anderen Disziplinen, Kontexten, Anschauungen verknüpft ist. Die Metapher der Grenze kommt nicht ohne die Metapher des Netzwerks aus. Deshalb hat ihre Funktion viel mit ihrer relationalen Charakteristik zu tun und erklärt, warum die Denksysteme, die akademischen, religiösen und sozialen Systeme, die sich selbst wiederum als geschlossen und kohärent begreifen, die feministische Theologie als zersplittert qualifizieren und warum es ihnen schwer fällt, ihrer inneren Logik zuzustimmen.

Zum Beispiel ist der Kern der katholischen Theologie als kohärentes und geschlossenes System die Gotteslehre, auf die viele andere Disziplinen verweisen, und die auf der patriarchalen Konzeption der trinitarischen Gottheit beruht. Diese Gotteslehre ist einerseits mit der Theodizee und auch mit den Gottesvorstellungen anderer Religionen verbunden. Andererseits sind Theodizee und der Vergleich der Religionen in Bezug auf die Gotteslehre an der Grenze, marginal, sie hängen vom Zentrum ab und sind ihm dienstbar. Die Erörterungen der feministischen Theologie über Gott sind an demselben marginalen Ort angesiedelt, wie es die fast vollständige Unsichtbarkeit sowohl der Werke über das Thema als auch ihrer Autorinnen deutlich machen. Diese Verbannung der feministischen Rede über Gott an die Grenzen hat praktische Konsequenzen, weil sie paradoxerweise den patriarchalen Gottesbegriff, die Sprache und den zweitrangigen Platz der Frauen in der Religion bestärkt und ihren Ausschluss aus den Machtgefügen theoretisch rechtfertigt. Sie bestärkt die Verbindungen zwischen den patriarchalen Religionen und der Macht des Mannes.

Die feministische Theologie als kohärentes Subsystem innerhalb einer theologischen Gesamtheit mit vielen Zentren erörtert die göttliche Wirklichkeit ausgehend von den Fragen der Menschen unseres Jahrhunderts, von unserem

---

[24] Ich beziehe mich nicht nur auf die Hierarchien und Ämter der Kirche, sondern auch auf die akademischen Systeme, die Medien für Darstellung und Verbreitung des Denkens (Fachzeitschriften, Verlage, wissenschaftliche Foren), Gruppen und wissenschaftliche Vereinigungen oder solche der Verbreitung wissenschaftlicher Erkenntnisse.

Kontext und vor allem von den Fragestellungen und der Sehnsucht der Frauen. Die Antworten der feministischen theologischen Diskurse stellen ihre Kohärenz durch Abgrenzung her, doch ohne sich zu beschränken (ein autopoietisches Chaos), das heißt, indem sie beispielsweise die Notwendigkeit einer neuen Sprache anerkennen und deshalb auf die Linguistik rekurrieren. Wenn die feministische Theologie die Trinität aus der Perspektive der Frauen untersucht, erklärt sie ihre Geschichte, die feministische Anthropologie, die vergleichende Religionswissenschaft und den Ort der Frauen darin, oder auch die Psychologie der Archetypen und Symbole. Diese Disziplinen stehen nicht in marginaler Verbindung zur feministischen Theologie, noch stellen sie lediglich Berührungspunkte dar, da sie in vielen Fällen grundlegende Kategorien für den theologischen Diskurs bereitstellen. In diesem Sinne sprechen wir von der feministischen Theologie als einer offenen Grenze, fließend, dynamisch und kritisch.

Als Konsequenz daraus können wir feststellen, dass sich das System an den Rändern verändert, und zwar innerhalb mittelbarer, auf andere Realitätsebenen[25] angewandte Strategien, wie es für Systeme und autonom wirkende Kräfte zutrifft.

Das Paradox und die feministische Theologie

Eine Basiskategorie für die feministische Theologie an der Grenze innerhalb der Wissenschaften der Komplexität ist das Paradox, das, etymologisch betrachtet, widersprüchliche Ideen, Erlebnisse oder Merkmale darbietet, die im Grund eine tiefere Wahrheit einschließen. Es ist seine *Funktion*, uns zu verunsichern und uns einen zunächst nicht evidenten Aspekt wahrnehmen zu lassen. Eine weitere Funktion des Paradoxes ist Freiheit für jene, die sie leben und sie wahrnehmen, da es seine Bedeutung suggeriert, ohne sich durch zwingende Evidenz aufzudrängen. Nehmen wir seine literarische und rethorische Bedeutung, dann drückt das Paradox ein Überfließen der Person in Gefühle, Intentionen und Vorstellungen aus. Es greift zur *Entstellung* der gemeinsamen Sprache und fügt hinzu, berührt und umgeht die logischen Inhalte des Ausdrucks (es bricht die *Logik des Gemeinsinns*). Häufig verbirgt sich hinter der augenscheinlichen Kontrastierung von Ideen, Worten, Handlungen oder Situationen ein tieferer Sinn, der sie wieder miteinander versöhnt, und das nennen

[25] Das kann man im Bereich der Informatik sehen, an Entwurf und Planung von Städten und an Gruppen ablesen. Johnson, *Sistemas emergentes*, 161.

wir Paradox.[26] Nach Deleuze ist das Paradox eine Leidenschaft des Denkens, die *alle Kräfte des Unbewussten ins Spiel bringt.*[27]

Die feministische Theologie funktioniert in der Tat oft wie ein Paradox. Ihre Situation an der Grenze ist auf eine Weise paradox, wie es in der Dekonstruktion des Geschlechts selbst deutlich wird. Sie ist paradox, denn je mehr sie ihren Feminismus betont, desto sichtbarer werden der Machismus und der Androzentrismus – verallgemeinert gesprochen – der traditionellen Theologie, die sich generisch oder supra-generisch gibt, doch aus dem selben patriachtalen Gesellschaftssystem stammt. In der Theologie hat es sich in der Projektion der Geschlechter auf die Gottesbilder und das Sprechen über Gott sowie in der impliziten Affektivität des angeblich rationalen theologischen Denkens manifestiert. Auf der Ebene des Ritus geschieht dasselbe; denn es wirkt paradox, wenn den Frauen im Katholizismus die Repräsentation in Amt und Liturgie mit dem Argument verweigert wird, dass sie den Mann Christus nicht repräsentieren können – und dabei gleichzeitig die Nicht-Geschlechtlichkeit (bzw. Übergeschlechtlichkeit) des auferstandenen Christus behauptet wird.[28] Die offiziellen Argumentationen in ihrer affektiven Betroffenheit, die den Anspruch erheben, die Ablehnung der feministischen religiösen Gemeinschaften zu erklären und auf die Untersuchungen der feministischen Theologie zu antworten, verweisen paradoxerweise auf die Affektivität und Emotivität, die die Fragen des Geschlechts mit sich bringen, sowie auf Machtinteressen und Fragen der Identität, ohne jedoch eine Lösung anzubieten.

---

26 Ich verwende seit Jahren den Begriff *Paradox* in der Psychologie (nach der Schule von Palo Alto, Kalifornien), in der feministischen Theologie, besonders in der Theologie der Vita Religiosa (vor allem auf die Gelübde angewandt) und in der Bibelexegese (narrative Analyse und psychologische Hermeneutik der Texte), ausgehend von den Fragestellungen bei Edgar Morin, *Introducción al pensamiento complejo* (Gedisa: Barcelona 1996) und Antonio Vázquez Fernández, (Gespräche, Diskussionen oder eigene Werke wie *Tolerancia, ¿debilidad o fortaleza?* [Témpora: Madrid 2003]), 12ff., sowie Carl Gustav Jung (Verwendung des Begriffs im gesamten Werk); außerdem José Luis Pinillos, *El corazón del laberinto* (Espasa Calpe: Madrid 1997) und Jean-Pierre Dupuy, "Zur Selbstzerstörung der Konventionen", in: Paul Watzlawick / Peter Krieg (Hg.), *Das Auge des Betrachters. Beiträge zum Konstruktivismus*, Festschrift für Heinz von Foerster (Pieper: München 1991). Unter meinen Arbeiten "Dimensión profética de los votos", in: *Confer* 151 (2000), 9-29.

27 Es ist kein Zufall, dass sowohl in der Öffentlichkeit als auch im Schauspiel das Paradox in der Bildwelt, in der Vorstellung, Begrifflichkeit und in der Umgangssprache betont wird.

28 Vgl. "Schreiben an die Bischöfe der katholischen Kirche über die Zusammenarbeit von Mann und Frau in der Kirche und in der Welt" vom 31. Mai 2004, das in Art. 3 klarstellt, dass in der offiziellen Haltung der kirchlichen Hierarchie die Maskulinität Jesu durchaus von Bedeutung sei.

Die Stärke der traditionellen Theologie offenbart ihre starken Schwächen auf paradoxe Weise, in gleichem Maße, wie die angebliche Schwäche der feministischen Theologie jeden Tag mehr und besser ihre große Kraft zeigt. Die feministische Theologie verschanzt sich nicht, noch verteidigt sie sich bis zum Letzten, weil sie an der Grenze und an den Wegkreuzungen zunehmend ihren eigenen Raum einnimmt und allmählich progressiver und nach innen sicherer wird. In der direkten oder indirekten Konfrontation mit ihr antwortet die traditionelle Theologie auf die Bedrohung durch jedwede Kritik, indem sie ihre Abwehr und Isolation verstärkt, so dass sie in dem Maße, wie sie sich wappnet, ihre Ängste und ihre Unsicherheit offen legt. Dasselbe ließe sich über die Verteidigungsmechanismen anderer Religionen sagen, die in Konfrontation mit feministischen theologischen Entwürfen stehen, hier besonders des Islam.

Das Paradox ist ebenfalls eines der kreativen Mittel der feministischen Theologie, neue Formen des Verstehens zu entwerfen und den theologischen Diskurs zu gestalten. Die feministische Exegese der Evangelien in den letzten Jahren legt beredtes Zeugnis hierfür ab. Wir nehmen als Beispiel Untersuchungen, in denen die Exegetinnen versuchen, die patriarchale *conditio* des Heros Jesus zu dekonstruieren, indem sie die Rolle anderer Personen und vor allem von Frauen rekonstruieren, in seiner Umgebung wie auch innerhalb der Erzählungen. Die Ergebnisse zeigen – ein Paradox – Jesus in einem zugleich attraktiveren und näheren Licht. Das Profil Jesu zusammen mit dem Profil von Frauen, die er traf, zeigen eine andere Persönlichkeit, die auf ein weit inklusiveres Gottesbild verweist und darum auch weniger abgerundet und offener ist. Diese Bilder erscheinen schwächer, aber paradoxerweise stärker, weil sie viel besser den unterschiedlichsten Kritiken widerstehen. Dies wiederum erlaubt das monolithische Bild nicht, das wir uns gemacht und weitergegeben haben.[29]

Die feministische Theologie, eine Kultur- und Politikkritik

Eine Freundin und Kollegin pflegt mir zu sagen, dass wir feministische Theologinnen nicht verstanden werden, weil die Mehrheit denkt, dass uns die Religion interessiert. Man realisiert nicht, dass wir – wie sie sagt – in Wirklichkeit an der Gerechtigkeit und der Veränderung der Welt interessiert sind.[30] Eine andere Feministin, selbst nicht religiös, aber an der Religiosität von

[29] Ingrid Rosa Kitzberger (Hg.), *Transformative Encounters. Jesus and Women Re-viewed* (Brill: Leiden / Boston / Köln 2000).

[30] Gespräche mit Pilar de Miguel.

Frauen sehr interessiert, begeisterte sich für die feministische Theologie als Kulturkritik.[31] Beide bringen damit reale Funktionen der feministischen Theologie in unserem patriarchalen System zum Ausdruck.

Die feministische Theologie versteht man nur, wenn man ihre ausdrücklich politische Dimension einbezieht (wie es das Werk von Elisabeth Schüssler Fiorenza zeigt). Dabei ist klarzustellen, dass diese Dimension nicht notwendigerweise die direkte politische Aktion einschließt, die eher den (politischen, Anm. d. Ü.) Bewegungen zukommt. Dennoch definiert sich die feministische Theologie gleichermaßen als ein politisches und theoretisches Konzept. Hierzu ist einiges zu sagen.

Die feministische Theologie wird häufig als ein Kampfkonzept und als ein analytisches Konzept gesehen. Ersteres bezieht sich auf den politischen Bereich, der die feministische Theologie mit den Emanzipationsbewegungen und dem Kampf um die vollständigen Entfaltungsmöglichkeiten der Frauen verbindet. Letzteres bezieht sich auf die feministische Theologie als Wissenschaft. Wissenschaft und Politik sind zwei verschiedene Systeme, aber es wäre ein Fehler, aus diesen Unterschieden ihre gegenseitige Isolation herzuleiten, da sie interdependent sind, wie es die Wissenschaften über die Komplexität verdeutlichen.[32] In beiden Systemen spielen die Erfahrungen von Frauen eine wichtige Rolle, obgleich die Artikulation jeweils verschieden ist. Grenzposition und Paradox, die feministische Theologie versteht und behauptet sich, gestützt auf diese beiden Säulen in völliger Seriosität.

Autorinnen wie Maria Mies verwenden die Polemik in der feministischen Wissenschaft, wodurch sie die Verbindung beider Bereiche, des politischen und des wissenschaftlichen, verwirklichen. Es handelt sich um die *Implikation* oder den *Kompromiss*, die feministische Theologinnen als Ausgangspunkt nehmen und die mit der Diskussion über die Objektivität der wissenschaftlichen Produktion zusammenhängen. Die *Implikation* ist ein apriorisches Postulat für die notwendige Objektivität der Wissenschaft. Sie ist ein paradoxes *a priori*: Je größer das Bewusstsein der Subjektivität, desto größer die Garantie für Objektivität.[33] Die Implikation setzt deshalb eine bewusste Parteilichkeit voraus, die drei Funktionen erfüllt: a) sie beschreibt einen Weg des Erkennens,

---

[31] Gespräche mit Ángela Muñoz.

[32] Die Arbeit von Capra zeigt dies deutlich, auch Prigogine, ebenso wie der Sammelband von Schnitman, *Nuevos paradigmas, cultura y subjetividad.*

[33] Siehe auch Vázquez, *Tolerancia,* Kapitel 1.

b) sie gewährleistet qualitativ unterschiedliche Beziehungen zwischen der Forscherin und dem Forschungsgegenstand und c) sie hat eine konstruktive Auswirkung auf den Forschungsprozess selbst.[34] Dieser orientiert sich nicht nur auf die Wissenschaftlerin als Teil ihres gesellschaftlichen und historischen Umfeldes hin, sondern auch als Reflex ihrer Persönlichkeit. So garantiert die *Implikation oder bewusste Parteilichkeit* eine kritisch-dialektische Autorität. Eine andere Autorin bezieht sich mit dem Begriff *Implikation* auf die Bewegung, die sich im Übergang von der Erkenntnis zur Transformation (des Bewusstseins, Anm. d. Ü.) verwirklicht:[35] Wenn die Implikation die Erfahrung von Frauen als Ausgangspunkt nimmt, dann verwandelt sich das Bewusstsein der Parteilichkeit in feministisches Bewusstsein.

Die feministische Exegese und Hermeneutik des Neuen Testaments einiger Autorinnen konzentrieren sich kohärenter Weise auf die Theologie der Weisheit, eine jüdische Tradition und eine Tradition der Jesusbewegung, die tief mit der Wirklichkeit verbunden erscheint. In dieser Strömung bricht die Dichotomie zwischen dem Heiligen und dem Profanen auf, indem sie dem Projekt des von Jesus verkündeten Reiches Gottes eine politische Bedeutung gibt, die es gleichwohl hatte und die ihm innewohnt (vgl. Mk 15,38: das Reißen des Tempelvorhangs). Die *ekklesia der Frauen* ist ein explizit politischer Vorschlag von Elisabeth Schüssler Fiorenza, der von verschiedenen Wissenschaftlerinnen aufgenommen wurde, die ihn wiederum bereichern und modifizieren.[36]

Nach Meyer-Wilmes besteht die Gefährlichkeit der feministischen Theologie weder darin, dass sie zum Kampf verleitet wie eine politische Bewegung, noch dass sie bestimmte Bewegungen unterstützt, wie es ein Propagandaapparat tun würde, der der Aktion dient. Sondern die Gefährlichkeit der feministischen Theologie besteht in allem, was sie innerlich bewegt. Die feministische Theologie erreicht alle Ebenen der Person, so dass sich ihre Entfaltung auf der kognitiven Ebene bald in einen Transformationsprozess der übrigen Person verwandelt, da sich ja auch die Weltsicht verändert.[37] Nicht selten ist festzustellen, dass das Studium der feministischen Theologie Haltungen zutiefst

---

[34] Vgl. Meyer-Wilmes, *Rebellion auf der Grenze*, 164-165.

[35] Vgl. Meyer-Wilmes, *Rebellion auf der Grenze*, 171-173.

[36] Der Vorschlag erscheint bereits in: *Zu ihrem Gedächtnis. Eine feministisch-theologische Rekonstruktion der christlichen Ursprünge* (Chr. Kaiser/Gütersloher Verlagshaus: Gütersloh 1988).

[37] Ich sehe mich hier wieder in der Nähe von Nancy J. Chodorows neuester Position, vor allem in: *El poder de los sentimientos. La significación personal en el psicoanálisis, el género y la cultura* (Paidós: Barcelona 2003).

verändert. In religiöser Sprache könnten wir eigentlich von einem Prozess der Konversion sprechen. Eben hier zeigt sich die transformatorische Kraft der Metapher der Grenze, zumal ihr Begriff ja in unserer Kultur auch eine avantgardistische und überschreitende Konnotation hat, die geschätzt und bewundert wird und der man nacheifern kann.

Die (christliche, jüdische und islamische) dekonstruktivistische feministische Theologie ist zweifellos Kulturkritik. Sie besitzt kritische Instrumente im religiösen Bereich, über die andere Wissenschaften, Disziplinen und Perspektiven nicht verfügen. In diesem Sinne wird sie unentbehrlich zum Verständnis zahlreicher Fragen, um sie zugunsten der Frauen zu modifizieren und etwas anderes aus dem Material zu bauen, das uns gehört und das Erbe der Frauen wie der Männer ist.

III. Die kritische Funktion der feministischen Theologie an der Grenze in den Religionen und Kulturen

Die feministische Theologie ist in die theologische Welt eingebrochen wie ein Überraschungselement in die Erzählung, in der die Handlungsabfolge, die Protagonisten und Kausalitäten hinlänglich vorhersehbar sind. Nach Jerome Bruner ist die erzählerische Überraschung die Überschreitung einer Voraussetzung, der Einbruch des Unbekannten in das Bekannte und zu Erwartende. Sie bricht unweigerlich das Gespräch ab, provoziert Chaos und ruft Widerstände hervor. In den meisten Fällen bewirkt das Überraschungselement eine Krise im System, im Paradigma und in der Erzählung, die alle Variablen zwingt, sich neu aufzustellen. Im Folgenden schlage ich, ohne Anspruch auf Vollständigkeit, zehn kritische Funktionen der feministischen Theologie an der Grenze in den Religionen und Kulturen vor, die zwar in der Analyse unterschieden werden, aber in ihrer Gesamtheit untereinander abgestuft und miteinander verflochten sind.

1. *Kritische Grenzfunktion in den Randbereichen der Religion und Kultur*

Die feministische Theologie erfüllt eine kritische Funktion als Theologie der Grenze und an der Grenze, die Religionen und Kulturen in weiten Segmenten ihres Umkreises verbindet und trennt. Diese Funktion setzt sich immer dann durch, wenn die Grundlagen und die Dynamik des patriarchalen Systems offenbar werden, die die Verflechtung der Religionen und Kulturen betreffen. Und zwar geschieht dies in dem Maß, in dem ihre Reflexion und die Auswirkungen auf das Denken, ebenso wie die Reflexion und Praxis ihrer AdressatInnen die brüchigen Fundamente dekonstruiert und an ihrer Stelle alternative und solide Grundlagen für eine auf Gleichheit und Pluralität ausgerichtete Kultur und Religion errichtet. Das kreative Denken der feministischen Theologie ist weder Besitz der Religionen noch ihrer Kulturen, aber es ist auch keine Subkultur, da sie ja aus ihnen stammt und sich innerhalb und außerhalb dieser Kulturen entwickelt hat. Deshalb wird sie von einigen als eine unbequeme Theologie wahrgenommen, von anderen als Bereich, in dem aktiv die Entstehung einer neuen Wirklichkeit erhofft werden kann. Ihre Positionierung in den Grenzbereichen erlaubt ihr eine Freiheit, die schwer in einer anderen Position möglich wäre, denn sie steht vielfältigen Einflüssen auf beiden Seiten der Grenze offen. Um sich mit den Risiken dieser Lage zu konfrontieren, muss die feministische Theologie ihre begrifflichen Instrumente verfeinern und zugleich die intuitiven Kräfte und Möglichkeiten ihrer Vorstellungskraft entwickeln.

Diese Grenzfunktion berührt das Paradigma der Wissenschaft, denn die feministische Theologie integriert die *mythische* Dimension (die dem religiösen und spirituellen Bereich angehört) wie auch die Dimension des *logos* (der dem rationalen Denken angehört), indem sie zeigt, dass beide nicht entgegengesetzt sind und dass sie – selbst streng genommen – keine gegenseitige Ausschließung verlangen, sondern eine neue Zuordnung, die sich von jener der Wissenschaften unterscheidet.

2. *Die Funktion destabilisierender Kritik*

Die feministische Theologie erreicht eine destabilisierende Funktion durch ihre Fähigkeit, inmitten der Turbulenzen und Verwicklungen, die zum Chaos gehören, weiter zu bestehen, und dank ihrer Möglichkeit, am Rande des Chaos selbst *kreativ* zu sein. So trotzt sie den linearen und reduktivistischen Modellen, die ihren Widerhall in der Konzeption des Religiösen und Spirituellen finden, im Bild der Gottheit und ihres Handelns und in den Auswirkungen auf das alltägliche Leben der Menschen. In diesem Sinne verwandelt sie sich selbst, paradoxerweise, in die Trägerin und Erzeugerin eines fruchtbaren Chaos für die traditionellen Theologien und die patriarchalen Denksysteme. Sie nimmt die Unsicherheit und die Suche als die ihr eigenen Elemente auf. Wir dürfen nicht vergessen, dass die feministische Theologie sich in einer Krisensituation etablierte, die Sinnverluste auslöst. Diese Verluste stellen etwas Verstörendes im vertrauten Diskurs der Religionen dar, aber das Verstörende liegt nicht im jeweiligen Verlust, sondern in der Wahrnehmung, dass die Sinnverluste struktureller Bestandteil der feministischen Theologie sind, und in der Auffassung, dass die Fragen und Leerstellen ihren Wert in sich selbst tragen und ihre

Möglichkeiten darstellen.[38] Diese strukturellen Leerstellen sind, in der Begrifflichkeit des neuen Paradigmas, autopoietisch und organisieren sich selbst.

Die feministische Theologie ist destabilisierend, weil sie dem Komplexen die Komplexität zurückgibt und den Intentionen der Machtzentren zu simplifizieren widersteht. Zugleich muss sie Front machen gegen die Abwertung der Komplexität, die mit dem Weiblichen assoziiert wird und sich einem wissenschaftlichen Denken verdankt, das sich aus einem negativen Strang der Tradition der Moderne herausbildete.[39] Ihre Konfiguration als dezentralisiertes und autonomes System (wenngleich interdependent, was logisch ist), das die Kreativität bevorzugt und sich am Leben orientiert, deckt die tief greifenden Beschränkungen der zentral kontrollierten Systeme und ihre fortschreitende Verarmung auf.

3. *Die paradoxe Funktion*

Da die feministische Theologie von der Erfahrung der Frauen in der Ungewissheit und am Rand des Chaos ihren Ausgang nimmt, erfüllt sie eine paradoxe Funktion, weil sie eine unterschiedliche Ordnung in der Unordnung und von dieser ausgehend schafft. Ihre Stabilität ruht in der Instabilität. Diese Funktion verbindet sich mit der vorhergehenden, denn sie verweist darauf, wie die Systeme wahrgenommen werden. Dem Paradox entsprechend, verunsichert die feministische Theologie, sie verrückt und sie kann einen Schock auslösen. Für einige ist es eine Einladung und ein Anreiz innezuhalten und von ungewohnten Kategorien und Weltanschauungen ausgehend zu denken. Für andere bedeutet sie eine Unruhe, die Abwehr und Aggressionen auslöst, die mehr über die Unfähigkeit zur Toleranz in ambivalenten, komplexen und nicht unmittelbar evidenten Situationen sagt als über den Anreiz selbst.

Die Grenze kann auch als *Grenzweg* verstanden werden, der über eine Begrenzung von Räumen hinaus einen Pfad bezeichnet, einen Ort des Übergangs, eine Überquerung, einen Ort und eine Zeit des Hindurchgehens sowie einen Zustand und eine Haltung, die zwischen dem Innen und dem Außen

[38] Ich verdanke dieses Argument dem Beitrag von Mark Wigley, "La deconstrucción del espacio" in: Schnitman, *Nuevos paradigmas, cultura y subjetividad*, 242-251, in dem ich das Paradox entdeckte, das ich nicht zu formulieren wusste, denn es drückt einen Logiktypus aus, der sich von jenem des Paradigmas unterscheidet, in dem sich normalerweise das westliche Denken bewegt.

[39] Prigogine / Stengers, *La nouvelle alliance*; auch Almendro, *Psicología del caos*, vor allem die beiden ersten Teile.

fließt. Die feministische Theologie befindet sich auf der Grenze in diesem Sinne, was etwa Elisabeth Schüssler Fiorenza in Bezug auf feministische Theologinnen benennt als "ortsansässige, zweisprachige Fremde". Aber die Grenze kann nicht nur als Grenzweg, sondern auch als *Grenzbereich* verstanden werden, als Niemandsland wie Jedermannsland, als fruchtbare Kreuzung, auch Zufluchtsort und Freiheitszone, als Überschreitungslinie und als Bereich der Erprobung, des Versuchs und des Risikos.

Aus all diesen Beweggründen heraus ist die feministische Theologie paradox, da sie als Grenze in der Trennung vereint und in der Vereinigung trennt. Sie ist traditionell in ihrer Neuheit, sie stellt sich von draußen im Inneren auf und im Äußeren von innen her, sie ist widerständige Stoßkraft, kreatives Risiko und befreiender Druck. Sie verwendet verbindende und nicht disjunktive Konjunktionen, stets im Bewusstsein ihrer begrenzenden Funktion.

4. *Die kritische therapeutische Funktion*

Dank ihrer paradoxen Elemente kann die feministische Theologie eine therapeutische Funktion auf kognitiver und affektiver Ebene erfüllen. Die nicht aufgelöste und fruchtbare Spannung der stabilen Instabilität verbindet mit der alltäglichen Erfahrung, mit der wir Menschen gewöhnlich leben, und sie verbindet mit der transzendenten und spirituellen Dimension im Hinblick auf die Gottheit, die immanent in ihrer Transzendenz und transzendent in ihrer Immanenz ist. Die feministische Theologie hat auf keinen dieser beiden Pole verzichtet, noch hat sie versucht sie aufzulösen, sondern sie zeigt sich zunehmend in der Lage, beide Bereiche des Menschlichen und des Göttlichen zu integrieren und in Beziehung zueinander zu setzen. Die integrierende Wahrnehmung erlaubt es, die Mauern des Empirischen, Unmittelbaren und Wahrnehmbaren zu überwinden, indem sie die Menschen und ihre Systeme *dem Mysterium* und dem Bewusstsein autonomer Teilhabe öffnet. Die feministische Theologie ist therapeutisch aufgrund ihrer Offenheit, denn die bislang erwähnten Funktionen erlauben es nicht, dass sich irgendein Fundamentalismus, Dogmatismus oder vereinheitlichtes Denken einnistet.

Die feministische Theologie erfüllt darüber hinaus eine therapeutische Funktion, insoweit sie das Bewusstsein weit über das lediglich Evidente hinaus öffnet und erweitert. Sie erfüllt diese Funktion, wenn sie die *Emergenz* der Netzwerke und Relationen zulässt, indem sie ihr Vermögen, die kreativen und aktiven Möglichkeiten beider Hemisphären zu verbinden, in den Dienst des integralen menschlichen Seins, von Gruppierungen und der Gesellschaft stellt.

Sie erfüllt diese Funktion, wenn sie die Menschen in die Verflechtungen einer reichen und komplexen Wirklichkeit hineinnimmt. Dazu gehören die Dimension der Vorsehung und zugleich die menschliche Autonomie, die persönliche und gesellschaftliche Verantwortung und zugleich (das Bewusstsein um) die Abhängigkeit von all dem, was über uns hinausweist, die unvermittelte und offenkundige Erfahrung des Scheiterns angesichts des Bösen und der Ungerechtigkeit bei allem Bemühen um eine Haltung der Dankbarkeit und der Kontemplation, um ein konsequentes Denken ebenso wie um eine imaginativ-intuitive *Emergenz*, also alles, was dazu beiträgt, jeder Art von Fundamentalismus, Buchstabentreue und Fanatismus etwas entgegenzusetzen.

Die feministische Theologie erfüllt eine therapeutische Funktion, insofern sie heilt und nicht nur einige menschliche Befindlichkeitsstörungen behandelt. Die heilende Qualität der feministischen Theologie kann durch viele Frauen überall in der Welt bezeugt werden, vor allem dann, wenn sie kraftvolle spirituelle Strömungen hervorgebracht und ihr freies, aktives und politisches Potential gezeigt hat.

5. *Die kritische befreiende und entkolonialisierende Funktion*

Die feministische Bestimmung stattet die Theologie mit einem subversiven Potential aus, weshalb sie eine kritische befreiende und entkolonialisierende Funktion hat. Die andauernde Problematisierung des Diskurses über Gottheit und Menschheit, die Distanz zu jedwedem Fanatismus, die Einschließlichkeit und Vielfalt, außerdem ihre Strenge und ihr kreativer Mut haben entkolonialisierende Rückwirkungen in jeder Religion und Kultur, in der man ihr begegnet und wo sie sich entfaltet. Ihre Stellung an der Grenze stellt sie an einen privilegierten, wenn auch unbequemen Ort, von dem aus sie besser und mehr zu sehen vermag. Ihre quer zum Herkömmlichen verlaufende prophetische Kritik sensibilisiert sie gegenüber dem, was am meisten geringgeschätzt, nicht beachtet wird oder unsichtbar ist. Sie ist charakterisiert durch die Entäußerung, und ihre Festigkeit darf nicht als Dogmatismus verstanden werden.

6. *Die Würde verleihende kritische Funktion*

Die feministische Theologie erfüllt eine das ganze menschliche Sein würdig machende Funktion, in dem sie versichert, dass wir Frauen *Gottesträgerinnen* und würdige Töchter der Gottheit sind, im gegenwärtigen Augenblick und durch die gesamte Menschheitsgeschichte hindurch. Wenn sie daher verschiedene Geschichten und Erfahrungen aus dieser Geschichte und aus der jeweiligen konfessionell praktizierten Theologie übernimmt, dann setzt sie eine der Formen der Würdigung und Anerkennung der conditio humana der Frauen in die Tat um. Sie bestätigt ohne Einschränkung die souveräne Würde jeder einzelnen Frau. Sie ist deshalb eine inklusive und horizontale Theologie. Auf diese Weise stellt sie sich gegen jene, die die Würde der Frau verletzen, und verhindert, dass die Frauen in den religiösen Systemen manipuliert und benutzt werden. Ebenso stellt sie sich gegen die Legitimation jeglicher Abwertung, wie tugendhaft verkleidet sie auch erscheinen mag. Denken wir zum Beispiel daran, was ihre Kritik an Gehorsam, Dienst, Hingabe und Opfer vorausgesetzt hat. Die anthropologische Grundlage der feministischen Theologie ist die Einzigartigkeit jeder einzelnen Frau und der Wert ihrer Subjektivität, wie sie in zahlreichen feministischen Arbeiten herausgearbeitet wurde. Nur auf dieser Basis können wir von der Metapher des Netzes Gebrauch machen, können wir von relationalen und kommunikativen Funktionen sprechen und von Funktionen der Teilhabe. Im Falle der christlichen feministischen Theologie stützt sich diese Perspektive einerseits auf viele Züge des jüdisch-christlichen Gottes und des Jesus von Nazareth, zum anderen auf die anthropologische Bejahung des einzigartigen und absoluten Wertes des menschlichen Seins, und sie trägt dabei den Frauen der Bibel und ihrer Mitwirkung am Auftreten der männlichen heroischen Gestalten Rechnung.

7. *Die kritische weisheitliche Funktion*

Insofern sie Schöpferin neuer Formen der Erkenntnis ist und indem sie sich auf bis vor kurzem unsichtbar gemachte Traditionen stützt, ist die feministische Theologie Trägerin überlieferter und gegenwärtiger Weisheit und erfüllt darum eine weisheitliche Funktion. Es ist weder ein leichter noch evidenter Diskurs. Er reduziert sich weder auf die rationale Komponente noch ist er dieser ausschließlich zugewandt, sondern er ist und hat den Anspruch eines Diskurses, der Mut kostet, Zeit und Übung erfordert, und der Schwierigkeiten mit sich bringt. Es ist ein Diskurs, der mit einer überwältigenden Komplexität konfrontiert, und zwar zunächst die Theologin selbst, noch vor ihren AdressatInnen und auch gleichzeitig mit ihnen. Deshalb steht er einer konsumierenden Unmittelbarkeit und Oberflächlichkeit fern. Dessen TeilnehmerInnen genieren sich immer weniger, auch menschliche Belange einzubeziehen, die das moderne Denken außen vor gelassen hat: die emotionale Welt und die Dimension praktischen Handelns, die Integration des beobachtenden und denkenden Subjekts in das Beobachtete und Gedachte sowie die politische und die körperliche Dimension. Die feministische Theologie denkt tatsächlich mit dem Körper: Sie stößt ihn nicht von sich ab, als handelte es sich um ein unbequemes Element, sondern sie rechnet mit ihm, erlaubt ihm, sich auszudrücken.

Und indem sie dies tut und auf den Körper hört, erkennt sie an, wie er die Sprache verändert, wie er die Kategorien, seinen Wahrnehmungsapparat und die unterschiedlichen Blickwinkel problematisiert. Zubiri nennt einen Typus integraler Rationalität, der dem, was ich meine, nahe kommt, *fühlende Intelligenz*, und die Psychologie bezeichnet die Merkmale, die in dieselbe Richtung weisen, *emotionale Intelligenz*. Diese weisheitliche Funktion verwandelt den Diskurs der feministischen Theologie in eine menschlichere Erkenntnis, die Auswirkung darauf hat, wie wir von der Gottheit sprechen und wie wir unsere Erfahrung in der Beziehung zu ihr, unter uns Frauen und zu den Menschen beschreiben.

8. *Die politische kritische Funktion, kritischer Einbruch in die Wirklichkeit*

Die politische Funktion und jene des sozialen Bewusstseins sind in den letzten Jahrzehnten vielleicht am stärksten hervorgetreten, nicht nur in der christlichen feministischen Theologie, sondern auch in der jüdischen und islamischen. Denn in der Tat ist sie in die Wirklichkeit eingebrochen, veränderte das Bewusstsein und mobilisiert viele Frauen innerhalb ihrer Religionen, Kirchen und Kulturen.[40] In der feministischen Theologie protestantischer Bekenntnisse und in der jüdischen zählt man die Erfolge des Zugangs von Frauen zur Macht (Ämter und Würden). In der katholischen feministischen Theologie dauert der Kampf in dieser Hinsicht noch an. In der islamischen Religion ist die politische kritische Funktion häufig ein wahres Schlachtfeld, auch im Hinblick auf das Recht zu denken und sich zu artikulieren in Gleichheit mit den Männern.

Die feministische Theologie gewährt, entsprechend der Metapher der Grenze, die Möglichkeit, die Dichotomien und Gegensätze, durch die wir die Welt betrachten und denken, aufzubrechen. Hierzu muss sie sich zusätzlich zu ihrer marginalen Stellung ihre abgrenzende Funktion zu Eigen machen, mit ihrer Fähigkeit zu unterscheiden und zu sondern. Denn auf ihr lastet der Vorwurf des Relativismus, der Ungenauigkeit, des Subjektivismus und der fehlenden Abgrenzungen, was nichts anderes ist als die Übertragung von Zuschreibungen des Weiblichen (in negativem und inferiorem Sinn) auf die von Frauen gemachte und durchdachte Theologie, weil das Feministische interessanterweise als unpräzise wahrgenommen wird. Die feministische Theologie an der

[40] Hier kann das Werk von Elisabeth Schüssler Fiorenza als paradigmatisch betrachtet werden. Mit ihr sind andere Denkerinnen unterschiedlicher Richtungen aufgetreten.

Grenze zeigt die Beschränkungen auf, die sich andere Theologien selbst auferlegt haben und wodurch sie die erreichte Grenze und ihre schädlichen Auswirkungen auf jene alltäglichen Wirklichkeiten aufzeigen, auf die die feministische Theologie stößt. So legt sie deren Widerstände gegen die Veränderungen und Neuerungen offen, die darin begründet sind, dass sie in derselben Wirklichkeit verankert ist wie die christliche Theologie der Inkarnation. Deshalb verwandelt sie sich unter anderem in eine Bedrohung, Herausforderung und Erprobung und verschiebt die Bedeutung der Metapher auf Konnotationen des Widerstandes, und zwar ebensoviel passiven Widerstandes oder Widerstandsfähigkeit wie aktiven Widerstandes, der imstande ist, seine Mittel einzusetzen, je nachdem ob es angebracht ist oder nicht.

Begrenzung und Grenze, beide den Konnotationen von *Umrandung* nahestehend, verweisen auf den Zustand des Erstickens von Theologien, die nichts sagen und sinnentleert für die heutige Wirklichkeit sind, sei es kurz-, mittel- oder langfristig. Gleichzeitig zeigt dies die Notwendigkeit auszubrechen, hinauszugehen und sich zu verströmen. Die feministische Theologie der Grenze ist gänzlich eine Welt verschwenderisch verströmter Bedeutungsinhalte, was manchmal ein Chaos suggeriert, was aber in Wirklichkeit nur die praktische Umsetzung des Gleichnisses vom Sämann in Mk 4 ist im Hinblick auf ihren Hindernislauf und in ihrer Unberechenbarkeit. Die feministische Theologie, als Theologie an der Grenze verstanden, trachtet nicht danach zu zerstreuen, sondern im Gegenteil zusammenzuführen und zu versammeln, weil sie Funktionen des Brückenschlags und des Knotenpunkts von Beziehungen übernimmt. Sie versteht die Gebiete, die durch die Grenzlinie abgesteckt sind, als gemeinsame und untereinander verbundene und die verschiedenen Perspektiven als *distinkte Mitarbeiterinnen*[41] anstelle von konfrontierten Perspektiven.

9. *Die vernetzende kritische Funktion (gegen die Metapher des Körpers)*

Die feministische Theologie erfüllt eine vernetzende kritische Funktion, indem sie die Metapher des Körpers im religiösen und theologischen System (besonders in der christlichen Theologie) ersetzt durch die Metapher des Netzes, indem sie die vertikalen mit horizontalen Achsen und die Metapher von einem

[41] (*"Distinguidas colaboradoras"*). In dieser humoristischen Formulierung spiele ich mit dem doppelten Sinn von *"dinstinguidas"*, und zwar als Ergebnis des Unterscheidens und im Sinne von "distinguiert".

einzigen Zentrum und Haupt durch eine der vielfachen Knotenpunkte und Zentren vertauscht. Diese Funktion könnte einerseits *Gemeinschaft (comunión)* genannt werden und andererseits *Teilhabe (participación)*. Dies jedoch unter einem wichtigen Vorbehalt, um eine Täuschung zu vermeiden, denn vor allem anderen bejaht die feministische Theologie entschieden die Autonomie des menschlichen Seins und somit die Autonomie der Frauen, wie zu sehen war.

Die feministische Theologie als Kritik des Netzes zeigt sich der oberflächlichen und relativistischen Auffassung entgegengesetzt, und sie zielt darauf ab, eine geistige Grundstruktur im allgemeinen Verständnis zu schaffen, die auch langsam in anderen Bereichen des Netzes festzustellen ist. So beispielsweise in der Informatik, wo die Oberfläche als äußere Hülle aufgefasst wird, die sich in der Tiefe mit weniger sichtbaren Dimensionen verbindet, je tiefer diese sind. Das Fehlen dieser geistigen Grundstruktur in den klassischen Bereichen der Theologie hat dazu geführt, dass die Werke der Theologie und Spiritualität, die als sehr weit entfernte "Hülle" angeboten werden, als oberflächlich bewertet und beurteilt werden. Diese "randständigen" Werke laden die Interessierten ein, in andere, immer tiefere Werke sowohl rational als auch emotional einzudringen.

10. *Die strategische Funktion*

In Verbindungen mit den erwähnten Funktionen, besonders der politischen und sozialen Funktion, erfüllt die feministische Theologie eine strategische Funktion, da sie nämlich konkrete Handlungen mobilisiert und antreibt mit dem Ziel, die Wirklichkeit der patriarchalen Religionen und Kulturen umzugestalten. Wie Edgar Morin sagt, ist die Strategie des Denkens die Kunst mit der Ungewissheit zu denken.[42] Das bedeutet, sich in einem Szenario einzurichten, das sich hinsichtlich der Funktion von Informationen verändern kann und muss, in dem wir die Schwächen, Irrtümer und die Unachtsamkeit des Gegners zum eigenen Vorteil wenden können, in dem Bewusstsein, dass es immer Alternativen gibt. Die feministische Theologie nimmt als Ausgangspunkt die Erfahrung der Frauen, die veränderlich, verschiedenartig, vielfältig, ungebildet, unsicher ist, deshalb kann nur sie selbst in einem gewissen Maße strategisch sein und eine strategische Funktion innerhalb der Religionen und Kulturen erfüllen und versuchen, die Systeme am Rand, ihre durchlässigen Umkreise nutzend, zu verändern.

---

[42] Morin, "Epistemología de la complejidad", 439.

Schlussfolgerung

Das Paradigma des komplexen Denkens hat uns in großem Maße das Vertrauen in die Zukunft zurückgegeben, es hat uns die Weite und Tiefe des Horizontes zurückgebracht, den wir niemals erreichen werden, und der uns weiter suchen und den Weg fortsetzen lässt. Es erlaubt uns zu träumen, ohne deshalb den Realismus und die Verwurzelung im Alltag mit allen seinen Beschränkungen zu marginalisieren. Dieses Paradigma lässt christliche Theologinnen zum Geist des Evangeliums zurückkehren und gibt uns einen Ort in der Theologie. Diese umfasst zugleich die Spiritualität, die vielleicht seit dem Mittelalter nicht nur an der Grenze geblieben ist, sondern in den Gräben der Ränder, wo man sie weder sieht noch berücksichtigt, wo sie nur diejenigen finden, die sich verirrt haben oder sich fern der sogenannten "Zivilisation" wähnen. Nach und nach nimmt die feministische Theologie die feministische Spiritualität für sich in Anspruch, wie diese ebenfalls langsam ihren Argwohn zerstreut und die Begleitung der feministischen Theologie einfordert.

In Spanien folgen diese Prozesse einem langsamen Rhythmus, zumal sie nur wenige anziehen und unter der Voraussetzung, dass sie verschiedenartig und vielfältig sind, wie es sich in der Vervielfältigung der Netzwerke, in den Gruppen von "Frauen und Theologie" und in ihren Veröffentlichungen deutlich zeigt.[43] Zweifellos ist eines ihrer Hindernisse die Institution der katholischen Kirche[44] selbst, die eng mit der Identität des Landes verbunden ist und mit ihrem eigenen Nationbegriff.[45] Die Haltung der Kirche zum Vorstoß der Frauen zeigt sich noch immer nicht durchlässig im Hinblick auf ein Zuhören, auf den Dialog und noch weniger auf die Zusammenarbeit. Andererseits haben wir Frauen in Spanien innerhalb oder außerhalb der traditionell als heilig und religiös betrachteten Räume, im Umkreis unserer Gruppen und in unserer Umwelt, gerade erst einen Anfang gemacht. Es ist noch ein weiter Weg.

Aus dem Spanischen übersetzt von Karin J. Heerlein

---

[43] Mercedes Navarro und Pilar de Miguel, *Diez palabras clave en teología feminista* (EVD: Estella 2004). Zu den Frauenbewegungen und -gruppen, Pilar de Miguel, *Los movimientos de mujeres y la teología feminista. Una visión panorámica desde nuestro contexto* (DDB: Bilbao 2002) sowie ihren Beitrag in diesem Band.

[44] Aus zuverlässigen Quellen habe ich erfahren, dass die spanische Bischofskonferenz die meisten die katholische Lehre betreffenden Anzeigen bzw. Disziplinaranzeigen an die verschiedenen vatikanischen Stellen richtet, besonders an die Glaubenskongregation, deren Anzahl weit über den Anzeigen der Bischofskonferenzen in den übrigen europäischen Ländern liegen.

[45] José Álvarez Junco, *Mater Dolorosa* (Taurus: Madrid 2003).

In the Spanish and European context, feminist theology is developing its creative potential using the metaphor of frontiers and limits. The article explores these possibilities within the framework of the thinking as a whole and of this new paradigm of the science; it also takes account of the emergence of a secular or non-religious spirituality, entering into a dialogue which shows fruitful promise. This exploration enables us to discover the relevance of the critical function exercised by feminist theology on the boundaries of religion and culture, a function that is de-stabilising, paradoxical, therapeutic, de-colonising, liberating, dignifying and wise, among other things, with concrete effects on social and political reality.

Dans le contexte espagnol et européen, la théologie féministe est en train de développer ses possibilités créatives en usant de la métaphore de la frontière et des limites. Cet article explore ces possibilités dans le cadre de la pensée comme entité et du nouveau paradigme de la science, tenant compte de l'émergence d'une spiritualité laïque ou non religieuse avec laquelle établir un dialogue qui promet d'être fécond. Cette exploration nous permet de découvrir la pertinence de la fonction critique exercée par la théologie féministe sur les limites de la religion et de la culture, une fonction déstabilisante, paradoxale, thérapeutique, décolonisante, libératrice, gratifiante et sage, entre autres choses, avec des incidences concrètes sur la réalité sociale et politique.

Mercedes Navarro Puerto (*1951), Mercedaria de la Caridad (Schwester des Ordens der Mercedarierinnen der Caritas in Madrid), hat Psychologie und Theologie studiert, ist in beiden Fächern promoviert und hat das Biblische Lizentiat in Rom erworben. Sie ist Professorin für Religionspsychologie an der Universität von Salamanca und außerdem als Psychotherapeutin tätig. Sie ist Gründerin der Vereinigung der spanischen Theologinnen und Mitglied der ESWTR. Ihre Spezialgebiete sind Mariologie und Theologie des religiösen Lebens. Zahlreiche Publikationen in feministischer Theologie und Exegese, darunter *Ungido para la vida. Exégesis narrativa de Mc 14,3-9 y Jn 12,1-8* (EVD: Estella 1999); mit Pilar de Miguel, *Diez palabras clave en teologia feminista* (EVD: Estella 2004); "Categorías emergentes para una teología feminista contextualizada. Religiones, teología y mujeres en la Unión Europea", in: Mercedes Arriaga u.a. (Hg.), *Los estudios de las mujeres hacia el espacio común europeo* (Arcibel: Sevilla 2004).

Pilar de Miguel

The Women's Movements and Feminist Theology: Reviewing the Context in Spain

Introduction

The Song of Questions

Mother, asks the clever daughter,
who are our mothers?
Who are our ancestors?
What is our history?
Give us our name. Name our genealogy.

Mother, asks the wicked daughter,
if I learn my history
will I not be angry?
Will I not be bitter as Miriam
who was deprived of her prophecy?

Mother, asks the simple daughter,
if Miriam lies buried in the sand,
why must we dig up those bones?
Why must we remove her from sun and stone
where she belongs?

The one who knows not how to question
she has no past,
she has no present,
she has no future
without knowing her mothers,
without knowing her angers,
without knowing her questions.[1]

1 E. M. Broner and Nomi Nimrod, "A Woman's Passover Haggadah". Quoted by Elisabeth Schüssler Fiorenza, *But She Said. Feminist Practices of Biblical Interpretation* (Beacon Press: Boston 1992), 167.

On many occasions, and also when preparing this address, I have felt like the wicked or the simple daughter, as we all do on so many occasions, but at the same time I am, I have firmly resolved and I invite you to be the clever daughter.[2]

I am particularly happy about this endeavour to claim memory, because memory is very weak and many people exploit this situation, both to determine correct political thinking and to support dominant powers of all kinds. You will hear them saying, "That is the situation, and what exists is the best possibility," etc.; attempting to subject us to what Amelia Valcárcel called with considerable precision "the ablation of memory" which has devastating consequences especially for women, obliging us repeatedly to start from scratch.

In a similar vein, I love to provoke people by quoting these lines by Joan Chittister whom I consider one of the most lucid contemporary Christian women thinkers:

> "They shouted as loud as they could, they were put into prison, they were despised by the 'honourable' women, denounced by the clergy, forced to eat by the police ... They were not 'nice'. They were your grandmothers. They were suffragettes. And they were right."[3]

I also share the reflection of Celia Amorós that "nothing is better than a good chronology". In other words, there is a danger that our descendants will believe things have always been like this and will forget the passion and life of struggle of so many women, before us and now, as if the conquest of social, political, cultural, economic and religious rights were something which simply fell from heaven like manna, granted by those who enjoyed them "by divine right" thanks to their benevolence and magnanimity; then they will be left battling with the storm and believing ingenuously that tomorrow will be better and that these things will come their way simply because of the passage of time.

---

[2] A major part of this reflection has come out of the seminar on *Contextual reading of the bible and gender perspective* which I have been coordinating over the past few years as part of the research programme of the IDTP; it was compiled for presentation when the Movement Women and Theology invited me to its XIIth Meeting held on 27 April 2002 in Sevilla. Although I have revised the text and deleted one whole section, and although it still contains a conversational style appropriate for oral presentation, this is how it was published in part in the Pastoral Review *Xirimiri* 12, DDB, Bilbao, 2002, also taking account of the fact that the Review is widely distributed.

[3] Joan Chittister, *El Evangelio día a día* (Sal Terrae: Santander 2001), 36.

If history teaches us anything, it is that things can get worse if one does not pay attention, and even if one does. We are beginning to learn and so we know that it is good to make our successes visible in order to interrupt the dynamics of oppression, and that assertive solidarity is essential for us to make more progress, and I am happy to observe that we have now become interesting for ourselves.

When we lead our lives as if so many persons who acted to make things better had never existed, without references, without gratitude, when people insist on telling us that they never existed and do not exist, I feel tremendous sadness because of the dehumanisation which this represents and I militantly stand up for memory. This is certainly an encouraging and painful inheritance of my being a Christian: *do this in memory of me* – make my life, my death and my resurrection a present reality. This is one attempt.

Short introductory chronology about our situation

It is obvious that the changes experienced in the course of the century which has just ended were enormous. No one can ignore that one of the most significant is related to the new awareness of themselves and the dynamism which women have acquired.

The first surge of political feminism arose in the 18th century and constituted the demand for citizenship. Thanks to this first wave, the 19th century had the suffragette movement, the second wave, with its two main demands – the vote and the right to education at every level. In the 20th century these objectives were obtained (?) and the third wave of feminism, the feminism of the seventies, focussed on all the legal reforms and moral changes which surround us. In the course of these three main thrusts for equality, feminism as a movement was accompanied by a theoretical, political discourse which justified its actions. Feminism is a combination of demands and explanations although the former have generally taken precedence over the latter. It is a political philosophy with its own classics and it now carries the weight of nearly three centuries on its shoulders.

In Spain, feminism has its own specifics: we shall not find any leading figures of Spanish feminist thought prior to the decade of the seventies of the 20th century. Any earlier figures were either weak or need to be re-interpreted according to the feminist key because in our country we have undergone that "ablation of historical memory". This applies to everything that was cut short by the civil war and the period which followed: the memory of what had been and of what could have been possible.

When we try to write Spanish feminist history and read the persons who were writing from the end of the 19th century up to the thirties of the 20th century, or when we discover their biographies, we are in fact recuperating a memory which does not entirely belong to us with the help of a very long bridge.

> "A memory of that which we claim as our own but which is not a memory that has become a fact in our own flesh. Our lives were being lived as if all of these persons had never existed. We did not hear about them until we were already adults with our keys established by other kinds of lives. To recuperate this memory, these persons, is very important work. But such recuperation will never be able to obviate our initial orphanhood."[4]

Spanish christian "feminism"
Or, as in the title of María Salas, *From the promotion of women to feminist theology*.[5]

I put "feminism" in inverted commas because I have an ambiguous feeling about it. Here I am referring to feminism in a very broad sense, ranging from an awareness of the specific dignity of women which is beginning to grow, although it may be very weak and not much thought about, right through to a clear awareness formulated in terms of feminist theory.

In Spain, the fifties, as I have said, were not favourable to the advancement of women. The successes achieved by the initial feminist movements, as a consequence of the struggles fought at the end of the 19th and in the first third of the 20th century, were blocked in Spain after the Civil War, with the exception of the right to vote. The exercise of a number of freedoms was prohibited and a married woman was practically excluded from the world of work.

The mentality and the customs, as María Salas states, corresponded to the spirit of the laws. The majority considered that the natural context for a woman was the home, although there was no negative view of the work done by single women … or by married women in economic need. In fact, "it was natural" for a woman to get married and devote all her attention to the home and the family. Everything else was the responsibility of the husband who served

---

4 Amelia Valcárcel, *Rebeldes. Hacia la paridad* (Plaza y Janés: Barcelona 2000), 21-23.
5 María Salas, *De la promoción de la mujer a la teología feminista* (Sal Terrae: Santander 1993).

as a mediator between the private and the public spheres. Consequently, he exercised the authority and administered their possessions. By law and by custom, the woman was converted into a sort of minor under tutelage. It is hardly necessary to give many of the quite recent examples such as the necessity for the husband's signature in order to buy a car, to quote just one.

Although the climate was not favourable, it did have its cracks and exceptions. In 1960, the courts under Franco approved the so-called Law on the political and professional Rights of the woman and her right to work which removed a major proportion of the discriminations previously in force. This provision had become urgent because of the need for a female labour force to support the development plans of the time.

A number of facts of this kind enabled certain opinions to become established which favoured the feminist thesis. Books were published such as *La secreta guerra de los sexos* (The secret war of the sexes) by María Campo Alange in 1949, *La mujer como mito y como ser humano* (The woman as myth and human being – 1951), *La mujer en España: cien años de su historia* (The woman in Spain: one hundred years of her history – 1964). Lilí Alvarez also claimed in her books that women were adults, *En tierra extraña* (In a foreign land – 1954) and *Feminismo y espiritualidad* (Feminism and spirituality – 1964) and María Salas, *Nosotros las solteras* (We single women – 1959), denounced marriage as the only possible way out for women and called on them to lead their own, independent lives.

In certain Catholic circles, people began to feel the need to establish fora in which women could make their own voices heard on these issues. About 1955, the *Amistad Universitaria* was established, an association which served as a point of convergence for three groups which already existed: Graduate Women of Catholic Action, the Marian University Congregations and a group of university women linked with the Institución Teresiana. They read works by Spanish and foreign authors in translation and in the original (Simone de Beauvoir and Betty Friedman). Their discussions and studies were not published but they formed the basis for lectures and some reviews were enriched by their contributions (*Eidos* devoted two whole numbers to the subject in 1964 and 1968).

The attitudes varied considerably and there was agreement only on two points: a) marriage is not the only way for a woman and b) a woman benefits very much from professional work. The articles and bulletins published by the Woman of Catholic Action demonstrate a joint, committed stand and relate the problem of women to that of all oppressed groups.

Similarly, there was a forum of Christian intellectuals although some agnostics also participated, and it met in a Jesuit house since they were all men, Lilí Alvarez wrote to the leaders expressing her amazement about this and asking for explanations for the exclusion of women. They took a long time to reply and when they did it was to propose a subject for debate: *the relationship between the sexes*; for this they thought it necessary for some woman to be present. She and a dozen other women were invited and María Campo Alange gave one of the introductions to the subject of the day. Apparently, no written documents have been preserved from the sessions which were actively attended by a complete course (1960-61). It has been said that they found a few supporters, many objections which were courteous and slightly condescending and some harsh answers which tended to disqualify them.

Nevertheless, Lilí Alvarez wrote shortly afterwards, "We must state that a baptised woman who is not a feminist cannot be an authentic Christian as far as her position is concerned with reference to her sex and to herself."[6] After a lot of discussion, they concluded that, just as it is not right for a political party or a trade union to be Christian, nor should there be Christian feminism. The feminism that exists has various emphases, some of which are closer or less close to the Christian message, but none of them is identical with it.

The Second Vatican Council served as a catalyst for all the disquiet about the anomalous situation of women in the church. It gave rise to great enthusiasm which was later considerably frustrated in this connection. The Council did not deal expressly with these issues. However, for the first time, a group of women was invited, late indeed because some sessions had already taken place during which Cardinal Suenens had pointed out that half of humankind was outside of the Council chambers.

At the third session of the Council, Paul VI took up the Cardinal's challenge and included 23 women (10 religious and 13 lay women), a majority chosen from among the leaders of the international Catholic organisations. This situation, which was absolutely unusual at the time, is reflected in the fascinating anecdotes which have been delightfully recorded by Pilar Belosillo, one of the Spanish women among the 13 lay women present.[7]

---

6 María Salas, *De la promoción de la mujer a la teología feminista* (Sal Terrae: Santander 1993), 81.

7 María Salas / Teresa Rodriguez de Lecea, *Pilar Belosillo. Nueva imagen de mujer en la Iglesia* (Acción católica: Madrid 2004).

Establishing networks

Everything that came after that is complex. What I wish to underline now is that, under these conditions, a first network of women was formed, as we would say today, and later on, thanks to the relationships that existed, in the spirit of the Council and involving others including some from other Christian traditions (lay women, deaconesses, women theologians), a nucleus for ecumenical dialogue was formed: a joint initiative of the World Council of Churches and the Secretariat for Christian Unity. This took place at Vicarello, near Rome, in 1965.

Pilar Belosillo tells how they discovered Protestant women of very high standing, well schooled in theology and the bible, so that at first they feared they would be dominated by them. There was another meeting the following year in Switzerland. In 1967 at Taizé, the first official International Ecumenical Women's Conference met to discuss the subject: *The Christian Woman: Co-Artisan in a Changing Society.*

After these first two encounters, the Joint Working Group, the official organ linking the Vatican and the World Council of Churches, asked its respective authorities to nominate a group composed of 7 women representing the Catholic Church and 7 from the World Council of Churches. In this way, the Women's Ecumenical Liaison Group (WELG) came into being which organised a further 4 conferences: 1968, 1969, 1970, 1971.

After much work in the meantime and a lot of history, with extremely interesting reflections and results, like the conference in Berlin in 1974 on the theme *Sexism in the seventies: Discrimination against women,* this group served as the predecessor of the *Ecumenical Forum of European Christian Women.* We must again underline the tremendous importance of Catholic women being present in Protestant encounters where the women had already reached a high level of biblical and theological reflection and had some standing in their churches. The Ecumenical Forum was established in 1982 at Gwatt (Switzerland). In 1986, again in Switzerland (Magliaso), there was the foundation of a European network of women theologians engaged in academic work, the *European Society of Women in Theological Research (ESWTR).*

Thanks to the presence of leading Spanish women in these organisations, combined with the disquiet which many had begun to feel, a number of groups came into existence in the eighties in Spain as well. It is interesting to note that our European socialisation has been a fact from the beginning.

In 1986, on the initiative of Pilar Belosillo, the *Foro de Estudios sobre la Mujer* (Forum of studies on women) was founded in Spain. It is a member of the Ecumenical Forum of European Christian Women.

Also in 1986 the first group of *Mujeres y Teología* (Women and Theology) came into being, the first grouping of women students and graduates of theology in Spain. It has now become a broad movement (with autonomous and federated groups) throughout Spain and is known beyond its borders. In my opinion, we lack an account of its history. It would be desirable for neither its development nor its content to disappear, unlike other earlier reflections which we have mentioned, THUS INCREASING INVISIBILITY (the mother of all evils).

The same year also saw the establishment of *Dones en L'Esglesia* (Women in the Church) in Cataluña.

The *Asociación de Teólogas Españolas* (ATE – Association of Spanish women theologians) was born in 1992 with the objective of doing its own academic theological work and also stimulating multi-disciplinary, ecumenical and inter-religious reflection.

In the nineties, the initiative was taken of a *European Synod,* a renewal movement which aimed to make room for a wider range of women, taking account of new factors in church membership: there are many women with a Christian conviction who do not feel represented by the churches or by their institutions, even if these are made up of women. They believe the churches devote their energies more to defending their own institutions and programmes than to a commitment to specifically feminist concerns. This is also an outcome of expressly feminist theological reflection, not only that done by women. The ATE established relations with this movement in 1994 and actively shared in organising the First European Synod of Women which was held at Gmunden (Austria) in 1996 under the theme: *Women for change in the 21st century*[8]. *Arnasatu* (Association of Christian women) also came into existence in this connection at Vizcaya in the Basque region. The Second European Synod was held in August 2003 in Barcelona under the title *Sharing cultures* – or better: Daring diversity.[9]

More recently a group *Católicas por el derecho a decidir* (Catholic women for the right to decide) has also been formed in Spain.

A further group of women that would merit separate investigation but will only be mentioned here is the *women religious*. The Spanish religious have not

[8] Pilar de Miguel (ed.), *Europa con ojos de mujer. Primer Sínodo europeo de mujeres* (Verbo Divino: Estella 1996).

[9] Pilar de Miguel / María Josefa Amell (eds.), *Atreverse con la diversidad. Segundo Sínodo europeo de mujeres* (Verbo Divino: Estella 2004). When revising this article (December 2004), we added some of the missing points and recent events.

spoken out in public on the situation of women in general and have said very little about their own position within the Church, either as individual congregations, or as collegiate bodies. However, there have been individual statements by a few religious and this is still the case today. A lack of awareness of such significant groups within the Church, the faltering support and the large number of difficulties experienced by many women as a consequence makes them appear to be the female arm supporting the ecclesiastical patriarchate *par excellence*. Nevertheless, because of the complexity of this question, I just mention it and refer you to other reflections along these lines[10], hoping for a specific study in the future.

Considering this brief but important review, it seems obvious that the *United Nations Conference of 1985,* which concluded the *Women's Decade* in Nairobi, called upon the churches to "overcome the discriminatory teachings and practices affecting women as a Christian response to the strategies for the future" approved by the conference. And that, taking up the challenge, the *World Council of Churches* launched its *Decade of Churches in Solidarity with Women (1988-1998).* The women of the churches, or at least those that still remained within them, received it with interest and increased their organisational capacity, to judge by the dates on which new organisations and activities were launched. In this way, further Catholic voices were heard, for example at the *United Nations Conference on Population and Development at Cairo in 1994* and also at that in *Beijing 1995*.

It should not be forgotten that it was in 1992 that the General Synod of the Church of England took the decision to ordain women.

Some consequences

As women continued to gain ground as actors in the religious field and protagonists of their own spirituality and thinking, gradually a number of fundamental questions arose. Such as those related to the negotiations which Catholic women need to undertake, for example concerning their membership of the Church.[11]

---

[10] Elisabeth Carroll, "La mujer en la vida religiosa", in: *Concilium* 111 (1976), 117-128; Joan Chittister, *El fuego en estas cenizas* (Sal Terrae: Santander 1998); Jo Ann Kay McNamara, *Hermanas en armas. Dos milenios de historia de la monjas católicas* (Herder: Freiburg / Basel / Wien 1999); Diarmuid O'Murchu, *Rehacer la vida religiosa* (Claretianas: Madrid 2001); Barbara Fiand, *Luchando con Dios* (Claretianas: Madrid 2002).

[11] Based on an unpublished study by Rosemary Kamke, "Stages of the Catholic woman", concerning their membership in the Catholic Church.

The moments and phases which I am going to describe can also take place simultaneously and may be found in the same woman repeatedly throughout her life.

There is an initial moment when the woman accepts the teachings of the Church and its practices because she identifies the Church with God. The predominant sentiment is that of security. She receives clear ideas from the Church.

Later, some degree of unease begins to appear with an initial experience of injustice because she is a woman. She dares to think, although she works in the Church "up to the hilt", that she is being treated as inferior.

There then comes a third stage when she recognizes that the Church is imbued with a patriarchal structure which transcends the borders of all economic, social, educational and religious systems in her own culture and has the same negative effects on the women of all the cultures of the world. Her emotional response is a mixture of "shock" and relief. She sympathises with other women who are suffering from discrimination in one way or another and she feels the necessity to express solidarity with them.

Then rejection follows. She feels still more strongly that she is isolated in the patriarchal structures. If she goes away, she experiences solitude resulting from her lack of participation and fear of what might happen without her Church. She is invaded by feelings of anger.

If women do not allow this fourth stage to paralyse them, there is a further step when they face the responsibility of seeking God in their own way and for the choices they have made in their lives. They perceive a God who is tender and vulnerable, passionate and strong, who even "seems more like themselves". When this new perception of God is consolidated, it increases their confidence in and respect for themselves. At the same time, they feel more sensitive to other forms of injustice. They have a growing interest in acting in favour of justice. Then the predominant sentiment is of confidence; confidence in themselves, in God and in the capability of human beings to work together to change things.

We may then see these women, at a later stage, forming a community with other women, with the clear conviction that they are Church and making a continuous effort to influence the hierarchical structures. Many women who reach this point take the decision not to accept employment within the institutional church and extend their ministry naturally to realms beyond the structures of the Church and far from its control. It would be very interesting, in this connection, to engage in a reflection on the feminisation of the NGOs and the background of their members.

There is a further stage in the experience of some when the woman discovers within herself a renewed vitality, her own innate energy as a woman, which enables her to mediate and give birth to the new Church. She feels strong and compassionate. The predominant sentiment is of an inner, invincible peace. She works in the Church and with the Church in the awareness that it is in the man-woman relationship that the Church and its structures can be transformed. (This stage must not be confused with the first. It is not the same thing to have come back as never to have gone away).[12]

What does all this amount to and what effect does it have on the churches? What capacity does it have to act in the name of Catholics as a group? The question of ordination continues unresolved, not so much with regard to the matter of gender (which now seem obvious) but with regard to linking ordination with decision making. The sacramental function of presiding over the eucharist is one thing, but taking decisions on all matters from the use of funds to programmes of theology and professorial appointments, and everything in between, is something else. It implies other matters that are extremely interesting and with regard to which I personally agree with Mary Hunt[13] that they are of greater interest.

What does it mean when we say that we women are church or when we speak or feel that we belong to the *ekklesia of women*[14]?

We must proceed to clarify these questions. To what must we give priority in our lives and our commitments? To what must we die so that other things can live? What must be buried for ever? Which shoots of life deserve to be tended?[15]

In general, women have great difficulties about abandoning things, commitments and relationships; they get enmeshed (not in the sense of forming networks but of getting bogged down) in thousands of things. It is fundamental and absolutely essential at the present time for women to stop and carefully analyse reality and their own reality, including the shades of guilt – the tendency to say that they never do enough, that they are never good or courageous

---

[12] I spell out this idea further in "Propuesta", Mercedes Navarro and Pilar de Miguel (eds.), *10 palabras clave en teología feminista* (Verbo divino: Estella 2004).

[13] Mary Hunt, "Las mujeres somos Iglesia", in: *Concilium* 281 (1999), 133-147.

[14] Elisabeth Schüssler Fiorenza, *En memoria de ella* (DDB: Bilbao 1989).

[15] Izaskun Sáez de la Fuente, "A la búsqueda de una identidad no impuesta", in: Isabel Gómez Acebo (ed.), *Qué esperamos de la Iglesia? La respuesta de 30 mujeres* (colección en clave de mujer; DDB: Bilbao 2001).

enough, the compulsive necessity to serve, always to help and to save everyone and the whole world, etc. What more could the system want than to keep us busy doing things so that we cannot stop and think!

It is essential to have a good analysis and for discernment to follow, together with the related strategies and clear objectives, in the short, medium and long term, and to find the resources to put them into practice. Joan Chittister has said:

> "We need to know what we think before being able to decide what we should do. If we engage in 'good works', without at the same time cultivating our intellectual gifts which can enable us to examine the causes of the problems, we shall be wasting the best resources which a group has for constructing a future."[16]

I believe that there is still an inner conviction (although it is expressed in different words) that we came into this life to suffer, that it is "a vale of tears", and it even seems that women have patented it. An excessive "gender *memoria passionis*". All too frequently, women have been and are invited to unite themselves with the suffering of Christ and to remain passive and powerless because these qualities of "resignation" and "humility" are marvellous for humanising relationships, thus taking care of the healthy upbringing of their children and being the repose for their husbands when they come home from an agitated public life. This is called the "special nature" of women or something similar and is always very sublime. But it causes them directly to tolerate unbearable suffering and abuse which must be rejected absolutely. They then become victims, not only of those with names and surnames who maltreat them, but also of the blindness of a whole society which, in the name of the family, holiness or the home, will do nothing or not enough to liberate them from this situation and does not believe anything needs to be done.

The patriarchalism and sexism of the Church have contributed to this situation in at least the following three ways:[17]

- institutionally dehumanising women by disqualifying them because of their sex from having access to the sacred and to leadership,
- justifying or attempting to justify this patriarchal oppression theologically, so that it is perpetuated – even in the name of God, and

[16] Joan Chittister, *El fuego en estas cenizas* (Sal Terrae: Santander 1998).

[17] I include some reflections by Carolyn Osiek, *Beyond Anger: On Being a Feminist in the Church* (Paulist Press: New York 1986).

- promoting a false awareness which allows both oppressors and the oppressed to accept and inwardly cherish their roles blindly.

If there is too much gender suffering, there must also be and there is gender resurrection. The woman's body has a mind and a brain, not only a womb, breasts, feelings, sentiments and emotions. This means she has the capability of defining the world and defining herself. And this is exactly what she will go on doing in a long process of growing awareness, including rejecting the idea that reality must be like this, via curiosity about and entering into a new way of seeing life and of understanding, to moments of anger, rage, breaking with all that is old, moments of *impasse* and not knowing which way to go, and finally beginning to open up new paths and risk following trails which have not been marked out before. As Adrienne Rich has said, "We have to get accustomed to the fact that we need to invent what we desire".

That is the major change of this century, "the idea which women have of themselves", as the French writer and ex-minister, Françoise Giroud stated. The sociologist, Anthony Giddens (now dean of the London School of Economics and holder of the Prince of Asturias prize for 2002), defined it as follows:

> "We are faced with a fundamental movement, widely organised by exceptional women who, taking advantage of every available crack, have convinced other women, a vast, anonymous and courageous majority, and some men. It is a lasting change because it aims to convince, not to impose. The women do not impose, they propose. When they have acquired sufficient knowledge and experience, and only then, they know that they are ready to convince, and that is the situation at present."[18]

Feminist theology[19]

It was necessary to discuss all of this because this and these are the contexts in which the majority of Spanish or Spaniard women theologians, to whom we

[18] Margarita Rivière, *El mundo según las mujeres* (Aguilar: Madrid 2000), 11-12. 135-139.

[19] Very often there is confusion between feminist theology and *a theology of women*. It is wrongly interpreted to mean "feminine" theology, a theology which perpetuates the cultural and religious stereotypes of femininity and masculinity. On the other hand, it is important to note that the diversity of approaches in the intellectual expressions of feminists can also be found in feminist theology and studies of religion. So it is not possible to speak of feminist theology without taking this diversity into account. Its various expressions are not only related to the different suppositions and theoretical analyses of the experiences of women; they also reflect different theological systems: neo-orthodoxy, liberal theology, process theology, evangelical theology, liberation theology or the critical and feminist theology of liberation. In this sense,

are referring, have done and are doing their theology. Indeed, when the majority of women theologians speak about themselves and their theology, in practice they all refer to some of these processes and groups as the ones with which they identify themselves most or to which they relate.

Spaniard theology is primarily a theology of effort, coming out of a struggle, a product of suffering. It has come into being in the main without any support from the theological institutions; on the contrary, the latter have erected and continue to erect barriers and new or permanent obstacles.

Our university does not have the option of theology as a secular career, a matter which has made the access to studying it much easier in other countries, as one would wish. Our theological faculties are ecclesiastical and have generally been conceived to teach future priests and religious, obviously all men.

Some of our German or Austrian friends have been faced later on with the difficulty of finding paid employment, although study centres and the Protestant church offices accommodate quite a large proportion of the demand. In Spain, the selection begins before one starts to study. In this sense, our theology is quite adult and multi-disciplinary by necessity. In other words, our women theologians have previously done other university studies so they come to theological reflection with more cultural baggage and experience of life and the church (but, of course, this does not favour these students as one might have thought); they hence have a broader hermeneutical horizon, in many cases including new contents and revising methodologies. And, above all, it is a vocation. Otherwise, one could not understand the personal price they pay to get admitted and, above all, to continue in theology.

The development of Spanish feminist theology is linked, as throughout Europe, with the reception of the feminist theology from North America. However, as we have seen, it falls on fertile soil. Authors such as Mary Daly, Rosemary Radford Ruether, Letty Russell, Elisabeth Schüssler Fiorenza and many others are also part of our tradition. Initially, either in English or translated into other languages and then, as we joined the struggle, also in Spanish translation. That is an enterprise into which some of us have put much effort in order to ensure better reception in view of the difficulties the majority of people in this country have with other languages. In this connection, it has been very

---

the theological expressions are rooted in different views of the church and different politico-religious contexts. (Cf. Elisabeth Schlüssler Fiorenza, "Una teología critica y feminista de la liberación", in: *Concilium 191* (1984), 63-76.

helpful that the periodical Concilium has devoted some issues to feminist theology. Similarly, other names from the German tradition have been important such as Dorothee Sölle or Elisabeth Moltmann-Wendel, Ida Raming or the Dutch theologian Catharina Halkes. As time passed, they have begun to form part of our tradition, together with authors like the Brazilian women Ivone Gebara and Maria Clara Bingemer, the Mexican María Pilar Aquino or the Uruguayan María Teresa Porcile, with whom we have shared both the theological enterprise and other projects.

When one looks at the Spanish theological panorama[20], one finds names such as María José Arana, Carmen Bernabé, Felisa Elizondo, Mercedes Navarro, Isabel Gómez Acebo, Dolores Aleixandre, Esperanza Bautista, Trinidad León, Pilar de Miguel, Elisa Estévez, Emma Martinez, María Tabuyo, etc. I also recall others from the younger generation like Lucía Ramón, Rosa Cursach, etc.

I wish to mention some of the publications by Spanish women writers which are helping us all to make progress, reformulating, reflecting and correcting. I shall begin with some collective works as an example, but also out of gratitude to the editors of these volumes for the work done.

**10 mujeres escriben teología* (10 women write theology), edited by Mercedes Navarro and published by Verbo Divino in 1993, is, in a sense, the first, comprehensive presentation of feminist theology or of theology done by women in Spain. The editor states in her introduction,

> "Our book contains much from feminist theology in a more or less explicit form.
> a) The articles by the different authors have the following characteristics:
> a critical attitude to the subjects and disciplines of the past as far as women are concerned;
> b) a stand adopted by women and in their favour in the present which tries to do justice to a historical forgetfulness that is part of the sin of the patriarchal Church;
> c) a resolute, courageous and creative openness towards the future in which we women feel we are actors, responsible for the way the Church is going and the reflection on faith which constitutes theology, and
> d) the use of inter-disciplinarity and ecumenical openness when doing this theology."[21]

The terms chosen: Bible, Christ, God, Hope, Church, Woman, Prayer, Sin, Priesthood, Sacraments, are terms behind which lie key issues for Christian theology (biblical theology and exegesis, Christology, fundamental theology,

[20] Juan Bosch, *Panorama de la teología española* (Verbo Divino: Estella 2000).

[21] Mercedes Navarro (ed.), *10 mujeres escriben teología* (Verbo Divino: Estella 1993), 7-9.

eschatology, ecclesiology, sacraments, theological anthropology, spirituality, morality).

Para comprender el Cuerpo de la mujer. Una perspectiva bíblica y ética (Understanding the woman's body. A biblical and ethical perspective), edited by Mercedes Navarro and published by Verbo Divino in 1996. When the Association of Spanish Women Theologians (ATE) held its first conference in 1993, the subject it examined was the woman and theological ethics. The necessity had arisen to study the relation between the woman's body and ethics. This publication was the result of two years of seminars and research on this issue. It contains subjects such as body and community, body, sex and woman from an anthropological perspective, myths and symbols of female submission, corporeality, earth, woman and ecology, women's bodies and the bible, and a wealth of bibliography on the subject.[22]

**Europa con ojos de mujer. Primer Sínodo Europeo de Mujeres* (Europe through women's eyes. First European Synod of Women), edited by Pilar de Miguel and published by Verbo Divino in 1996, is an attempt to relate groups of Spanish women to the realities of the movements and theological discussions in Europe in the nineties and to the changes of perspective which were emerging compared with the past.

**Cambio de paradigma, género y eclesiología* (Paradigm change, gender and ecclesiology), edited by Carmen Bernabé and published by Verbo Divino in 1998. This book reflects the 2nd Theological Conference organised by the Association of Spanish Women Theologians. The book comprises two sections: change of paradigm and gender considered from the point of view of critical feminist theory, psychoanalysis, history and theology, and a second part which is specifically ecclesiological: gender and ecclesiology.

**Colección: En clave de mujer* (Collection: With a woman's key), edited by Isabel Gómez Acebo on behalf of the Association of Spanish Women Theologians (ATE) and published by Desclée de Brouwer from 1999 onwards. To date, this collection comprises 17 published titles and a number of others about to go to press covering spirituality, history, biblical and theological subjects which the women themselves have produced, and also some translations.

[22] There is an interesting reflection about this by Marciano Vidal, "The impact of feminist theology on my conception of theological ethics", in: *Concilium* 263 (1996), 132-134; "Etica feminista", in: *Razón y Fe* 228 (1993), 147-166 and 229 (1994), 178-192; *Feminismo y ética: cómo "feminizar" la moral* (PPC: Madrid 2000).

The express aim is to promote interest in the broad issue faced by Christian and theological thought and the life of women. In this way, women from different contexts have been able to take the floor.

**Y vosotros, quién decís que soy* (As for you, whom do you say that I am) and *Así vemos Dios* (This is how we see God) are two titles which take up the content of the issues tackled over the past two years in the Conferences of the ATE: Christology (2000) and the question of God (2001).

In addition to these collections, it is worth emphasising some other works which contribute interesting individual and original thought to scientific reflection: *María Magdalena. Tradiciones en el cristianismo primitivo* (Mary Magdalene. Traditions in early Christianity) by Carmen Bernabé, published in 1994 by Verbo Divino; *La clausura de las mujeres. Una lectura teológica de un proceso histórico* (Women in enclosure. A theological reading of a historical process) by María José Arana, published by Mensajero in 1992; *Barro y aliento. Exégesis y antropología teológica de Génesis 2-3* (Clay and breath. Exegesis and theological anthropology of Genesis 2-3) published by Paulinas in 1993 and *Ungida para la vida. Exégesis narrativa de Mc 14,3-9 y Jn 12,1-8* (Anointed for life. Narrative exegesis of Mark 14,3-9 and John 12,1-8) by Mercedes Navarro, published by Verbo Divino in 1999.[23]

Moreover, many things are changing; some of these women have managed to be appointed lecturers in faculties or theological institutes and others have published many interesting works of their own. But, even though feminist theology has become something to be reckoned with in the theological and ecclesial debate, it still continues to be "a rebellion on the frontier", as Hedwig Meyer-Wilmes has called it.[24]

In Spain and France, we have a further problem which is the question of feminism. Women theologians here are somewhat fearful of describing themselves as feminists. One would need to examine the internalised reasons behind this. I think it would be very interesting to analyse the historical relations or non-relations which have existed between feminism and Christianity in this country. We could then find answers to more than one question.

---

[23] We also have the more recent, interesting thesis by Elisa Estévez, *El poder de una mujer creyente. Cuerpo, identidad y discipulado en Mc 5,24b-34. Un estudio desde las ciencias sociales* (Verbo divino: Estella 2003).

[24] I owe this reflection to Monika Jakobs, "La teología feminista en Europa", in: *Concilium* 263 (1996), 53-65. Cf. Hedwig Meyer-Wilmes, Rebellion auf der Grenze. Ortsbestimmung feministischer Theologie (Herder: Freiburg i. Brsg. 1990).

I would not wish to refrain from quoting some words from a woman who is much loved in Europe and is a pioneer. Catharina Halkes defined feminism more than 20 years ago in the following way: "It goes beyond emancipation and equality which are necessary prerequisites for a broader process that is simultaneously psychological, socio-economic and cultural."[25]

Nevertheless, at present some women theologians in Spain are beginning to face up to the critical theories of Spanish feminism, such as Celia Amorós, Amelia Valcárcel, María Jesús Izquierdo, Teresa del Valle and others. I believe this is a fruitful approach. The same applies to the rise of Christian women thinkers in other related disciplines, sociology of religion, psychology, history, etc. This is beginning to be possible, but not without difficulty, because we have continued to meet in life, in academia and in militant practice. I believe that this could give rise to a feminist theological thinking that is original and authentically ours, responding to our particularities. We naturally share in the common, universal concerns, but we also need to reflect what is original and different in our own situation.

**10 palabras clave en teología feminista* (Ten key words in feminist theology), edited by Mercedes Navarro and Pilar de Miguel and published by Verbo Divino in 2004, is a product of the kind of study mentioned above. This most recent collection attempts to bring the first – *10 mujeres escriben teología* (Ten women write theology) – up to date to celebrate the 10th anniversary of the ATE (Association of Spanish Women Theologians).

In the course of the 10 years which have passed, some things have changed, such as the number and quality of the women theologians who are now more numerous and more diverse. The context in the country has changed: with growing secularisation and religious indifference, there are more diverse contexts from which we reflect on and experience the influence and impact on reality. Our communication has also changed and now become more international. What has not changed, however, is the androcentric and patriarchal context of the Catholic Church and of a major part of the state, nor have many other forms of conditioning changed which the writers describe in their contributions.

We have moved on from *10 women* to *10 words,* attempting to focus the book on the reflection produced, aware that each of us authors is indebted to

---

[25] Quoted by Rosino Gibellini, "Feminismo y teología", in: *Iglesia Viva* 121 (1986), 49-75, here 54.

many others. The order of the articles tries to convey the consensus about critical feminist methodology: experience, history and the present which is unfinished. The catalogue of terms demonstrates what has been said and underlines what has not been said, either because we assume it or because it has not yet been formulated. *Experience, process, commitment, celebration, tradition, Word, identity, Mystery, proposal and method.*

Despite examples such as these, I believe that most of the work still remains to be done. It would be very interesting and worthy of a university chair. The dialogue can and must take place in the various gender halls of the universities. It would be a tremendous service to the country and to the various autonomous communities. I have spent so much time calling for this chair that I believe my epitaph will read: *here lies a woman who died in the attempt of demanding a chair of feminism and Christianity.* Such a thing exists in other places, for example in Nijmegen.

In France, the association "Femmes et Hommes en Eglise" (Women and Men in Church) is an official voice of feminist theology; as its name indicates, it is also open for men. Although some people claim that could serve as a model for us here, I have serious doubts about whether it might not swallow up the thinking and struggle of the women, as has been and is the case with some efforts along these lines.

I agree more with the analysis made by Elisabeth Schüssler Fiorenza on this issue which Mercedes Navarro has also voiced.[26] She claims that women today have three options for approaching the theological profession, to give it a name:[27]

1. To accept the cosmic visions in academia of masculine "clericality" which have silenced us as women. Hence, they make an effort better to master the discourse used by these men in order to be accepted by their "theological masters or fathers" who are their guides in these matters. They often are offended when students or other women lecturers question the patriarchal academic system in feminist terms. They become "good daughters" of their "theological fathers" and join in the academic discourse of the "fathers". They must not be too aggressive or assertive and must work hard in the shadows.

---

[26] Mercedes Navarro, "La exégesis feminista del NT: con acento extranjero", in: *Sal Terrae* (September 2000), 643-654.

[27] Elisabeth Schüssler Fiorenza, *Pero ella dijo. Prácticas feministas de interpretación bíblica* (Trotta: Madrid 1996).

By virtue of this attitude, they risk losing their identity, not finding their own "accent" and silencing their theological voices and religious creativity. This approach is also an obstacle to changing the kyrio-centric awareness[28] and the androcentric optic produced by academic and ecclesiastical discourse.

2. To reject or despise intellectual work, research and the biblical religions because they represent the discourse of a white, male elite which undermines the self-assertiveness and self-determination of women. But to accuse careful research, abstract theory or intellectual exploration of being masculine implies reaffirming the cultural stereotypes of men as rational thinkers and women as emotional and intuitive story tellers, apart from other questions of one's own "shadow"[29] which Schüssler Fiorenza has analysed with her characteristic precision.

This option, which constitutes a total rejection of academic institutions or which refuses to play "the professional game", deprives us feminists not only of the possibility of speaking in a different way within the university and the Church, but also of the opportunity to acquire the intellectual tools, practical skills and institutional standing which could allow us to produce a "new" understanding of the world, to make our theological voices heard and to change the theological and religious institutions themselves for the benefit of women.

3. The third option is to make the effort of intellectual bilingualism speaking with "a foreign accent". In order to make the practice of resistance and "disloyalty" to the patriarchal authority possible, feminist theory and theology must always engage in reflection of a second order in the feminist struggles for liberation, as well as continuing to be responsible for them.

Nevertheless, we must remain fully aware that this patriarchal coexistence is a pragmatic strategy for survival. Without such practices of resistance and strategic cooperation, gender, feminist or women's studies in the religious field will simply reproduce the current view of women in the patriarchal discursive framework of the academic world and the church.

This third option obliges us to explore the contradictory personal situation of the feminist research theologian. The situation is complex, ambiguous and difficult, but, in addition to opportunities for cooperation, it also provides innumerable threads of inspiration, creativity and energy for the theological enterprise.

---

[28] The term "kyiarchal" refers to an understanding of the patriarchate which is not limited to the sex-gender system but includes the inter-related structures of domination and masculine aristocracy. Cf. Schüssler Fiorenza, *Pero ella dijo,* 154 ss.

[29] Here we refer to the Jungian characterisations of "shadow".

Speaking of the tremendous contradictions which we sometimes experience, I always recall humorously – and that is very helpful – how Ivonne Gebara was asked (we do not know if this really happened or whether it is an urban legend, but it serves as an example) whether it was not a contradiction for her to remain a member of her congregation following the harsh treatment she experienced when Rome ordered her "to keep silent". She replied that "we all have an uncle who is a captain or general and whom we adore although we are anti-militarists ..." In a world where relations are so a-symmetrical, to pretend we have no contradictions means we are crazy or dead.

Although we critical feminist liberation theologians speak from within the discourse of academic disciplines and the Church, we do so on a socio-political basis similar to "resident foreigners", as members and the excluded at the same time: members by virtue of our residence or patriarchal affiliation to a masculine institution; excluded in terms of language, experience, culture and history. This metaphor of the resident foreigner is suggested by Elisabeth Schüssler Fiorenza for a feminist movement and policy of liberation in the context of academia and the Church.

So a growing number of women, both students and lecturers, are insisting on formulating their own questions in line with the hermeneutics of suspicion, voicing their own historical and systematic reconstructions and claiming their own authority in experience, theology and the church.

Although feminist theology in general and the Spanish version in particular are suffering and under pressure, they also have a Pascal vocation; I therefore believe it is essential to receive personal support. This is provided by the networks of women, by appreciation and recognition, by offers of work and opportunities to participate in projects of study and publication.

It is also necessary to start speaking seriously about economic support and effective solidarity from groups, communities and institutions. It is extremely expensive and requires much effort to continue in the theological enterprise and to publish under the present conditions. I believe that many institutions, which ask for lectures and short courses "with some joy" because they want "a woman" to do this (sometimes the remarks are frivolous), are not aware that they are benefiting from this bloodshed and are not contributing what they could or should to encouragement and maintenance; I am referring to congregations, foundations and organisations which, on the other hand, are accustomed to providing economic support for various projects. Perhaps the time has come for discernment about issues which deserve to be subsidised.

In other countries of Europe, there are also examples of wealthy women who establish foundations so that this type of research project can develop autonomously to promote a change of paradigm and help to create a world in which resources are distributed better.

Feminist theology is not just a movement in favour of equal rights in the churches; it also changes the perspective of theology and its content. The women's movements in the churches have realised that the full participation of women in drawing up theological theories will have far reaching consequences for how theology understands itself as a science and for its content.

I agree with the statement by Monika Jakobs[30] that feminist theology is not defined by the so-called "women's issues" or by the research workers who (coincidentally?) by majority are women, but rather proposes a new understanding of theology. This hermeneutics contributes the idea, corresponding to political theology and liberation theology, that theology always takes sides, whether or not it claims to do so. Therefore it is necessary to formulate this partisan approach and give it a solid basis. Its content includes "conscious one-sidedness" in the face of pseudo-objectivity, and it expresses the obligation of science to engage in liberating practice (in this case, the practice of the feminist movement). These issues are being discussed and are controversial at present.

To quote a theologian from the United States, David Tracy, "the combination of historical studies of gender and liberationist commitments has changed the historical nature of theology as a whole … It may be necessary for several generations to continue the work in order to complete this revision of the Christian tradition which has already begun, because studies related to gender are those which lead the way in an analysis of new forms of hermeneutics following the lines both of recuperation and of suspicion."[31]

He also states that feminist thinking has formulated the strongest criticism of, and proposed the most convincing revisions related to, three fatal dissociations found in modern notions of rationality, including the models used in numerous contemporary forms of fundamental theology. Namely: "thinking" has been dissociated from feeling and experience; "content" has been separated from "form"; and modern "theory" has been cut off from practice.[32]

---

[30] I refer to her reflection "la teología feminista en Europa", in: *Concilium* 263 (1996), 53-65.

[31] David Tracy, "El desafío de la teología feminista a la teología fundamental", in: *Concilium* 263 (1996), 129-131.

[32] Tracy, "El desafío de la teología feminista a la teología fundamental", 129-131.

Final remarks
Autonomous and institutional discourse have mutual need of one another. The constant challenge to feminist theology to justify itself has also been a help to prevent it succumbing to complacency. Nevertheless, space for autonomy is necessary for the birth of creative concepts which are not yet complete and need a sheltered sphere.

As long as sexism exists in the churches and the sciences, the conscious life of a woman in the Church or as a theologian, whether she calls herself a feminist or rejects the term, implies living "on the frontier".[33] And it is only by means of solidarity that we shall be able to face these challenges.

Nearly one hundred years ago, Matilda Joslyn Gage defined this task for feminist theology:

> "The most important struggle in the course of the history of the church is the one which liberates women to freedom and reflection and gives them the right to communicate this thinking to the world."[34]

The movement of women and feminist theology are a sign of hope for all Christian women and all men who are hoping and working for a world free of violence. Their existence is evidence of the activity of the Spirit of God transforming reality and consciousness from within a world of sin. Theological and ecclesial support for this movement is a human and Christian imperative if the churches wish to share in solving the major problems affecting humankind. In this connection, I join María Pilar Aquino[35] who invited the international theological community and the hierarchy of the patriarchal churches to establish suitable channels for conversation and dialogue with this movement.

Translation from the Spanish: Margaret A. Pater

---

[33] This affirmation may be more significant after listening to the address by Mercedes Navarro on frontier and other relevant metaphors related to feminist theologies given to the 2nd European Synod of Women held at Barcelona in August 2003, cf. de Miguel / Amell (eds.), *Atreverse con la diversidad*, 95-139.

[34] Matilda Joslyn Gage, *Woman, Church and State*. Quoted in Elisabeth Schüssler-Fiorenza, "Romper el silencio", in: *Concilium* 202 (1985), 320, note 25.

[35] María Pilar Aquino, "El movimiento de mujeres: fuente de esperanza", in: *Concilium* 283 (1999), 123-129.

Niemand kann darüber hinwegsehen, dass eine der bedeutendsten Veränderungen des letzten Jahrhunderts mit dem neuen Bewusstsein und der Dynamik verbunden ist, die Frauen erlangt haben. In Spanien hat der Feminismus seine Besonderheiten: Vor den siebziger Jahren des 20. Jahrhunderts lässt sich keine führende spanische feministische Denkerin finden; denn wir haben jenes "Schwinden des historischen Gedächtnisses" durchgemacht. Dies gilt für alles, was durch den Bürgerkrieg und den darauf folgenden Zeitraum unter- oder abgebrochen worden war: die Erinnerung an das, was war und was hätte sein können. Spanische Theologie ist in erster Linie eine Theologie der Anstrengung, entstanden aus einem Kampf, ein Produkt des Leidens. Sie entstand im Wesentlichen ohne Unterstützung seitens der theologischen Institutionen. Gegenwärtig verändert sich vieles. Die Entwicklung einer spanischen feministischen Theologie ist wie überall in Europa eng mit der feministischen Theologie aus Nordamerika verbunden. Sie fällt hier auf fruchtbaren Boden.

Nul ne peut ignorer qu'un des principaux changements du siècle dernier est lié à la conscience des femmes ainsi qu'à la nouvelle dynamique qu'elles acquirent. En Espagne, le féminisme a cette particularité de n'avoir pas fourni de grandes penseuses féministes avant les années 1970, car nous avons subi une perte de «mémoire historique» qui s'étend, du reste, à tout ce qui a été interrompu ou brisé par la guerre civile et l'après-guerre: le souvenir de ce qui fut et aurait pu être. La théologie espagnole est avant tout une théologie de l'effort, née d'une lutte contre la souffrance, et un produit de celle-ci. Elle vit le jour sans soutien substantiel de la part des institutions théologiques. Actuellement, beaucoup de choses changent. L'évolution d'une théologie espagnole féministe est, comme partout en Europe, étroitement liée à la théologie féministe venue des États-Unis, et elle arrive sur un terrain fertile.

Pilar de Miguel (*1957) is Professor of Biblical Theology and Coordinator of an Interdisciplinary Feminist Seminar at the Theological Institute of the Diocese of Bilbao. She studied social education and biblical theology in Bilbao – Madrid, and feminism and spirituality in Detroit – Toronto. She has been the Publishing Director of the Catholic Biblical Federation (Stuttgart) and is a member of a number of associations for women and theology in Spain, Europe and America. She is the author of several publications, among them: Mercedes Navarro / Pilar de Miguel (eds), *10 palabras clave en teología feminista* (Verbo Divino: Estella 2004); *Espiritualidad y fortaleza femenina* (colección en clave de mujer; DDB: Bilbao 2005).

Alessandra Cislaghi

Thinking *foemineo modo*: Feminist Theology in Italy

Introduction

Originating in America and Anglo-Saxon countries, feminist reflection has also developed in the countries of Southern Europe, flourishing in Italy in various disciplinary contexts. In the 1970s Italy shared the social and political enthusiasms that linked up the youth of that generation: those years consequently saw the emergence of groups committed to the liberation and affirmation of women in the public and private sphere, confronting a long-standing conservative tradition. The first women's groups shared knowledge – political, psychoanalytic and empirical – and took part in actions, testifying to the need for a change in roles and behaviour. This thinking and action led to undeniable successes albeit accompanied by misguided and extreme positions, which may now be interpreted as signs of a maturing cultural process. Once that political season was over, the women coming after were able to enjoy the victories of their predecessors, taking advantage of a moderate climate in which they no longer needed to go on the barricades.

Once their political and social rights had been recognised (in Italy women were given the right to vote in 1945-46), the need to work for gender equality seemed, from some points of view, to be outdated, reaffirmed only by public institutions (which e.g. set up committees to guarantee "equal opportunities", also including the possibility of reaching the top – the "glass ceiling" indicating the level of powers that remained clearly a male prerogative). The "right to the feminine", by contrast, was a long story of social, political and moral diminishment. For example, the number of "missing women" (those not born due to the preference for boys) in the South is dramatic, and recording it a sociological challenge, while in Italy there are sadly no statistics on the number of women who have suffered violence, including in their own family, and whose value is greatly under-estimated in the world of work.

The equality so fervently desired has, in many ways, remained a right established in law but basically existing only on paper. It has proved hard to implement in social reality, in everyday family life and in the broader cultural context. Nevertheless, it is still true that Italian society made great strides after World War II regarding the emancipation and affirmation of women. For that reason, the new generations have turned their attention to cultural commitment in the broad sense. No longer struggling for equality, they have become interested in defining difference.

It is one thing to continue to work for the general respect for human dignity and against all possible sexism. It is quite another to sharpen awareness of the duality of human gender. The two tasks, separated through the time of their emergence, are equal in importance. But while in the 1960s or 70s women aspired to be as authoritative and able as men – so that "sisters and brothers" became the form of address even in monasteries – from around the 1980s feminist research moved in the direction of "difference", highlighting that which properly indicated the specificity of women, and also the constitutive difference between the genders.

The thinking of difference

The topic "sex and gender" from Anglo-Saxon linguistics and sociology has also become an issue in the Italian debate, originally introduced by the French thinker Luce Irigaray.[1] She fostered the idea of "difference" on the basis of a critical reception of the philosophy of Simone de Beauvoir. The existentialist philosopher had published *The Second Sex* in 1949, demonstrating with academic thoroughness and sound arguments that women were subordinate to men. This subordination was supported by examples drawn from biology, anthropology and psychoanalysis – all examples of honest scholarship but inevitably misguided in that they were primarily mono-sexist in orientation. Philosophy itself was monosexist, having always been an exercise in thinking in identical terms for both genders. If a male thinker uncritically assumed the masculine gender to be universal in structuring his work, with its linguistic instruments and conceptual categories, it necessarily followed that his work was constructed by a protagonist imposing himself as a model of identity, while his external object of study, if different from himself, signified otherness, or difference.

Simone de Beauvoir denounced this asymmetrical structure, showing how impossible and incongruent it was by reference to a prominent thinker about

1 Cf. Luce Irigaray, *Sexes et Genres à travers les langues* (Grasset: Paris 1990); Ead., *Je, Tu, Nous* (Grasset: Paris 1990); Ead., *J'aime à toi* (Grasset: Paris 1992); Ead., *Être Deux* (Grasset: Paris 1997); Ead., *Parler n'est jamais neutre* (Éd. De Minuit: Paris 1985).

difference, Emmanuel Levinas. While radically committed to recognising the value of the 'other', which is never reducible to the identity of the thinking protagonist who strives to assimilate the other to his own sameness, Levinas pointed to the paradigmatic otherness of women. Women *are* the 'other', in absolute terms, in their mystery even resembling the divine. Simone de Beauvoir quashed this – albeit fascinating – definition, showing that this reasoning only works from a male standpoint. A woman should be thought and spoken of as being different. But what if the thinker is a woman – what will happen to such a model? Can she conceive of herself on the basis of an identity that is equal to that of a man, while the paradigm of difference is the female? In order to do that, a woman thinker would have to negate herself and pretend to be a man.

With *Speculum: Of the Other Woman* (1974 – Engl. tr. 1985) Luce Irigaray elaborated the ideas of Simone de Beauvoir[2], the woman who could have been her teacher (although she was not), and denounced the equating of the universal with the masculine within language and thus within thought.

Culture, developed as patriarchal from time immemorial, has forged a manner of speaking which, regardless of the specificity of different languages, uses the masculine gender when intending to designate something universal, common or plural, while it relegates the feminine to contexts solely concerning women, if such contexts exist at all. The feminine cannot be used in a general sense. Linguistics and psychoanalysis, along with philosophy, have taught us that the way we speak informs thought, through the intermediary of signs, symbols and paradigms. A male-centred use of language has planted certain images in the human psyche. For example, the ecstasies of women "mystics", or, more visibly, the excesses of those women said to be "possessed of the devil", assume the ritual of performance as the only ritual immediately enabling them to define themselves.

The web of language and thought in philosophy has involved dualistic, hierarchical models, logically constructed from given premises. From one angle there is the man, whose thinking starts with himself and who recognises the woman as his 'other'. He, the thinker and leader, is the lord (*kyrios*) to which the others are subject: weaker men, women, servants, children, animals, other living beings and the Earth. So, on one hand, we will have the masculine, the

---

2 Cf. Luce Irigaray, *Speculum, De l'autre femme* (Éd. De Minuit: Paris 1974); Ead., *Ce sexe qui n'est pas un* (Éd. De Minuit: Paris 1977); Ead., *L'éthique de la difference sexuelle* (Éd. De Minuit: Paris 1984); Ead., *Sexes et parentés* (Éd. De Minuit: Paris 1987).

rational, the superior, the spiritual and, on the other, the feminine, emotive, inferior, fleshly, merely material. The former is regarded as analogous to the supreme being, even God; the other is regarded as that which can be subsumed in its 'otherness' because it can be subjugated and dominated; this applies both to woman and to all matter.

These few indications show how androcentrism has drifted dangerously off course, taking the form of patriarchalism, sexism and imperialism of all kinds. So when women start working in the field of theology they unmask the patriarchal-type inculturation that theology has undergone, both in theological literature and in historical institutions.

Speaking and thinking of God

The work of women linguists, psychoanalysts and philosophers is also reflected in the way women do theology. In fact, the way we speak – and thereby think – of God is the consequence of a given, traditional approach. Heidegger revealed the fallacies of the ontotheological approach from the angle of late modernism. He considered that metaphysics in the service of Christianity was finished as a conceptual model, because it had always and increasingly failed in its chief task of 'thinking of Being' in terms of individual human beings and their *Dasein* (being-there) through the ages. Women, now starting to think about on their lives and the corresponding God, are noticing the need for unprecedented linguistic instruments, different conceptual categories and new symbols. They have decreed the end of one-way thinking, which also confirms the exhaustion of a certain line of theology, thereby highlighting the primordial and necessary connection of philosophy and theology.

Feminist thought can breathe new life into the crisis of late modernism; perhaps it will even be able to suggest a way forward. The present cultural upheavals give women theologians the opportunity to rediscover the interrelation between philosophy and theology. The latter basically has no other subject matter than God, whereas for the former, speaking of God means relying on human wisdom. Rediscovering this ancient association, feminist thinkers offer their own cultures a chance to take a step forward, beyond the *impasse* of the declared deaths – of the subject, of God – and of the death feared and proclaimed by the world. Women philosophers and theologians are taking up the Enlightenment ideals on which Europe and the West are still founded, committing themselves to liberty, equality and *sorority*, a concept which in its feminine form is causing a new blossoming of the less recognised and practised case of sisterhood. These women scholars share a common style – they strive, at least ideally, to affirm the value of exchange between equals as being more important than individual affirmation.

To start with the person – feminist thinkers, following the golden thread of 'difference' and the related topic of limits, are breaking away from modernism. Cartesianism distinguished between mind and matter, exalting the former and devaluing the latter. By contrast, feminist protagonists are relational; in their intricate physical complexity they admit to being dependent on 'something else'. Moreover, while Nietzsche proclaimed the death of the metaphysical God, for women, now compensating for their absence in history, God has never died. And as for the world, they regard it with the concern owed to a living organism needing to be healed, and not as matter to be endlessly dominated and exploited.

These issues open up a complexity of discourse that pervades the whole culture of our age. In the latter is inserted the strength of the women who have become aware of 'being-two' as an ontological valence and of difference as a paradigm of values. The deconstruction of androcentrism (declined as logocentrism, Eurocentrism, phallocentrism, patriarchism, sexism, racism), has, like a low tide, revealed unseen riches. Feminist theology is particularly familiar with this experience, springing from liberation theology, which sets out to denounce the injustices perpetrated by the dominant culture to the detriment of the poorest peoples of the planet. Feminist theologians have recognised in sexism the most widespread form of racism which involves every race, every social context and every nation.

The liberation and transformation of female sexuality involves a conquest which should be worldwide. The claims of gender, moreover, go beyond the limits of a purely biological definition of a person's sex to embrace symbolic, social, cultural and relational aspects. Women theologians are thus exploring ways of talking about God on the basis of their feminist experience, of a society in transformation, of the awareness of sexual difference. Such difference concerns both genders inasmuch as both males and females find themselves to be different when confronted with what they are not. The duality of gender prevents them from thinking of themselves monadically, also giving a radical awareness of limits. Persons are defined, or limited, by belonging to a sex, and this is a way of expressing their humanity that is never self-imposing, never neutral and never abstract. More than by our death, the annihilation and suspension of the senses, we are limited by the manner of our birth, which obliges us to recognise our dependence as we start out in life. After all, each of us was born of a woman.

Female genealogies

This topic introduces a topic dear to all women thinkers – "female genealogies". Within a patriarchal culture, women were forgotten, or occasionally mentioned in their ancillary function. The work of historians and biblical exegetes was largely dedicated to the great enterprise of rescuing from oblivion the faces and voices of women. For historical and exegetical research, rediscovering the feminine means discussing tradition, its hermeneutics and its concrete realisations. For political and economic research, in turn, it means denouncing the number of "missing" women, suffocated by misery and violence. Past and present offer a common calling for anyone who challenges them with eyes sensitive to differences.

In Italy this research is producing a wealth of publications both in state or private universities and even in the pontifical universities or institutes of religious studies. In fact, for reasons linked to the circumstances of national unification, the presence of the Vatican and Catholic predominance, there is unfortunately still a division between secular and theological faculties in Italy: the former do not accord posts to theology and in the latter teaching is strongly linked to the ecclesial magisterium; there is no reciprocal recognition of degrees. As in other countries, women in Italy became more interested in theology after Vatican II and, having finally been given permission, they are entering theological faculties in increasing numbers.

Regarding feminist genealogy, feminist thinkers work either in historical research or in the field of theoretical and practical action – gestures of either symbolical or legal significance.[3] Some of the thinking about difference in Italian feminism is of a crucial nature. It centres around the symbolical figure of the mother and the privileged, "trusting" relations between women, as an acknowledgement of the original debt of gratitude we owe our mothers. "Sisterhood" is also realised in the singling out of "mothers", to whom reference may be made either to reconstruct a tradition that is not purely masculine or to invent archetypes and symbols corresponding directly to feminine identity.

---

[3] See for example in different fields of research: Adriana Valerio, *Cristianesimo al femminile. Donne protagoniste nella storia delle Chiese* (D'Auria: Napoli 1990); Luisa Muraro, *L'ordine simbolico della madre* (Editori Riuniti: Roma 1993); Gabriella Zarri, *La memoria di lei. Storia delle donne, storia di genere* (SEI: Torino 1996); Michela Zucca, *Donne delinquenti. Storie di streghe, eretiche, ribelli, rivoltose, tarantolate* (Edizioni Giuridiche Simone: Napoli 2004); Elena Loewenthal, *Eva e le altre. Letture bibliche al femminile* (Bompiani: Milano 2005).

This involves both implementing a policy in favour of symbols and engaging in a creative interpretation of biblical texts.

While for Judeo-Christian theology a fundamental reference is to the "God of Abraham, Isaac, and Jacob", we now hear a new diction, itself biblical, referring to the "God of Sarah and Rebecca; the God of Leah and Rachel", the matriarchs. The God of the mothers may be thought of as the God of history, *foemineo modo*. And this is a line taken by some women theologians, who opt to devote themselves to the task of interpreting the *patrimonium fidei* with creative intelligence, but without rejecting it. Another line taken by feminists, but less common in Italy, is that of seeking alternative ways of thinking about the divine. More than to historical revelation or metaphysics, they appeal to prehistoric, ancient or medieval mythology relating to goddesses, divinities and other female figures connected with them. This second group, less convincing academically, seeks to rename the sacred. Besides the God of history, they think and speak of the God of life as a mysterious core, asexual and non-anthropomorphic.

The language of faith is being renewed in the attention to "feminine genealogy". Concepts once so venerated in Christian – particularly Roman Catholic – tradition, like "maternity" or "virginity", are taking on other meanings. "Virginity" indicates freshness and promise, and, at the same time, the fullness of a woman's faithfulness to herself: her integrity, not in the mere physical sense, but involving her whole identity. "Maternity" demonstrates fertility and, in the specific case of Mary "Theotokos" (Mother of God), total newness. This is the most extraordinary example of feminine genealogy: in a patriarchal tradition the fact of referring to the mother instead of the father signifies something new and revolutionary, upsetting the recognised, established order and future expectations. The genealogy of Jesus included other female names, representing in themselves ruptures in a given historical continuity, quite apart from his acceptance of foreign or marginalised women, who are consequently dignified through recognition. The God of Jesus Christ is also the God whom he reveals to the women he meets: from the Samaritan woman to Mary Magdalene, rediscovered as a "mother" of the early church.

Women theologians are striving to give new significance to tradition, and to be holistic, rather than seeking matriarchal hegemony as an antidote to the millennia of patriarchy. This is stimulating and leavening research conducted not by a single gender but shared by the most open-minded scholars. Male philosophers are now also turning to topics traditionally neglected, or at least relatively unexplored, and which are now being raised to the theoretical level:

the interest in passions, emotions, desire and difference do not solely concern the female mode of being. Yet feminists have played a considerable role in tackling these issues, covering questions linked to the body and relationships, along with narrative methods. These questions are expressed within a knowledge proceeding from itself, from a single self, sexed, incarnate, and finally symbolical, thus unique/universal.

Choices in the field of research also indicate a specific presence: women scholars have rejected the dichotomy that situated women on the side of irrationality, of feeling, and not of enlightened reason. Instead they are refocusing on the cognitive valence of the emotions, and in so doing, show the fallacy of dichotomous analysis. Thinking about difference takes place at the point where nature and culture meet; the topic of sex-gender illustrates this well, highlighting the idea that the natural act of procreation is also a human act. Feminist scholars are attracted to the flourishing of the human as a fundamental issue, and explore it from all possible angles, ranging from the law – underlining those thresholds below which human dignity is no longer recognised and indicating the elements essential for a good life – to spirituality, that inexhaustible ability to celebrate the mystery dwelling in the whole universe.

Feminist groups and networks

Feminist groups have also sprung up with an interest in different disciplines: from politics and social affairs to spirituality. Christian women theologians from different denominations are not hampered by any prejudice towards each other. Indeed, this research has opened up new opportunities for lively comparisons with other religious backgrounds, in a country with a huge Catholic majority and a tiny Protestant minority. Unfortunately, because of the social problems, the large numbers of immigrant women from different ethnic groups now living in Italy do not generally have access to higher education, and thus their voice is not yet heard in academic circles.

In Italy women have formed many groups that meet to celebrate their Christian faith in unconventional ways. For example, there are "base communities" in different Italian cities, the organisation "Coordinamento Teologhe Italiane" (coordination of Italian women theologians), "Gruppo Promozione Donna" (group for the promotion of women), "La libera Università delle donne" (the free women's university), the "Graal" (grail) of Milan, the "Cerchio della Luna Piena" (full moon group), "Thea", "Identità e Differenza" (identity and difference), "Femmis", and "Agar" (Hagar) in the Venice region. These attempts to celebrate and reflect on the mysteries of faith have considerable creative and innovative potential, although they sometimes run the risk of overdoing it and adopting extreme or naïve positions. Such positions may also reduce the credibility of a seriously transformational commitment, as always happens in revolutions.

Catholic women theologians have a hard time confronting the official positions of the magisterium and meeting with real recognition for in their proposals. An interesting event was the *Letter to the Bishops on the collaboration of men and women in the church and in the world* (July 2004) issued by the former Prefect of the Congregation for the Doctrine of the Faith, Cardinal Joseph Ratzinger, today Benedictus XVI. It sparked a broad debate and was the first time that an authoritative Vatican document had taken account of the reality of feminist thinking, even if in tones of dissent.

Clericalism is a formidable obstacle, and so is secularism. The latter frequently takes the form of indifference, ignorance and prejudice expressed by women. For this reason it is ever more urgent to organise associations and research groups, also at the university level. Women theologians and academics involved in historical and biblical studies are present in many universities and collaborate in different study centres: since 2003 they have found in the "Coordinamento Teologhe Italiane" (CTI) an important space for specialised research and an instrument for debate and exchange between women researchers from different Christian traditions. There is also the "Centro Adelaide Pignatelli per gli studi storico-religiosi sulle donne" (Adelaide Pignatelli centre for historical and religious women's studies), founded by Adriana Valerio, the "Istituto Costanza Scelfo" for problems concerning lay people and women in the Church, and the "Associazione Mariologica Italiana". I mention this last organisation not as a feminist association but to stress that even mariological reflection is receiving refreshing new impetus through feminist studies.

While in Protestant circles the figure of Mary used to be a non-issue, there is a long Catholic tradition of Marian piety, sometimes expressed in devotional forms now obsolete for contemporary believers, or in images with which women cannot identify. Gender studies have agreed to (re-)discover the character of Mary of Nazareth, defining its historical contours and re-interpreting her symbolic attributes described above. She is a woman of her age and personifies its dramas; she is the protagonist of a sacred narrative; she is a disciple of a new community in which she plays a cardinal role.

Women also rediscover their own mothers and teachers in their commitment to research. The group "Diotima", inspired by Socrates' teacher, brings together women with a variety of philosophical interests. This community of women philosophers has met since 1983 in association with the University of Verona. "Diotima" has published widely; its seminar activities are led *inter alia* by Luisa Muraro, in conjunction with the "Libreria delle donne di Milano" (Milan women's bookshop), which since 1975 has sought to highlight women's thinking and writing. These are not strictly academic associations but in line with the most classical calling of philosophy, they aim to stimulate thinking and political action on relations, in this case between women.

The starting point of these researchers is "thinking about difference" as an attempt to achieve an anthropological-philosophical construction of identity. Amongst her other works, Luisa Muraro is the author of a volume that has enjoyed considerable success, *Il dio delle donne* (the God of women).[4] Dedicated to two figures taken from the feminine mystique with the intention of expounding a "mother-tongue theology", it dismantles the methodological presupposition according to which mothers are there to care for the body and give unconditional affection while fathers provide access to the world and the mediation of language.

The last few years have seen an impressive number of publications about the historical and social reality of women, the topic of gender and the idea of difference.[5] From different perspectives these have considered the history of language, philosophy and theology, exegesis and law, ethics of iconography and music. Other studies have considered the presence of women in religious institutions, spirituality, liturgy and pastoral care.

---

4 Luisa Muraro, *Il dio delle donne* (Mondadori: Milano 2003).

5 Cf. for example DIOTIMA (a cura di), *Il pensiero della differenza sessuale* (1987, riedito presso La Tartaruga: Milano 2003); *Mettere al mondo il mondo. Oggetto e oggettività alla luce della differenza sessuale* (La Tartaruga: Milano 1990); *Il cielo stellato dentro di noi. L'ordine simbolico della madre* (La Tartaruga: Milano 1992); *Oltre l'uguaglianza. Le radici femminili dell'autorità* (Liguori: Napoli 1995); *La sapienza del partire da sé* (Liguori: Napoli 1996); *Il profumo della maestra. Nei laboratori della vita quotidiana* (Liguori: Napoli 1999); *Approfittare dell'assenza. Punti di avvistamento sulla tradizione* (Liguori: Napoli 2002).
And Autori Vari, *La donna: memoria e attualità*. Vol. I: *Una lettura secondo l'antropologia, la teologia e la bioetica* (Libreria Editrice Vaticana: Rome 1999); *La donna: memoria e attualità*. Vol. II, 1: *Donna e esperienza di Dio nei solchi della storia* (Libreria Editrice Vaticana: Rome 2000); *La donna: memoria e attualità*. Vol. II, 2: *Donna e esperienza di Dio nei solchi della storia* (Libreria Editrice Vaticana: Rome 2000); *La donna: memoria e attualità*. Vol. I: *Donna e religioni non Cristiane* (Libreria Editrice Vaticana: Rome 2001); *La donna: memoria e attualità*. Vol. III: *Donna e religioni cristiane* (Libreria Editrice Vaticana: Rome 2002).

This dynamic setting of cultural rethinking includes the *Archivio per la Storia delle Donne* (archive for the history of women), founded by Adriana Valerio and associated with the Neapolitan publisher M. D'Auria (2004). This centre has two inspiring forerunners: *L'Archivio per la Storia della Pietà* (the archive for the history of piety), founded in 1951 by Giuseppe de Luca, and the *Archiv für philosophie- und theologiegeschichtliche Frauenforschung* (archive for women's studies in the field of philosophical and theological history), founded in Munich in 1984 by the German theologian Elisabeth Gössmann.

L'*Archivio* in Naples specialises in the publication of hitherto unpublished works relative to women's writing and thought. Such sources, introduced and analysed philologically, offer researchers rare and precious materials, which lend themselves to many and varied connections at the level of interpretation and circulation of ideas, in which the male and female codes interact, dialectically indicating the warp and weft of our social and cultural fabric.

Similarly, publishing collections and cultural initiatives are springing up on gender issues, like "La Dracma" (the drachma), a collection dedicated to studies of women and Christianity, published by D'Auria, mentioned above.

These significant activities are not yet sufficient, however, to give the question of feminist thought a really high profile in intellectual circles and the media. Even in university departments it is still hard work trying to introduce the topic through appropriate courses and studies. Women's Studies as a discipline does not yet exist in Italy and there is still some mistrust towards it, and a tendency to look down on it academically. However, some initiatives are taking shape: these include master's programmes, as at the University of Rome III ("Trainers and experts in equal opportunity", organized by Francesca Brezzi), along with courses and first degree theses on the main ideas and leading figures in feminist thought and history. These are received with great interest by women students.

Female sensibility

'Being-woman' involves extending beyond the purely female: everyone, men as well as women, has a biological mother. And 'being-woman' is experienced in living mediation, rather than in rational planning. God, too, in female terms, is 'thought' as the mystery whose being passes through our being-there; hence for Mary, this happens in the experience of regeneration, waiting, fulfilment. Women therefore try not to be an obstacle, so that 'Other' can pass. Sin, too, is regarded by women from a different angle: they do not suffer from the sin of pride or lust so much as from self-abnegation. Historically and traditionally educated to be dependent, women find it difficult to experience the virtue of self-reliance in all spheres of human life.[6]

So feminists are creating new paradigms and inventing different universals. Their commitment to recuperating misrepresented spheres and struggling against conceptual prejudice corresponds to the needs of our world, characterised by complexity and globalisation. Women theologians who have united without regard for denominational background and are pursuing their inquiries in ecumenical, and inter-faith, contexts enjoy the free experience of multicultural reality, interweaving identity and difference.

The centrality of the categories of otherness and difference highlighted in feminist interpretation is particularly interesting for current philosophical discourse, which is engaging with a globalised world, populated with particularisms and in need of multicultural and inter-faith dialogue. In this field, too, women theologians are on familiar ground, since, from its inception, theology done by women to 'think about women' has always used the plural, never the singular. There are many feminist theologies, depending on cultural background and religion of reference. The multicultural and inter-faith approach is essential for the development of feminist theology, which is then increasingly finding a home for itself in an ecumenical context.

Italian women researchers feel challenged by scholars from other countries, above all from the South, in different areas, notably in ecology, which has produced fascinating Indian (and American) studies on "ecofeminism".[7] This approach links the commitment to transform and liberate women with the concern to care for Mother Earth, that fragile and compromised organism which interconnects everything and everyone, and which has been exploited as if it were no-man's land. It is to be hoped that in this field, too, Italian women thinkers may make their contribution. They have already done so on ethical topics such as questions of crossing boundaries in bioethics, and there is also a community of women in scientific research known as "Ipazia". Italian feminists have already had the opportunity to reflect from all angles on topics ranging from assisted reproduction to abortion.

---

[6] Cf. Lilia Sebastiani, *Morale personale* (Piemme: Casale Monferrato (AL) 1991); Muraro, *Il Dio delle donne*.

[7] Rosemary Radford Ruether, *Gaia e Dio. Una teologia ecofemminista per la guarigione della terra* (Queriniana: Brescia 1995); Vandana Shiva, *Terra madre. Sopravvivere allo sviluppo* (UTET: Torino 2004).

Feminist theological research, strictly and usefully interrelated with philosophy, is working on defining female subjectivity, aiming for a concept of wholeness, and thus for an ecclesiology of communion. The challenge is to develop an ethos of reciprocity, and women have taken it up primarily for themselves – being historically incapable of sisterhood – and thus for their own traditions. The hope is that horizons will open up for the creation of an authentic relationship with the most profound being, which may be a person, the pulsating universe, or divine mystery. The patrimony of faith may then perhaps translate into a 'matrimony' based on love for our fellow human beings.

Translation from the Italian: Elaine Griffiths

Der Artikel setzt bei der historischen Perspektive an, indem er von der feministischen Bewegung im Kampf für die Gleichheit der politischen und zivilen Rechte ausgeht. Die weitere Reflexion konzentriert sich deshalb auf die Frage der "Differenz", die zusammen mit der Gleichheit und über diese hinaus unbedingt zu berücksichtigen ist. Der Text unterstreicht die Themen, denen die italienischen Denkerinnen (Historikerinnen, Biblikerinnen, Philosophinnen oder Theologinnen) in den letzten Jahren ihre besondere Aufmerksamkeit gewidmet haben. Als grundlegende Herausforderung erscheint die Ausarbeitung von adäquaten Paradigmen und Symbolen, die das Weibliche in seiner Besonderheit und Autonomie repräsentieren und konzeptualisieren: Es tauchen deshalb jene fundamentalen Themen wie die matrilineare Genealogie, die Besonderheit des Geschlechts, die Sorge für Dinge und Personen, das Denken des Göttlichen, und Beispiele von Frauen auf. Um das Bild zu vervollständigen, wurde der Bezug zu den zahlreichen Forschungsgruppen hergestellt, die in verschiedenen Bereichen in Italien arbeiten.

L'article partant de la perspective historique du mouvement féministe en lutte pour l'égalité des droits politiques et civils, la réflexion se concentre sur la question de la «différence» pensée comme instance à respecter en même temps que l'égalité et au-delà d'elle. Le texte fait ressortir les thèmes sur lesquels les penseuses italiennes (historiennes, biblistes, philosophes ou théologiennes) ont porté plus particulièrement leur attention ces dernières années. La principale exigence paraît être d'élaborer des paradigmes et des symboles adaptés à la représentation et à la conceptualisation du féminin dans ce qu'il a de particulier et d'autonome: c'est pourquoi y apparaissent des thèmes fondamentaux comme la généalogie matrilinéaire, la spécificité du genre, l'attention pour les choses et les êtres, la pensée du divin, exemples de femmes. Pour compléter le tableau, il est fait référence aux nombreux groupes de recherche qui opèrent à divers titres en Italie.

Alessandra Cislaghi (*1965) is a researcher at the University of Trieste, where she teaches Philosophical Hermeneutics. Her research focuses on the links between philosophy and theology. She has published: *Interruzione e Corrispondenza. Il pensiero teologico di Eberhard Jüngel* (Queriniana: Brescia 1994); *Il sapere del desiderio. Libertà metafisica e saggezza etica* (Cittadella: Assisi 2002). She wrote the entry on feminist theology for the *Dizionario di Teologia* (San Paolo: Cinisello Balsamo [MI] 2002).

Elisabeth Parmentier

Vers une théologie intégrative: une spécificité de la théologie féministe française

À toute première vue, la théologie féministe est quasiment invisible dans le paysage théologique français, contrairement au grand pays francophone d'Outre-Manche qu'est le Québec, où les théologiennes ont esquissé leurs propres voies dans le sillage des Américaines, tout en s'en démarquant.[1] La francophonie européenne, quant à elle, n'emprunte pas la voie féministe fermement tracée par les Allemandes, les Suissesses germanophones, les Autrichiennes et les Néerlandaises. Que s'est-il passé? Comment expliquer ce manque de résonance, en particulier en France, pays pourtant marqué par des penseuses comme Simone de Beauvoir, des révoltes radicales telles que le «Mouvement de Libération de la Femme» et la longue tradition du féminisme social?

Un regard plus appuyé permet de répondre autrement: une théologie féministe est présente, mais de manière différente, avec des expressions spécifiques liées à ce contexte précis. Car la conception française est plutôt la recherche d'une théologie du partenariat, de la réciprocité, plus soucieuse de la mixité et de la pensée solidaire des hommes et des femmes (comme des religions et des cultures) que d'une tradition prioritairement orientée vers les femmes. Les théologiennes féministes ne se profilent pas en tant que telles (d'où leur absence d'ailleurs dans l'AFERT, même s'il existe un groupe français de l'AFERT).[2]

---

1 Pour le Québec qui ne sera pas étudié ici cf. notamment: Carolyn Sharp «The Emergence of francophone Feminist Theology», dans: *Studies in Religion/Sciences Religieuses* 25/4 (1996), 397-407; Pierrette Daviau (dir.), *Libérer la théologie. Variations autour de la pensée féministe d'Ivone Gebara* (Les presses de l'Université Laval: Québec 2002); Elisabeth Lacelle, *L'incontournable échange. Conversations oecuméniques et pluridisciplinaires* (Bellarmin: Montréal 1994); Monique Dumais/Marie-Andrée Roy (dir.), *Souffles de femmes. Lectures féministes de la religion* (Paulines/Médiaspaul: Montréal/Paris 1989); Denise Couture (dir.), *Les femmes et l'Eglise* (Fides: Québec 1995).

2 Un groupe d'une dizaine de personnes. Les participantes prennent part au débat théologique par des conférences, des articles. Ce groupe a publié une brochure AFERT en octobre 2001:

Est-ce bien du féminisme, demanderont certaines? On peut évidemment l'interpréter comme un manque d'audace, un crypto-androcentrisme persistant, un retard de la recherche, une peur de se démarquer des hommes, voire une théologie conservatrice. Nous en verrons les tendances et les limites, mais aussi les possibilités. Cet article part de l'affirmation que la théologie féministe n'a pas besoin de suivre l'orientation des pays voisins pour faire son chemin en France. Mais ce chemin s'inscrit prioritairement dans une perspective partenariale et intégrative, ce terme (qui sera repris en conclusion) étant à comprendre comme intégration des perspectives d'hommes et d'autres critères épistémologiques que le féminisme.

Une entrée à pas feutrés dans l'Europe francophone

L'Europe vit naître dans les années 1965 à 1970 un féminisme d'abord sociopolitique et laïc. Des pôles universitaires furent créés en France: en 1973 à Paris VII (en histoire autour de Michelle Perrot), à Aix (Yvonne Kniebielher), Paris VIII (Hélène Cixous), à Poitiers, Toulouse, Rouen. Malgré la radicalité de ce mouvement de révolte féministe des années 1970 en France, la théologie demeura fermée à ces idées, et vit plutôt fleurir des écrits d'un type de théologie «féminine» s'interrogeant sur les stéréotypes sexuels, la nature, le destin, le rôle des femmes, sans vraiment remettre en question l'ordre des choses.[3] Mais ce courant modéré préparait le terrain pour une remise en question plus fondamentale et une critique des institutions ecclésiales comme de la tradition, manifestant le souci de voir enfin les femmes retrouver une place reconnue dans l'Eglise. Aussi parurent à la fin des années 1970 et dans les années 1980 des travaux plus vigoureux dénonçant les concepts anthropologiques et ecclésiologiques d'un christianisme marqué par l'androcentrisme. Des chercheurs tels que Jean-Marie Aubert, Kari Børresen, Marie-Jeanne Bérère marquèrent cette époque d'une griffe ineffaçable, sans pour autant qualifier explicitement leurs travaux de «féministes».[4] Mais ces prémices

---

Dieu dans le temps des femmes, éd. Groupe français de l'AFERT, 68 rue de Babylone, 75007 Paris.

[3] Par exemple: France Quéré, *La femme. Les grands textes des Pères de l'Eglise* (Centurion: Paris 1968); Francine Dumas, *L'autre semblable. Hommes et femmes* (Delachaux et Niestlé: Neuchâtel 1967); Antonin-Marie Henry, «Pour une théologie de la féminité», dans: *Lumière et vie* 43 (1959), 100-128.

[4] Jean-Marie Aubert, *L'exil féminin. Antiféminisme et christianisme* (Cerf: Paris 1988); Kari Elisabeth Børresen, *Subordination et équivalence. Nature et rôle de la femme d'après Augustin et Thomas d'Aquin* (Universitetsforlaget-Mame: Oslo-Paris 1968), et «Fondements

annonçaient une théologie d'un autre type, marquée par une attitude autocritique au sujet de la tradition chrétienne.

Cette nouvelle théologie devait «désormais situer son champ d'élaboration et de référence dans une perspective d'anthropologie intégrale» en incluant «la triple expérience féminine d'aliénation, libération et recréation». Cette tentative de définition de la spécificité d'une «théologie féministe intégrale» émane de la plume de Marie-Thérèse van Lunen-Chenu, qui fut la première, à ma connaissance, à publier un article de fond sur la théologie féministe en France, dans un ouvrage d'introduction aux études de théologie, et ce dans une collection scientifique.[5] Elle y précisait notamment une difficulté particulière au contexte français: seule une dizaine de femmes étaient alors docteurs en théologie en France et aucune n'était connue du grand public. De plus, selon elle, la fonction de théologienne n'était pas mise à l'honneur par la Conférence épiscopale française comme c'était le cas par exemple au Canada. On n'était qu'en 1983, et la situation des théologiennes a largement évolué aujourd'hui. Mais une autre question se pose: celles qui sont connues et publient ne s'affirment pas «théologiennes féministes», ni même nécessairement féministes! Il y a ainsi un double tabou de langage qui porte sur le terme même de «féminisme» et de «militance», qui restent moqueurs, et ce n'est que récemment que certaines auteures les revendiquent ouvertement.

Marie-Thérèse van Lunen-Chenu précisa encore en 1986 sa réflexion sur la théologie féministe en France dans un ouvrage de présentation allemand, où elle expliquait que les féministes françaises travaillant dans le domaine théologique n'étaient pas enclines à reprendre une perspective uniquement féministe qui courrait le risque de se refermer sur elle-même, de se transformer en typologie ou en une idéologie du féminin. En ce sens cette auteure elle-même, comme d'autres (Béatrice Osmont et Claudette Marquet, Marie-Jeanne Bérère, qu'elle cite en exemples), se disaient (et continuent à s'affirmer) plus désireuses d'une théologie «dé-patriarcalisante» (Claudette Marquet) ou «intégrale» (Van Lunen), voire d'une «féminologie» (Marie-Jeanne Bérère) s'adressant tant aux femmes qu'aux hommes: «Nous préférons, moi en tout cas, détecter les erreurs du patriarcat chez les femmes *et* les hommes, pour

anthropologiques de la relation entre l'homme et la femme dans la théologie classique», dans: *Concilium* 111 (1976), 27-39; Marie-Jeanne Bérère / Renée Dufour / Donna Singles, *Et si on ordonnait des femmes?* (Centurion: Paris 1982).

[5] Marie-Thérèse van Lunen-Chenu, «Femmes, féminisme et théologie», dans: Bernard Lauret / François Refoulé (éd.), *Initiation à la pratique de la théologie* (Cerf: Paris 1983), V: *Pratique*, 267-322 (cit. 314).

l'ensemble de l'humanité, et respecter la dynamique dialectique des deux sexes plutôt que de rechercher un trésor perdu ou négligé que les femmes auraient à retrouver. C'est sans doute un fait connu qu'en France nous n'avons pas une culture ou un imaginaire du pouvoir matriarcal qui permettrait aux femmes de s'y projeter, ne serait-ce qu'en rêve!»[6] Mais il ne s'agit pas d'un «manque» ou d'une lacune, c'est aussi un choix assumé. Ainsi il est intéressant de remarquer que le terme de «féminologie» employé par Marie-Jeanne Bérère (par ailleurs critique à l'encontre de la théologie traditionnelle), qui ferait frémir les féministes allemandes, néerlandaises et américaines, n'est pas un adoucissement de la théologie féministe. La féminologie se veut analyse critique du discours masculin, dévoilement de sa partialité voire même perversité, dénonciation de ses déterminismes et valorisation de la parole théologique des femmes (d'où le terme de *logos*) et de leur pleine responsabilité de chrétiennes. Il y a donc bien ici un principe féministe à l'œuvre! Mais il s'agit d'un critère plus large dont le principe herméneutique ne serait pas le seul point de vue des féministes ou de l'*ecclesia* des femmes: «Car ceci impliquerait de reproduire sans arrêt les typologies archaïques d'opposition entre le masculin et le féminin..., de banaliser et de marginaliser le travail des théologiennes et d'empêcher les théologiens de prendre en sérieux la question des femmes dans l'Eglise».[7]

Ainsi, plusieurs revues théologiques abordèrent entre 1970 et 1980 la question de la place des femmes dans l'Eglise, mais sans un point de vue qui s'afficherait explicitement féministe (alors que la critique y est, comme on peut le

---

6 Marie-Thérèse van Lunen-Chenu, «Feministische Theologie in Frankreich: Reichtum, Grenzen und Unausgesprochenes» (ma traduction de «Wir sind näher daran, ich jedenfalls, die Fehler des Patriarchats für die Frauen *und* für die Männer zu erkennen, für die Ganzheit der Menschheit, für die Achtung vor ihrer dialektischen Triebfeder der Zweigeschlechtlichkeit, als zu erforschen, welchen vergessenen oder vernachlässigten Schatz die Frauen im allgemeinen wiederfinden könnten. Wahrscheinlich ist es schon bekannt: wir haben in Frankreich keine Kultur, keine Vorstellungen einer matriarchalen Macht, auf die eine Identifikation der Frauen sich stützen könnte, und sei es nur, um zu träumen!», in: Christine Schaumberger / Monika Maaßen (Hg.), *Handbuch Feministische Theologie* (Morgana Frauenbuchverlag: Münster 1986), 79-93, ici 92.

7 Marie-Jeanne Bérère, «Féminologie: théologie féministe», dans: *Femmes et Hommes dans l'Eglise* 24 (décembre 1985), 3-8: (en allemand in *Handbuch Feministische Theologie:* «Das hieße, ständig die archaischen gegensätzlichen Typisierungen von männlich und weiblich zu reproduzieren, ... dazu beizutragen, daß die Arbeit von Theologinnen bagatellisiert und marginalisiert wird, und gleichzeitig die Theologen daran zu hindern, die Frage der Frauen in der Kirche ernstzunehmen»).

voir dans les titres!)[8] La revue *Concilium* en traduction française demeura longtemps le seul outil de réflexion ouvrant aux théologies féministes des autres pays.[9] En effet, peu d'ouvrages des pionnières féministes furent traduits en français, et ils ne le furent souvent que des années après la parution de l'original.[10] Le premier groupe européen officiellement féministe, «Femmes et hommes en Eglise», de fondation catholique mais d'ouverture œcuménique, vit le jour en Belgique en 1970 avec l'objectif de s'engager en faveur de nouveaux partenariats entre hommes et femmes.[11] Des féministes parisiennes s'affirmant ouvertement «féministes chrétiennes» lancèrent le groupe «Femmes-Saint-Merri», mais sans entrer dans le travail théologique. Un mouvement de

[8] Exemples: «Les femmes d'aujourd'hui et l'Eglise», *le Supplément* (Paris, déc. 1978); «Les femmes: l'Eglise en cause», *Lumière et Vie* 151 (Lyon, janvier-mars 1981); «Des femmes accusent l'Eglise», *Cahiers du GRIF* (Bruxelles 1975); «La situation des femmes dans l'Eglise catholique», *Pro Mundi Vita* 83 (Bruxelles 1980). Cf. aussi «Féminisme, les femmes et l'avenir de l'Eglise», *Pro Mundi Vita* 56 (Bruxelles 1975).

[9] Les numéros en lien avec les enjeux de la théologie féministe sont notamment: 111 (1976): «Les femmes dans l'Eglise»; 154 (1980): «Les femmes dans une Eglise masculine»; 163 (1981): «Un Dieu Père?»; 188 (1983): «Marie dans les Eglises»; 202 (1985): «Les femmes invisibles dans la théologie et dans l'Eglise»; 263 (1996): «Les théologies féministes dans un contexte mondial».

[10] En l'occurrence, Mary Daly, *Le Deuxième Sexe contesté* (Mame: Paris 1969; The Church and the Second Sex, 1968); Letty Russel, *Théologie féministe de la libération* (Cerf: Paris 1976; Human Liberation in a Feminist Perspective, 1974), Elisabeth Schüssler Fiorenza, *En mémoire d'elle. Essai de reconstruction des origines chrétiennes selon la théologie féministe* (Cerf: Paris 1986; In Memory of Her: A Feminist Theological Reconstruction of Christian Origins, 1983), Elisabeth et Jürgen Moltmann, *Dieu, homme et femme* (Cerf: Paris 1984; Humanity in God, 1983), Anne Carr, *La femme dans l'Eglise. Tradition chrétienne et théologie féministe* (Cerf: Paris 1993; Transforming Grace: Christian Tradition and Women's Experience, 1988); Phyllis Trible, *Destinées tragiques. Histoires de Hagar, de Tamar, de la concubine du lévite et de la fille de Jephté* (Ed de Minuit, Groupe Orsay: Paris 1989; Texts of Terror: Literary-Feminist Readings of Biblical Narratives, 1984); Virginia Mollenkott, *Dieu au féminin. Images féminines de Dieu dans la Bible* (Paulines / Centurion: Montréal / Paris 1990; The Divine Feminine: The Biblical Imagery of God as Feminine, 1983); Elizabeth Johnson, *Dieu au-delà du masculin et du féminin. Celui/celle qui est* (Cerf / Paulines: Paris / Montréal 1999; She Who Is: The Mystery of God in Feminist Theological Discourse, 1992).

[11] L'association «Femmes et Hommes en Eglise» affirme explicitement vouloir «assumer de façon créative» «le féminisme», «le courant européen pour une Eglise de liberté», «le Concile Vatican II», «les traditions chrétiennes», en formant l'opinion publique, en transformant les mentalités, en développant une pédagogie du partenariat. FHE publie notamment un bulletin international trimestriel et travaille en réseau avec l'AFERT, le Forum Œcuménique des Femmes Chrétiennes, le Groupe Orsay, la Coordination française pour le Lobby Européen des femmes, la Women's Ordination Conference des USA (entre autres).

femmes s'engagea dans une réflexion de fond sur les enjeux féministes, traduisant des ouvrages et publiant des articles de théologiennes américaines: le «Groupe Orsay», à Paris.[12] A partir de 1979 ce Groupe organisa régulièrement des colloques et développa une réflexion théologique dans sa branche intitulée «Théologie féministe». Ce Groupe toujours actif s'est ouvert d'abord à la réflexion œcuménique et travaille à l'heure actuelle dans une perspective inter-religieuse. Une seule Faculté, la Faculté Catholique de Lyon, a mis en place en 1987 (avec la collaboration de «Femmes et Hommes en Eglise») un Centre d'études «Femmes et Christianisme», essentiellement centre de documentation, mais également lieu de cours ou de colloques ayant trait aux femmes, après l'expérience inaugurée en 1983 d'un cours sur «Féminisme et christianisme» donné par Marie-Jeanne Bérère. Les articles et ouvrages portant explicitement sur la théologie féministe rédigés par des théologiennes françaises demeurent peu nombreux.[13] La réflexion sur les femmes dans leurs rapports avec les hommes et l'interrogation du masculin est par contre largement explorée.[14]

Ce bref aperçu montre l'importante mobilisation des organisations des femmes catholiques, se réclamant des espoirs du Concile, et se sentant soutenues avec l'aide de théologiens comme Rahner, Congar, Chenu, Aubert. Ces

---

[12] Groupe Orsay, «Lecture féministe des 'codes domestiques'», *Foi & Vie* (Cahier Biblique 28), vol. LXXXVIII, 5 (1989), 59-67 et traductions de textes comme celui de Phyllis Trible, *Destinées tragiques*. Il commença à publier une revue intitulée «*Le Passouvent Tantattendu*», actuellement les «*Echos du Groupe Orsay*». Plusieurs féministes participent à la communication théologique par des conférences et des engagements sans entrer dans la publication académique, notamment France Beydon, Marianne Seckel, Danièle Ellul, Evelyne Carrez.

[13] Béatrice Osmont, *Principes herméneutiques d'une lecture féministe de la Bible* (Institut Catholique: Paris 1985). *Foi & Vie* (Cahier biblique) 28, 1989: «Lectures féministes de la Bible»; Christianne Méroz (sœur de la communauté protestante de Grandchamp), *Des femmes libres* (éd du Moulin: Aubonne 1988).

[14] Cf. pour les travaux plutôt informatifs: Suzanne Tunc, *Brève histoire des femmes chrétiennes* (Cerf: Paris 1989). Pour les travaux plus scientifiques par exemple Kari Elisabeth Børresen qui publie aussi en français: cette catholique norvégienne actuellement professeur de «Gender Studies» à la Faculté de Théologie de l'Université d'Oslo a organisé tout un réseau de recherche européen reliant pays nordiques, anglo-saxons et pays catholiques sur le thème «Genre et religion», des résultats étant publiés sous *Gender and Religion/Genre et Religion, European Studies/Etudes européennes*, éd. Kari Elisabeth Børresen / Sara Cabbibo / Edith Specht (Herder Editrice: Rome 2001); un aperçu de sa méthodologie très rigoureuse in: Oeyvind Norderval / Katrine Lund Ore (éd.), *From Patristics to Matristics. Selected Articles on Christian Gender Models* (Herder Editrice: Rome 2002).

groupes et leurs moyens ont été restreints et aucun n'a vraiment joui d'un soutien officiel des Eglises (ceci vaut aussi pour le Groupe Orsay, protestant). Des possibilités de pression ne s'offraient pas pour les groupes de femmes protestantes et orthodoxes, Eglises très minoritaires en France (pas même 1% de la population!). Mais une émulation réciproque a permis de tisser des réseaux fructueux et toujours vivants entre les groupes.

De plus, il est intéressant de remarquer que l'on trouvait en France, bien avant l'avènement officiel de la recherche du «genre» (terme peu apprécié en français), une telle critique déconstructive sur les identités et les rôles des hommes et des femmes, mais avec des critères épistémologiques plus larges que le féminisme, tout en incluant celui-ci.[15] Une telle approche du genre se poursuit à l'heure actuelle dans des cours, colloques et conférences de tous les domaines des sciences humaines. La théologie y travaille aussi: à Paris vient d'être créée une «Unité de recherche et documentation Genre en Christianisme» (en lien avec l'association «Femmes et Hommes en Eglise»), coordonnée par Marie-Thérèse van Lunen-Chenu. L'objectif est de s'engager explicitement «pour l'étude et la transformation de la construction religieuse du genre et de ses modes d'influence dans la société civile», dans une approche inter-disciplinaire et critique. La spécificité de cette recherche est liée au critère épistémologique du «genre» qui n'avait pas encore jusque-là été officiellement au centre d'une recherche sur les femmes en christianisme. Son autre spécificité est de chercher à établir l'articulation entre le champ religieux chrétien et la société contemporaine. Cette Unité dispose d'un fond bibliographique sur les études féministes/études genre (en montrant à la fois des classiques et des études peu accessibles ou connues en France), et propose des cycles de conférences et colloques de niveau universitaire sur des sujets analysés sous l'angle spécifique du genre.[16] Elle s'appuie sur un Collège Scientifique et un Conseil International inter-disciplinaires.

[15] Cf. par exemple la philosophe Yvonne Pellé-Douël, *Etre femme* (Seuil: Paris 1967). Son approche incluait explicitement la critique féministe notamment dans le champ religieux (par ex. dans la critique de la «vocation» de destin de la femme tracée par l'Eglise). Elle a participé au mouvement militant féministe dans l'Eglise catholique et fut membre de la première équipe de «Femmes et Hommes en Eglise» à Paris.

[16] Exemples de conférences: «Construction et déconstruction de l'image paternelle de Dieu», «Marie et les vœux de l'inconscient», «Théologies et spiritualités féministes», «Religion, laïcité et genre». La base de données bibliographiques se trouve sur le site www.bibliothequedusaulchoir.org.

La singularité française: une tradition mixte et élitiste
Les féministes françaises seraient-elles en retard d'une révolution, alors que le premier colloque national regroupant plusieurs groupes de femmes engagées dans la recherche scientifique n'eut lieu (à Toulouse) qu'en 1982, sur le thème «Femmes, féminisme et recherche»?

On ne pourrait en incriminer les grandes penseuses des années 1970 à 1980: en philosophie Simone de Beauvoir, en linguistique Julia Kristeva, en histoire Françoise d'Eaubonne, et des romancières comme Annie Leclerc, Benoîte Groult, Marguerite Duras. Simone de Beauvoir est l'exception qui confirme la règle, puisqu'elle a écrit *Le Deuxième sexe* dès 1949, mais sa réception ne s'est faite auprès des femmes qu'après 1960. Une anthologie de textes féministes français, publiée aux Etats-Unis sous le titre suggestif de *New French Feminisms*, étonnerait sans doute les Françaises, parce qu'il ne s'agit que d'auteures déjà considérées ici comme représentantes d'une phase passée du féminisme des années 70, et nullement d'un féminisme «nouveau»![17] Nombreuses sont celles qui sont devenues par la suite célèbres pour leurs recherches en littérature (Catherine Clément), en sociologie (Evelyne Sullérot), leur engagement en politique (Gisèle Halimi), leur cursus académique (Julia Kristeva) ou la publication de bestsellers (Viviane Forrester). Mais elles ne sont justement pas restées liées exclusivement à la problématique féministe! Cet ouvrage américain est ainsi la radiographie d'une spécificité française plutôt décriée: le critère féministe n'est pas resté décisif!

Néanmoins, le constat majeur dressé par cet ouvrage est exact: les éditrices affirment que la spécificité du féminisme français est liée à la radicalité de la révolte des femmes surtout dans le langage. L'arme des femmes, et ce depuis leurs écrits marginaux du Moyen-Âge, a été l'acuité et l'à-propos de leur langage: «C'est la combinaison entre un activisme dans le langage et dans la politique qui est la caractéristique essentielle des féminismes français (...). Nulle part ailleurs des groupes de femmes ne se sont réunis avec une telle volonté expresse de critiquer et de reforger le langage officiel mâle, et à travers lui, les habitudes et le pouvoir masculins».[18] Selon elles, le féminisme

[17] *New french Feminisms: An Anthology*, Edited and with Introductions by Elaine Marks and Isabelle de Courtivron (The University of Massachussets Press / Harvester Press: Hertfordshire 1980). Avec des textes des femmes mentionnées ci-dessus, ainsi que d'Helène Cixous, Viviane Forrester, Claudine Herrmann, Françoise Parturier, Xavière Gauthier, Gisèle Halimi, Luce Irigaray, Monique Wittig et aliae.

[18] «Discourses of Anti-Feminism and Feminism», introduction par les éditrices, in: Marks / Courtivron (éd.), *New French Feminisms*, 6 (ma traduction).

français serait plus radical, plus destructif et plus ironique contre la domination phallocrate que le féminisme américain. Je dirais que cela est vrai pour le féminisme des années 70, et que le langage en fut effectivement l'arme la plus acérée. Il est pourtant intéressant de constater que la refonte du langage s'est faite en France selon un tout autre mode que dans le domaine anglo-saxon ou germanique. Alors que dans ces derniers s'est déployé un immense combat pour le «langage inclusif» (jusque dans le langage théologique et liturgique), permettant au féminin de trouver une visibilité grammaticale, ces essais font plutôt sourire les Françaises. Elles persistent, pour la plupart, à renoncer aux propositions du gouvernement de féminiser les titres et les métiers. Elles ne veulent pas, contrairement aux Suissesses, être appelées «madame la ministre», «professeures» ou «maîtresses de conférences», ce qui représenterait une perte de prestige et une autre forme de discrimination. Elles n'abandonnent pas pour autant le combat du langage, mais sous d'autres formes, qu'elles maîtrisent depuis des siècles: par la spécificité d'un style, l'acuité d'un raisonnement, la culture du «bon mot», la créativité du langage, une forme d'humour. Le féminisme français s'amuse des hommes, mais aussi des femmes, ce qui lui confère un atout majeur: l'analyse ne divise pas, comme certains travaux américains, le monde en femmes-victimes et hommes-voyeurs ou violenteurs potentiels.[19] La séduction n'est pas diabolisée comme c'est souvent le cas Outre-Atlantique, et les relations au travail ne sont pas d'office marquées par l'hostilité.

Le féminisme français se distingue par l'orientation vers la mixité, avec une insistance actuelle sur la «parité» (les mesures gouvernementales et les normes juridiques sont affirmées dans ce sens). L'une des plus typiques représentantes du féminisme français est Elisabeth Badinter, dont la critique porte tant sur les hommes que sur les femmes: critique du concept de féminité, de l'amour maternel, des relations entre hommes et femmes et du masculin comme sexe «fort».[20] Dans son dernier ouvrage *Fausse route*, elle réfute aussi un féminisme séparatiste inspiré par les réflexions américaines sur la construction du genre, qui semble établir une séparation de l'univers des hommes et des

[19] Cf. pour une telle conception américaine Marilyn French, *La guerre contre les femmes*, trad. Bouillot-Tate (L'Archipel: Paris, 1992), 235; par ex. Gloria Steinem, *Revolution from Within: A Book of Self-Esteem* (Little Brown: Boston 1992), 261.

[20] Elisabeth Badinter, *Qu'est-ce qu'une femme? A.L Thomas, Diderot et Mme d'Epinay* (P.O.L: Paris 1989); *L'amour en plus. Histoire de l'amour maternel* (VIIe-XXe siècle), (Flammarion: Paris 1980); *L'un est l'autre. Des relations entre hommes et femmes* (Odile Jacob: Paris 1986); *XY. De l'identité masculine* (Odile Jacob: Paris 1992).

femmes. Elle s'oppose notamment à l'occultation de la violence occasionnée par les femmes et à leurs abus de pouvoir, et à la victimisation unilatérale liée à une insistance sur la différence des genres. Mais ce féminisme qui a le souci du partenariat se méfie tout autant de l'androgynie ou de la simple interchangeabilité des hommes et des femmes. Badinter affirme plutôt que le «jeu des possibles» est plus riche que le face à face masculin-féminin, sans tomber pour autant dans l'unisexe: «L'indifférenciation des rôles n'est pas celle des identités. C'est au contraire la condition de leur multiplicité et de notre liberté».[21] Cet ouvrage a été critiqué par certaines féministes, et on peut en regretter l'argumentation souvent trop massive. Mais il montre bien la tendance de la France, qui a connu un féminisme radical en politique, et dans la création artistique, littéraire, scientifique un phénomène tout aussi radical de déconstruction du langage et de l'épistémologie. Or cette radicalité féministe s'est aussi tournée vers une critique des modèles féminins, voire féministes!

Pourquoi cette spécificité française d'une critique de l'androcentrisme tout comme d'un féminisme trop focalisé sur les femmes? C'est ce qu'explore l'historienne Mona Ozouf dans un *Essai sur la singularité française*.[22] L'auteure fait remonter la spécificité de la société française, société aux compagnies «mêlées», où hommes et femmes sont associés dans toutes les circonstances de la vie, à la monarchie, société basée sur les différences sociales. Dans un tel système hiérarchisé, la différence des sexes est moins séparatrice que la différence des classes! Or une société entièrement basée sur la représentation, la façade, le jeu des pouvoirs et des privilèges, ne pouvait se passer de la présence des femmes de salon qui présidaient à la conversation et aux bonnes manières. La Révolution sonna le glas de ce pouvoir, puisque désormais ce fut l'Histoire qui devint l'éducatrice de la société, et les femmes furent occupées à maintenir la tradition ancienne. Pourtant, précise Ozouf, si le modèle du salon lettré a disparu dans les faits, il n'en demeura pas moins dans les mémoires et les habitudes nationales, et les femmes ont continué à jouer de leur influence comme «épouses citoyennes». Cantonnées au foyer, elles ne connurent pas la même destinée que les femmes américaines, adulées comme prêtresses familiales et de ce fait (par respect de la spécificité féminine) complètement exclues de l'univers masculin. La société française demeura ouverte à la mixité, et les femmes de lettres jouissaient d'un certain prestige.

---

21 Elisabeth Badinter, *Fausse route* (Odile Jacob: Paris 2003), 218.

22 Mona Ozouf, *Les mots des femmes. Essai sur la singularité française* (Fayard: Paris 1995), 323-397.

L'idéal révolutionnaire de l'égalité des humains s'affirma petit à petit, avec la revendication d'une instruction pour tous. Selon Ozouf, la singularité française s'explique, entre autres, par l'ouverture du métier de l'enseignement aux femmes, l'innovation française se manifestant notamment dans l'apparition d'une forme inédite de couple: l'instituteur et l'institutrice mariés, partageant entièrement le même espace et toutes les tâches!

> «Ce républicanisme, qui a tant investi dans l'éducation et tout fait dépendre de l'égalité scolaire, on peut en effet le considérer comme une singularité française. En France, l'enseignement a été le lieu où l'Etat a inventé un droit égalitaire, où ont été remportées les victoires décisives pour les femmes: les chiffres européens qu'on peut, en plein 20è siècle, comparer aux chiffres français, le confirment encore. En 1963, 43 % des étudiants français étaient des femmes; seulement 32% en Angleterre et 24% en Allemagne de l'Ouest. A la même époque, le secteur tertiaire occupait en France plus de femmes que partout ailleurs en Europe. Et une littérature théorique signée par les femmes, flamboyait, d'autant plus visible que la culture littéraire est toujours assurée de la considération nationale. La conclusion qu'on est tenté de tirer d'un tel tableau est qu'il dût y avoir ici un vigoureux mouvement féministe (...). Or, c'est le contraire qui est vrai».[23]

Et l'auteure de montrer, à l'inverse, combien les avancées politiques des femmes en France sont faibles, autre singularité française! Cette réalité en contradiction avec l'idéal de mixité, s'explique selon Ozouf par l'opposition républicaine à l'Eglise catholique, dont les femmes étaient censées être les piliers. On voulait éviter de leur accorder le droit de vote pour ne pas faire entrer l'Eglise dans le débat politique!

Ainsi, les femmes en France ne se perçoivent pas d'abord comme femmes, mais comme individus libres et égaux – héritage de l'humanisme à la française et de la mixité de la société, et elles hésitent à se considérer comme une minorité sans pouvoir. S'y ajoute encore l'absence de goût pour la convivialité unisexuelle ou pour les regroupements communautaires en général. Le féminisme américain ne semble donc pas dessiner l'avenir du féminisme français, et cette démonstration peut être étendue aussi à la théologie.

L'essai de Mona Ozouf est pertinent, mais il n'interroge pas l'influence éventuelle de la religion. La singularité de la France serait-elle liée au catholicisme et à l'esprit latin, par opposition aux pays anglo-saxons et germaniques

[23] Ozouf, *Les mots des femmes,* 375.

plus proches des Eglises de la Réforme? Il est certain que l'égalité prônée par ces pays n'a pas le même sens en France qui demeure un pays centralisé, élitiste, basé notamment sur des différences implicites de culture et de niveau, une tendance qui a davantage partie liée avec la culture catholique qu'avec l'idéal fédéral et synodal protestant. Néanmoins, d'autres pays à majorité catholique comme l'Italie ou l'Amérique latine connaissent des recherches féministes notamment dans l'Eglise et dans la théologie. C'est donc, à mon sens, plutôt la tradition française de la culture du langage et de l'esprit, et sa tendance autocritique, qui expliquerait le mieux la singularité française: il y a une recherche féministe active, mais elle entre dans des cadres plus larges et des thèmes qui ne sont pas seulement ou spécifiquement féministes!

La Suisse romande, cousine par affinité

Cette très grande différence que je constate, en tant que frontalière proche de l'Allemagne, entre le type de féminisme allemand et le type français est perceptible aussi à d'autres frontières. Ainsi il est intéressant de constater qu'un phénomène analogue s'esquisse en Suisse, pays culturellement différent de la France et religieusement plus mixte, puisque protestants et catholiques s'y côtoient à chiffres presque égaux. Or la Suisse romande se distingue aussi de la Suisse alémanique dans le domaine de la théologie féministe, illustration suisse du phénomène constaté pour la France (sauf pour la féminisation des titres qui est courante en Suisse). Dans un article pour l'annuaire de l'AFERT, un dialogue entre Ina Praetorius et Isabelle Graesslé (théologienne d'origine française résidant en Suisse) compare les deux univers culturels et linguistiques que sont la Suisse alémanique et la Suisse romande.[24] Isabelle Graesslé y fait le constat d'une absence d'intérêt pour la théologie féministe en Suisse romande. Elle avance quelques explications: la génération des combattantes est à présent trop âgée, et la jeune génération serait davantage en quête d'une réflexion sur le partenariat. Cet argument vaut certainement aussi pour la France, et Elisabeth Badinter pose d'ailleurs dans son dernier ouvrage la question de savoir si les jeunes femmes ont abandonné le combat féministe. Mais ce n'est pas nécessairement un abandon, cela peut être aussi, selon Graesslé, une manière différente de vivre le féminin et le féminisme, qui se reflète dans

---

[24] «La théologie féministe en Suisse», Dialogue entre Ina Praetorius et Isabelle Graesslé, dans: Ulrike Wagener / Andrea Günter (éd.), *Etre théologienne féministe aujourd'hui: Qu'est-ce que cela veut dire?* (Annuaire de l'AFERT 4; Grünewald / Kok Pharos: Mainz / Kampen 1996), 116-128.

la manière de faire de la théologie, forcément culturelle aussi. L'auteure cite aussi Mona Ozouf en précisant que l'idéal français est celui de l'intégration des différences, qui n'a pas le sens des minorités et met l'accent sur l'importance du «territoire commun» plus que sur une spécificité. Mais finalement, pour Graesslé, la question demeure ouverte.

Ayant eu à rédiger une expertise sur l'enseignement et la recherche en théologie féministe en Suisse, j'ai été frappée par des différences considérables entre l'espace francophone et germanophone. Ainsi le langage employé pour les cours et les titres est révélateur. Les titres des cours francophones ne manifestent pas une spécificité féministe (par ex.: «La femme, le docteur et le prédicateur. Eléments d'anthropologie théologique», «Eléments d'ecclésiologie réformée»). Les titres en allemand sont porteurs d'un programme: «Gewalttätig und segensreich. Indische Göttinnen und ihre Verehrung», «Gut sein und schön sein: Ethik und Ästhetik – feministisch betrachtet». La «Frauenringvorlesung» y remplace ce que la francophonie connaît sous le terme de «séminaire». De même, les publications francophones sont plutôt des compte-rendus distancés sur la théologie féministe: «Les femmes qui disent Dieu», «La théologie féministe en Suisse». Les titres allemands annoncent une réflexion engagée: «Frauenforschung ist frauen-gerechte Forschung».[25]

La dimension religieuse de l'être humain, grande oubliée en France

Mon argument est donc d'affirmer que la réflexion féministe n'est pas absente, mais qu'elle entre dans l'espace public français par des voies plus générales que le seul féminisme. En théologie ces voies d'accès sont plutôt ouvertes du côté de la «science des religions» que de la théologie. Non pas que la théologie ne s'y intéresse pas, mais elle n'a pas les mêmes possibilités d'accès à la parole publique et à la présence dans les médias qu'a la culture religieuse que l'on considère comme «scientifique», car en France on soupçonne d'office la théologie d'avoir des visées prosélytes. Ainsi la vulgarisation de la réflexion féministe passe par des ouvrages où la théologie est pour ainsi dire sous tutelle. On peut mentionner des contributions sur le féminisme dans des réflexions sur la «contribution de la théologie aux temps qui viennent», ou sur le lien entre

---

25 «Analyse de la banque de données des enseignements et publications en 'études femmes/études genre' en Suisse (1995-1997): Théologie» in: Schweizerischer Wissenschaftsrat, Programm Forschungspolitik (éd.), *Appraisal of Research and Teaching in Gender Studies/Women's Studies in Switzerland by International Experts* (Berne 1999), 41-47.

les femmes et les religions.[26] Ceci est dû à une triste particularité française: la place très marginale de la religion au sein de la société française. En pays d'une laïcité très radicale, où normalement l'espace public gère la diversité des religions sans préséance d'aucune d'entre elles, les conséquences en sont de fait un blocage de la dimension religieuse dans la sphère privée, voire intime, si bien que les enjeux religieux s'en trouvent marginalisés aussi dans le monde scientifique et dans les réflexions universitaires. Ce n'est donc pas par le biais des théologiennes que le féminisme pourra exposer sa parole publique! De plus, au sein de la plupart des mouvements féministes en France, le climat demeure largement anticlérical, et par assimilation également méfiant par rapport à la théologie. Et ce d'autant plus que la tradition féministe française (exception faite de quelques mouvements catholiques) voyait dans le seul cadre de la laïcité l'épanouissement possible pour les mouvements de femmes.

C'est donc par d'autres médiations que la réflexion religieuse acquiert une petite visibilité. Par la sociologie, où Françoise Lautmann et Florence Rochefort contribuent à la transmission des enjeux.[27] Anne-Marie Pelletier rétablit le pont entre la littérature, la Bible et la théologie.[28] Les historien(ne)s et politologues sont également partie prenante de la discussion: Gabrielle Cadier-Rey rend manifeste l'action des femmes protestantes, Anne Cova celle des associations de femmes catholiques.[29] Il serait fastidieux d'énumérer les nombreuses publications redécouvrant la participation des femmes à la vie sociale et politique en France, on en trouvera quelques extraits significatifs dans la revue *Clio*, à laquelle contribue l'historienne Mathilde Dubesset, qui a publié deux numéros consacrés au lien entre les femmes et les religions, le premier

---

[26] Bruno Chenu / Marcel Neusch (éds.), *Dieu au XXIe siècle. Contribution de la théologie aux temps qui viennent* (Bayard: Paris 2002), cf. le chapitre «Dieu et les femmes», *ibid.* 97-122; Evelyne Martini (éd.), *La femme, ce qu'en disent les religions* (l'Atelier: Paris 2002).

[27] Françoise Lautmann (éd.), *Ni Eve ni Marie. Luttes et incertitudes des héritières de la Bible* (Labor et Fides: Genève 1997).

[28] Anne-Marie Pelletier, *Le christianisme et les femmes. Vingt siècles d'histoire* (Cerf: Paris 2001) et *Lecture du Cantique des Cantiques. De l'énigme du sens aux figures du lecteur* (Analecta Biblica 121; Ed. Pont. Ist. Biblico: Rome 1989).

[29] Gabrielle Cadier-Rey, «Femmes protestantes aux XIXe-XXe siècles», dans: *Bulletin de la Société de l'Histoire du Protestantisme français* 146 (janvier-mars 2000), 9-201; Anne Cova, *Au service de l'Eglise, de la patrie et de la famille. Femmes catholiques et maternité sous la IIIe République* (L'Harmattan: Paris, 2000). Cf. aussi Paulette L'Hermitte-Leclercq, *L'Eglise et les femmes dans l'Occident chrétien des origines à la fin du Moyen Âge* (Brepols: Turnhout 1997), et *La religion et les femmes.* Actes réunis par Gérard Cholvy, Xe Université d'été d'Histoire religieuse 8-10 juillet 2001, Université Paul Valéry (Montpellier 2002).

orienté sur l'exclusion des femmes de la sphère du sacré, le second sur les engagements chrétiens des femmes et leur contribution à la construction de l'histoire.[30] Un ouvrage collectif de plus de 400 pages, montrant l'envergure de l'entreprise féministe, vient de paraître, et il est significatif que sur les 25 chapitres de la publication, la question du lien entre les femmes et les religions n'apparaisse que dans un seul chapitre! C'est dire à quel point la dimension religieuse et spirituelle se trouve marginalisée.[31]

La théologie change, même en France!

Au sein de la théologie universitaire, il ne sera possible que d'évoquer quelques exemples d'avancées théologiques, la suite concernera en priorité un domaine où la théologie francophone devrait continuer à s'enrichir du féminisme: l'anthropologie.

L'ouverture des études universitaires aux femmes a permis dans toutes les disciplines de découvrir le point de vue des femmes. Celui-ci est important notamment en théologie, après des siècles de théologie écrite par les hommes, ainsi qu'en histoire (et histoire de l'Eglise) pour la reconstruction de l'histoire «oubliée» (ou occultée) des femmes comme des traditions marginales. Mais il est significatif qu'en France les ouvrages collectifs sont généralement rédigés par des équipes mixtes, d'hommes et de femmes, et non en tant qu'études spécifiquement féministes.[32] *L'Histoire des femmes en Occident* en est un exemple: elle fut dirigée conjointement par un homme, le médiéviste Georges Duby, et par une femme, la spécialiste d'histoire sociale Michelle Perrot. La part des auteurs féminins y est de 80%, et de nombreuses contributions interrogent le rapport des femmes et des religions.[33] Le contexte de réception des

30 Agnès Fine / Claudine Leduc (dir.), «Femmes et Religions», *CLIO* 2 (1995) et «Chrétiennes», *CLIO* 15 (2002): *CLIO Histoire, Femmes et Sociétés* (Presses Universitaires du Mirail: Toulouse); cf. aussi Mathilde Dubesset, «Des femmes en mouvement. Catholiques et protestantes au XXe siècle», *Cahiers de Meylan* 2 (2000).

31 C'est le chapitre de la sociologue Florence Rochefort, «Contrecarrer ou interroger les religions», dans: Eliane Gubin et alii (éds.), *Le siècle des féminismes* (L'Atelier: Paris 2004), 347-363.

32 Exemples: Jean Delumeau (dir.), *La religion de ma mère. Le rôle des femmes dans la transmission de la foi* (Cerf: Paris 1992); Regula Frei-Stolba / Anne Bielmann / Olivier Bianchi (éds.), *Les femmes antiques entre sphère privée et sphère publique* (Peter Lang: Bern 2003).

33 Elle a paru simultanément en France chez Plon et en Italie chez Laterza (1990-1992), traduite (et adaptée) en 8 langues, elle fut rééditée chez Perrin en 2002. Cf. pour un rapport détaillé sur les études historiques ayant trait aux femmes: Monique Alexandre, «La place des femmes dans le christianisme ancien. Bilan des études récentes», dans: Pascal Delage (éd.), *Les Pères de*

recherches sur les femmes est en France moins conflictuel qu'aux Etats-Unis ou en Allemagne, malgré une institutionnalisation plus faible de ces études. Les ouvrages collectifs et mixtes font place à un souci inter-disciplinaire et laissent la liberté des méthodes de recherche, basées notamment sur les questions émanant de la vie quotidienne. La même remarque vaut pour la recherche biblique, également marquée par le souci de la mixité, non seulement des équipes de recherche mais aussi de la problématique abordée.[34] Dans la mesure où les femmes biblistes travaillent généralement avec les mêmes méthodes historico-critiques que leurs collègues, un terrain d'entente est assuré, c'est dans les enjeux herméneutiques et notamment la question de l'appropriation du texte pour les lecteurs que se dessinent des perspectives plus ou moins marquées par le féminisme. Nombreux sont les ouvrages mettant ainsi en lien les orientations culturelles, l'histoire et la théologie pour élucider les enjeux du pouvoir et du partenariat. En dogmatique ou en théologie pratique l'interrogation féministe est sollicitée régulièrement pour des publications sur des thèmes fondamentaux, mais comme un avis parmi d'autres. Je peux mentionner pour exemples diverses sollicitations qui m'ont été adressées: les concepts féministes du péché, la critique féministe du monothéisme, la revisitation féministe de Marie, ou les propositions féministes concernant les lectionnaires des Eglises chrétiennes.[35] Lorsque le thème d'ouvrages universitaires est lié à un enjeu féministe, les auteurs même masculins ne font pas l'économie d'une évocation de la perspective féministe, parfois courte mais néanmoins présente.[36] Les

---

l'Eglise et les femmes. Actes du colloque de la Rochelle (Association Histoire et Culture: Rochefort 2003), 24-77.

[34] Exemple de problématiques féministes étudiées par des hommes: Thomas Römer, «Dieu est-il mâle?», «Dieu est-il despote et guerrier?», dans: Id., *Dieu obscur. Le sexe, la cruauté et la violence* (Labor et Fides: Genève 1998), 31-53 et 77-91; Jean-Daniel Kaestli «Les Actes Apocryphes et la reconstitution de l'histoire des femmes dans le christianisme ancien» et Jean Zumstein «Pourquoi s'intéresser à l'exégèse féministe?», tous deux dans *Foi & Vie* 5 (septembre 1989), 71-79 et 1-11.

[35] Cf. mes articles en lien avec des demandes de thèmes: «Les femmes auraient-elles besoin d'être sauvées? Les concepts de péché et de grâce dans les théologies féministes», dans: *Etudes Théologiques et Religieuses* 70 (Montpellier 1995/4), 521-533; «Rapports entre les théologies féministes et les théologies classiques», dans: *Théoforum* 34 (Ottawa 2003), 9-26; «La critique féministe du monothéisme comme solitude de Dieu», dans: Gilles Emery / Pierre Gisel (éd.), *Le christianisme est-il un monothéisme?* (Labor et Fides: Genève 2001), 119-135; la réflexion sur Marie a été intégrée dans un article plus vaste et le dernier sujet n'a pas encore été publié.

[36] Un exemple récent: le dominicain Dominique Cerbelaud consacre une courte interrogation à «La théologie féministe» dans son livre *Marie, un parcours dogmatique* (Cerf: Paris 2003), 219s.

théologies féministes sont un secours dans la perspective auto-critique de la théologie, qui sait qu'elle est sommée par les contemporains de répondre avec pertinence et crédibilité à leurs questions directes et pragmatiques, d'où l'intérêt pour ces ouvertures. Si les deux premières décennies ont vu de fortes controverses entre les théologiennes féministes et les tenants de la théologie «traditionnelle», la ligne de partage n'est plus aussi franche, et de nombreuses infiltrations féministes ont déjà tracé leur sillage. Dans la plupart des disciplines théologiques les nouvelles perspectives féministes offrent des apports irréversibles. Inversement, les théologies féministes ont profité aussi de l'ouverture du monde académique à leur égard et de l'inter-disciplinarité et interaction entre chercheuses et chercheurs. Après la phase de rejet se profile une possibilité d'apport mutuel.

Du côté des Eglises se dessinent aussi quelques ouvertures, les questions telles que la liturgie, les structures de pouvoir, l'éthique sexuelle, ont été débattues. Mais la réception demeure bien plus difficile du côté ecclésial et institutionnel que dans l'université. Pourtant, il est notable pour la France, pays catholique, que c'est dans l'ecclésiologie que les réflexions et les actions féministes ont été les plus orientées vers une ecclésiologie plus ouverte aux laïcs, et en particulier à la contribution des femmes.[37] Du fait du manque de prêtres, les femmes catholiques sont très sollicitées, très engagées, nombreuses à exercer la charge de «coopératrice pastorale» dans une paroisse ou un secteur, ou à enseigner la catéchèse paroissiale ou scolaire (en Alsace-Moselle, seule région où celle-ci figure au programme scolaire). Les théologiens catholiques sont largement acquis à cette cause mais hésitent à l'affirmer ouvertement, mis à part certains qui, comme le dominicain et professeur d'université Hervé Legrand, osent s'aventurer jusqu'à la question controversée entre toutes, celle de l'ordination des femmes.[38] Même si, à l'issue d'une brillante démonstration affirmant que l'ordination des femmes ne serait pas une rupture de la tradition, mais un changement dans l'histoire de l'Eglise occidentale, ses conclusions sont néanmoins marquées par la grande crainte d'un schisme au sein de l'Eglise catholique. Il apparaît aujourd'hui que cet enjeu ne pourra pas être étouffé à l'infini car la protestation des femmes se fait plus vive.

---

[37] Cf. par exemple la revue *Parvis* de «Femmes et Hommes dans l'Eglise» qui traite régulièrement d'enjeux liant l'Eglise et le féminisme.

[38] Hervé Legrand, «*Traditio perpetuo servata*? La non-ordination des femmes: Tradition ou simple fait historique?», dans: Paul de Clerk (éd.), *Rituels. Mélanges offerts à Pierre-Marie Gy* (Cerf: Paris 1990), 393-416.

La nécessité d'une «anthropologie théologique de la réciprocité»

L'un des rares ouvrages de théologien(ne)s entièrement consacré au féminisme a rendu compte d'un colloque organisé par le Centre d'Etudes de Lyon «Femmes et Christianisme» pour ses dix ans d'existence, en 1997: *Au tournant de l'histoire, chrétiennes et chrétiens vivent de nouvelles alliances.*[39] Cet ouvrage collectif et pluridisciplinaire est orienté sur la notion d'alliance, exprimant directement la dominante de la théologie féministe en France. La théologienne protestante Martine Millet, connue pour son engagement féministe, dresse en fin de parcours un réquisitoire en faveur d'un partenariat renouvelé, mentionnant trois défis: «Ensemble vers une anthropologie renouvelée», «ensemble vers une lecture biblique et théologique renouvelée», «ensemble vers une espérance renouvelée». Qui doit se sentir concerné par ce «ensemble»? Le réquisitoire (sous forme narrative) est adressé aux sœurs, mais comporte un souhait à l'adresse des hommes: «Mes sœurs bien-aimées, il est temps, ensemble, de réhabiliter vos époux Adam et Joseph nos frères bien-aimés, qui comme vous ont été mis dans des stéréotypes dont ils doivent enfin être libérés».[40]

Le souci des féministes françaises est d'arriver à penser ensemble l'égalité et la différence. Ainsi, dans ce colloque, Marie-Thérèse van Lunen-Chenu revient sur l'histoire et évoque «Quelques acquis primordiaux» dans la relation entre les hommes et les femmes, qui lui semblent irréversibles, mais dont les conséquences ne sont pas encore intégrées.[41] Le premier est, selon elle, la prise de conscience de la construction sociale du rapport des sexes et de leurs rôles, ce qui relativise l'affirmation d'une «loi naturelle». Le second apport irréversible réside dans la prise de parole des femmes et l'avènement du «nous-sujets féminins». Le troisième concerne le déplacement de la question féministe même: loin d'être une question des femmes, elle se manifeste comme un enjeu commun aux deux sexes: «N'est-il pas temps de témoigner et démontrer qu'homme ou femme nous existons aussi l'un par l'autre, dans notre histoire commune?»[42] Au sein de ces avancées demeure pourtant une question délicate: si nous sommes aujourd'hui tous conscients de l'importance tant de l'égalité que de la différence, comment les articuler? Car le raisonnement demeure ambigu: on ne dit plus que la femme «est inférieure» mais qu'elle

---

39 Jean Comby / Alice Gombault / Donna Singles (dir.), *Au tournant de l'histoire chrétiens et chrétiennes vivent de nouvelles alliances* (Profac: Lyon 1997).

40 Martine Millet, «Discours prospectifs», *Ibid.* 226.

41 Marie-Thérèse van Lunen-Chenu, «De quelques acquis primordiaux», *Ibid.* 101-109.

42 *Ibid.* 109.

«est spéciale» par rapport à l'homme, ce qui maintient celui-ci dans le statut de norme de l'humain! Pour l'auteure, c'est l'affirmation de l'égalité qui permet d'exprimer aussi les différences: «On voudrait faire croire que défendre le principe d'égalité c'est nier les différences alors que, bien au contraire, c'est le fait même de leur différenciation qui permet et rend nécessaire d'affirmer l'égalité des sujets. Et affirmer cette égalité des personnes ne revient nullement à confondre leur identité».[43] Ce qui permet d'éviter de penser une égalité à l'identique! Cette précision reflète un enjeu important en théologie catholique, où les femmes sont soupçonnées de vouloir «copier les hommes» (notamment lorsqu'elles revendiquent l'ordination au ministère sacerdotal), et permet d'échapper à l'argument de critique de la mixité qui mènerait à la confusion des sexes! Finalement demeure d'actualité le constat de van Lunen-Chenu en 1983: «Sauf quelques trop fugitifs passages, nous manquons totalement d'une anthropologie théologique de la réciprocité sexuelle», dont les conséquences pour la sexualité, la conjugalité, la parentalité, la vie en Eglise seraient énormes.[44]

Des anthropologies féministes ont déjà été développées. Le chemin de la réconciliation des femmes avec leur corps a été long, et n'est pas encore achevé. Il ne s'agit pas seulement pour elles de prouver qu'elles ont aussi une tête, ni de glorifier leurs atouts biologiques, mais bien de trouver une voie de réconciliation entre corps et tête qui permette aux femmes de voir restaurées leur dignité et leur plénitude d'être humain. Les théologiennes féministes ont raison en affirmant que la relation entre le corps et la vie spirituelle doit être repensée dans le christianisme, et qu'il s'agit de redonner au corps, aux sens, aux émotions, toute leur place dans la liturgie et dans la vie spirituelle. Le corps n'est pas un instrument de rendement, ni pour le travail, ni pour le sacrifice de soi, ni pour le plaisir, mais un lieu de rencontre, de relation, le siège de notre identité. On ne peut donc pas séparer la raison et les sens, car toute pensée et expérience sont médiatisées par le corps. Le corps n'est pas seulement individuel mais social, mondial, cosmique, partie intégrante de l'univers. Aussi chaque travail en faveur de la libération du monde commence-t-il avec la responsabilité de chaque personne à l'égard de son corps. Nous devons ces avancées aux féministes.

Mais l'interprétation de ce qu'est la libération du corps est loin de faire l'unanimité. Les femmes du Premier monde revendiquent le jeu, le plaisir, la

43 *Ibid.* 104.
44 van Lunen-Chenu, «Femmes, féminisme et théologie», 301.

spiritualité, alors que les Asiatiques ou les Africaines livrent encore un combat pour la reconnaissance de leur intégrité physique. Or il faut avouer qu'il y a peu de réflexions féministes sur la finitude et la fragilité du corps. Tout occupées à lui redonner sa dignité et sa plénitude, les féministes oublient de prendre en compte ses limites et en donnent une image que je trouve trop harmonieuse ou idéalisent les ressources des femmes: les processus de vieillissement et de mort sont acceptés comme faisant partie de la croissance, comme étant «naturels». Alors se pose pourtant la question de la maladie, du handicap, de la mort lente et douloureuse. Or il y a peu d'évocations du mourir et de la mort comme souffrance. Une théologie prenant le corps comme critère majeur serait plus capable que d'autres d'apporter des réflexions nouvelles et attentives au phénomène de la maladie, de la souffrance, du handicap, du vieillissement. De plus, j'attends que les théologiennes féministes développent la notion de résurrection, et ceci non au sens figuré, psychologique, ou au sens éthique. Les pionnières prétendaient que le souci de la survie après la mort serait une pensée typiquement masculine, et que la théologie doit d'abord se concentrer sur cette vie ici-bas. Mais pourquoi les femmes se fermeraient-elles elles-mêmes cet horizon? Puisque le christianisme, à la suite de Dieu, a pris le corps humain tellement au sérieux, et que les théologiennes montrent bien que celui-ci n'est pas un simple instrument mais l'espace qui nous donne identité et pensée, pourquoi ne pas s'aventurer à réfléchir à la «résurrection de la personne» tout entière, corps-esprit-âme, qui est l'espérance chrétienne?[45]

Si des anthropologies féministes existent, la France aurait en particulier besoin, on l'a dit, d'une anthropologie de la réciprocité. Car les femmes restent prisonnières du regard et des catégories des hommes, non dans le domaine du travail ou de l'engagement citoyen, mais en ce qui concerne leur corps. Le problème le plus crucial, me semble-t-il, est la question: où sont les modèles féminins que l'on aurait envie de suivre?[46] Nous subissons le déferlement du modèle ultra-visuel américain, et la «télé-réalité» insuffle non seulement la bêtise et le nivellement de la pensée mais aussi le retour à des catégories ultra-stéréotypées du masculin et du féminin. Malgré l'introduction de transsexuels ou de travestis dans ces émissions, qui sont censés modifier le regard des contemporains sur les normes de genre, les idées classiques sont bétonnées:

---

[45] Je me suis expliquée là-dessus dans mon article: «Féminisme, corps et spiritualité», dans: *Théoforum* 34 (Ottawa 2003), 89-107.

[46] Cf. Françoise Héritier, *Masculin/Féminin I, La pensée de la différence* (Odile Jacob: Paris 1996) et *Masculin/Féminin II, Dissoudre la hiérarchie* (Odile Jacob: Paris 2002).

les femmes sont censées plaire et être coquines, et on ne leur demande que du corps et du *sex appeal*. La «libération sexuelle» vaut au corps féminin d'être exploité par le voyeurisme. La sexualisation (au-delà de l'érotisation) de nos sociétés et la banalisation de la pornographie me paraissent un net recul par rapport aux avancées féministes des générations précédentes. Les jeunes filles, et de plus en plus aussi les garçons, imaginent devoir correspondre aux canons fixés par la pression sociale et médiatique et prennent ce qu'on leur présente pour la norme de la sexualité humaine. Ceci touche un problème de fond: quel projet, quels imaginaires et idéaux notre société offre-t-elle aux filles et aux garçons? C'est la question sous-jacente, me semble-t-il, aux débats sur le voile islamique en France, où l'on a introduit l'argument féministe dans un problème qui est en réalité politique (comment penser l'altérité). On ne peut croire que des filles portent le voile sans pour autant être soumises aux hommes, mais on ne pense pas que la mode dénudée ou le *piercing* peuvent aussi être signes de soumissions (à des normes, posées par qui?). Aussi, c'est aux femmes d'inciter leurs enfants, garçons et filles, à poursuivre la quête d'une anthropologie réconciliant hommes et femmes. Je rêve d'une étude sur «la pudeur, valeur féministe!»

Pour une théologie féministe intégrative

Il y a quelques années je plaidais pour un «dialogue», compris à la manière des dialogues œcuméniques, entre les théologies féministes et la tradition chrétienne. Un tel dialogue permettrait d'explorer le rapport entre tradition et modernité, entre vie chrétienne et vie quotidienne. Car le problème actuel de l'Eglise chrétienne est son décalage par rapport aux questions qui préoccupent les contemporains. Les théologies féministes constituent un des «chaînons manquants» entre l'Eglise, la société et la théologie, et leur travail est indispensable pour permettre à la tradition chrétienne de se développer en direction du monde post-moderne. C'est le questionnement et l'herméneutique féministe que j'apprécie le plus, alors que les réponses ne me satisfont pas pleinement. C'est pourquoi je me situe dans la même ligne que les auteures qui réclament pour principe épistémologique un principe plus large que le féminisme, qui serait pour moi celui d'une théologie «intégrative».

J'interprète la situation actuelle de la théologie féministe en France non pas comme un retard ou un manque à combler mais comme une spécificité qui a ses limites mais aussi ses chances. C'est tout d'abord, à mon sens, un symptôme d'une société qui a fortement développé l'idéologie de la mixité et de l'intégration, et qui de ce fait a du mal à donner un espace aux différences, ainsi qu'à donner une place à la dimension religieuse. Ces aspects négatifs cachent des aspects positifs: les théologiennes travaillent en France en collaboration avec leurs collègues, ce qui permet à leurs idées d'être inculturées sans qu'il y ait un cloisonnement entre la recherche classique d'un côté et la recherche féministe de l'autre. D'autre part, les discussions théologiques en France, laïcité oblige, sont largement inter-confessionnelles, voire inter-religieuses et interculturelles, ce qui pourrait conférer à la théologie une disposition à l'ouverture plutôt qu'à des profilations spécifiques.

Ce qui serait adéquat pour la théologie féministe en France, et nous n'y sommes pas encore, c'est une voie intégrative au moins dans quatre dimensions différentes:

- Comme rencontre de la pensée de femmes et d'hommes, donc une théologie écrite en commun, dont les perspectives se répondent. De plus en plus de théologiens sont ouverts au questionnement féministe et prêts à poursuivre en commun avec les théologiennes.
- Comme rencontre entre les postulats féministes et d'autres critères épistémologiques, si bien que le cadre de pensée serait plus vaste que le féminisme.
- Comme rencontre de confessions et de religions différentes, c'est à dire dans un dialogue œcuménique d'une part, inter-religieux d'autre part. Ceci est une priorité en France où se côtoient non seulement les différentes confessions chrétiennes mais aussi les grandes religions, face à une immense population qui s'affirme «sans religion». Cette autre spécificité française, d'une société ultra-sécularisée et de ce fait très indifférente aux questions du sens de la vie, inciterait à opter pour une démarche de paix entre les religions prouvant que celles-ci ne sont pas seulement vecteurs de guerres (comme on le soupçonne facilement en France) mais aussi capables d'encourager la réconciliation des cultures. De telles rencontres interreligieuses existent dans de nombreux mouvements et groupes, sans lien immédiat avec les féministes, mais pourraient être davantage orientées vers les mouvements de femmes car le climat de confiance et d'échange qui y règne pourrait ouvrir à de vraies rencontres. Celles-ci ne signifient pas pour autant un effacement des spécificités de religion ou de culture, mais le respect mutuel qui pourrait aller jusqu'au souci de formuler en commun ce qui peut l'être, et de travailler à un partenariat qui irait aussi loin qu'il est possible d'aller ensemble, quitte à préciser ensuite séparément ce qui ne peut pas (encore) se dire ensemble.

- Comme rencontre des disciplines de la théologie, interdisciplinarité, mais aussi d'autres sciences humaines à prendre en compte: psychologie, ethnologie, histoire, lettres, etc.

Il est vrai que le féminisme est un combat sans victoires définitives. Comme tous les mouvements de conscientisation il passe par des retours de balancier. L'avenir ne pourra que passer par des efforts conjugués et des actions croisées de toutes les branches féministes dans les sciences humaines et les mouvements de base.

Although a number of well-known feminists come from France, feminist theology has not received the same welcome there that it has in other European countries. Similar problems can be observed for French-speaking Switzerland. Some may argue that reception in these areas is simply later; others maintain that French women are conservative and submissive. This article seeks to demonstrate that France has a long tradition of active participation by women, but this has been according to another model. The author describes the model of French feminist theology as an "integrative" model: this is a theology based on shared responsibility and partnership, which sees itself as reflecting a society and culture which know a variety of kinds of participation by women and men in public life. In such a model, feminism as a critical criterion represents only one amongst a number of parameters, just as in an extremely secularised context which has forgotten its Christian roots, theology has very little authority. Similarly, feminist theology as such has no chance of becoming visible. However, through continuing collaboration with the other humanities, it can and does shape the lives of both women and men.

Obwohl einige berühmte Feministinnen aus Frankreich kommen, wurde die feministische Theologie dort nicht wie in anderen europäischen Ländern mit offenen Armen aufgenommen. Dieselbe Rezeptionsschwierigkeit kann für den französisch sprechenden Teil der Schweiz festgestellt werden. Manche argumentieren, dass diese Rezeption lediglich später eingesetzt habe, andere halten daran fest, dass französische Frauen konservativ und unterwürfig seien. Der vorliegende Beitrag versucht zu zeigen, dass Frankreich eine lange Tradition aktiver Partizipation von Frauen kennt, dass es jedoch um ein anderes Modell geht, das die Autorin als ein "integratives" Modell beschreibt: Es ist eine Theologie, die auf geteilter Verantwortung und Partnerschaft gründet und sich als Reflex einer Gesellschaft und einer Kultur mit verschiedenen Arten der Mitwirkung von Frauen und Männern am öffentlichen Leben versteht. In einem solchen Modell stellt Feminismus als kritisches Kriterium nur einen von mehreren Parametern der Analyse dar, so wie die Theologie in einem stark säkularisierten Kontext, der seine christlichen Wurzeln vergessen hat, nur wenig Autorität besitzt. In vergleichbarer Weise hat feministische Theologie als solche keine Möglichkeit, sichtbar zu werden. Doch kann sie, wenn sie mit anderen Bereichen der Geisteswissenschaften kontinuierlich zusammenarbeitet, das Leben von Frauen und Männern mitgestalten und prägen.

Elisabeth Parmentier (*1961), is a Lutheran pastor, Professor of Practical Theology at the Faculty of Protestant Theology in Strasbourg, Adjunct Professor at the Institute for Ecumenical Research, Strasbourg, and President of the Community of Protestant Churches in Europe (Leuenberg Fellowship). Her areas of research include women's issues, ecumenism, biblical hermeneutics. Her publications include *Les filles prodigues. Défis des théologies féministes* (Labor et Fides: Geneva 1999); *L'Ecriture vive. Interprétations chrétiennes de la Bible* (Labor et Fides: Geneva 2004).

Eleni Kasselouri-Hatzivassiliadi and Georgios Hatzivassiliadis

The Gender Factor in Contemporary Orthodox Biblical Research: A Presentation of the Greek Orthodox Context

In Orthodox theological research, studies on the role of woman in church have been few; only in the last decade has there been an increased interest in the issues presented. In addition, very few Orthodox women are willing to write for either public or ecumenical forums, or, in particular, to take up issues raised by feminist theology or feminist scholarship in other disciplines. From the study of contemporary contributions the following points can be made:

1. Theological attempts at presenting the position of woman in the Orthodox church could be classified into two categories (although this division does implicate certain risks):
   a) studies which attempt to present and explain the Orthodox tradition and teaching of the Fathers on questions of women without any wider speculation and reflection;
   b) studies which examine the issue from a critical viewpoint of Orthodox tradition and of *orthopraxia*.
2. Despite a continuous battle between history, cultural reality and eschatology, the teaching of the Fathers continues to influence the views and approaches of many contemporary Orthodox theologians. The Fathers of the Eastern Church, unlike Thomas Aquinas and the other medieval scholastics never attempted to substantiate the inferiority of woman theologically. Here the formal teaching of the Orthodox Church has never changed. This is very important, considering the latent temptation, particularly in certain monastic surroundings, of a Gnostic dualism in which sin itself appears in the form of a woman. This gives the impresssion, as Paul Evdokimov has correctly observed,[1] that salvation focuses only on men, and that those who wish to be saved must first of all be saved from women. These views can

[1] Paul Evdokimov, *La femme et le salut du monde: Etude d' anthropologie chrétienne sur les charismas de la femme* (Casterman: Tournais-Paris ^{2}1979).

be understood in the context of the kind of ecclesiology that prevailed from the third century and which influenced the views and practices of the Orthodox church and its spirituality.[2]

3. It has been stressed that the issue of women's ordination, which began in the context of ecumenical dialogue, does not concern the Orthodox church at this moment of time. The fundamental argument referred to here is that of Tradition. The World's Council of Churches has taken the initiative in organizing a series of meetings of Orthodox women to consider this question.[3] The general trend in the last decade to redefine some basic Orthodox theological views has produced a number of doctoral theses and articles which argue that there is no theological impediment to the ordination of women.[4] The revival of the institution of women deacons naturally concerns Orthodox churches also. The theological trend here is mainly directed towards the more active participation of the laity, and therefore to the active role of women in the life and work of the Church.[5] The 24th conclusion of the Conference in Rhodes is characteristic: "While recognizing the facts which witness to the promotion through the Church of the equality of honor between men and women, it is necessary to confess, in honesty and with humility, that, owing to human weakness and sinfulness, the Christian communities have not always and in all places been able to suppress effectively ideas, manners and customs, historical developments and social conditions which have resulted in practical discrimination against women. Human sinfulness has thus led to practices which do not reflect the true nature of the Church of Jesus Christ".[6]

---

2 Petros Vassiliadis, "Holiness in the Perspective of Eucharistic Theology", in: S. T. Kimbrough Jr. (ed.), *Orthodox and Wesleyan Spirituality* (SVS Press Crestwood: New York 2002), 101-116.

3 Meetings in Agapia, Konstantinople, Damaskus e.t.c. See more details in: Kyriaki Karidoyanes FitzGerald (ed.), *Orthodox Women Speak. Discerning the "Signs of the Times"* (WCC Publications: Geneva 1999).

4 Constantinos Yiokarinis, "The Priesthood of Women. A Look at Patristic Teaching", in: Karidoyanes FitzGerald (ed.), *Orthodox Women Speak*, 167-176. And his dissertation in Greek: *The Ordination of Women* (Epektasis: Katerini 1995).

5 Kyriaki Karidoyanes FitzGerald, "Orthodox Women and Pastoral Praxis", in: *The St. Nina Quarterly* 3/2 (1999), 1-6; Valerie A. Karras, "Women in the Eastern Church", in: *The St. Nina Quarterly* 1/1 (1997), 1-4.

6 Gennadios Limouris (ed.), *The place of the woman in the Orthodox Church and the Question of the Ordination of Women* (Tertios: Katerini 1992), 29.

4. The last twenty years, Orthodox women have been speaking and discerning the "Signs of the times". Elisabeth Behr-Sigel was one of the first. Although her views were initially regarded as too extreme and radical and were attributed to her non orthodox background, they were later acknowledged as timely and substantial.[7] Elisabeth Behr-Sigel has written of the need for Orthodox women to break the silence imposed on them, not by the genuine tradition of the church, but by social customs and convention. Nearly twenty years later, she appealed once more to Orthodox women "to widen their horizons beyond the bounds of the narrow parochialism within which they are often tempted to remain".
5. The work of Deborah Belonick is probably the first attempt at dialogue with Western feminist thought. Belonick presents the problematic of feminist theology, as it was expressed by the first generation of feminist theologians.[8] She sketches feminist views on Christology, spirituality, the Holy Scriptures, and the historical Jesus and attempts a brief evaluation, which draws the conclusion that the questions posed by feminist theology should also be of concern to the Orthodox church. Later, and on the same track, came the work of Kyriaki Karidoyanes FitzGerald, who saw the understanding of feminist theology, its principles and demands as a prerequisite for the meeting of the two worlds.[9] Although it is now clear that there can be no talk of a common feminist theological thinking, there are some basic principles that one ought to consider before undertaking any serious study or even an evaluation. Finally, the contribution of Eva Catafygiotu-Topping evaluates woman's presence in Orthodox worship and spirituality, sharply criticizing certain concepts survive, perhaps with a different tinge, and still blemish the liberating message of the Gospel.[10] She challenges Orthodox

---

7 Elisabeth Behr-Sigel & Kallistos Ware, *The Ordination of Women in the Orthodox Church* (WCC Publications: Geneva 2000).

8 *Feminism in Christianity: An Orthodox Christian Response* (Department of Religious Education, Orthodox Church in America, Syosset/New York 1983).

9 "An Orthodox Assessment of Feminist Theology", in: Gennadios Limouris (ed.), *The Place of the Woman in the Orthodox Church and the Question of the Ordination of Women* (Tertios: Katerini 1992), 287-312.

10 Eva C. Topping, *Holy Mothers of Orthodoxy* (Light and Life: Minneapolis 1987), 127. The same idea is shared among Orthodox women and men from different contexts and realities: see Kyriaki Karidoyanes FitzGerald (ed.), *Orthodox Women Speak. Discerning the "Signs of the Times"* (WCC Publications: Geneva 1999); Elisabeth Behr-Sigel / Kallistos Ware, *The Ordination of Women in the Orthodox Church* (WCC Publications: Geneva 2000); Dimitra

women to re-examine the androcentric prejudices in Orthodox tradition that have continued to determine the attitudes and praxis of the church even today.

6. An important change is the creation of a theological current which refers to a more general renewal of theology and the church based on the ecclesiological eucharistic vision. This takes into account the realization of what Behr-Sigel refers to as the typical temptation of the West: to neglect or forget the vision. The temptation of the Orthodox, on the other hand, is to avoid the effort needed to apply the vision creatively in the current situations.

Basic principles and starting points of Orthodox hermeneutics

The practice that has prevailed in the hermeneutic approach to biblical texts about women seems to have overlooked the two basic starting principles of Orthodox interpretation. These texts were used as an authority, where woman was associated with impurity and with sin, a view which stems largely from the interpretation of Genesis and Leviticus and which is enforced by a unilateral interpretation of Paul's passages about silence on behalf of women.[11] This has contributed to the downgrading of women's role both in the public sphere and in the life of Church.

Three further factors in the field of biblical studies have enforced the above situation:

a) the more stagnation in biblical research, especially in Greece, which results from a broader underestimation of the role and importance of a modern interpretation of the Bible;
b) a noticeable reluctance in biblical studies to tackle questions and problems of the church's life and organization; and
c) the presence of a traditionalism which reveals itself in a thoughtless and mimetic use of the Fathers, leaving biblical scholars no room for a free and more creative involvement.[12] Moreover, the historical critical method was introduced into Greece and other Orthodox countries only very late, after the 1970s, at a time when its limits had already begun to be realized in

Koukoura, "What does it Mean to Live in the World and for the World?" in: *On Being Church: Women's Voices and Visions* (The Ecumenical Review 53/1; 2001), 36-43; Ioannis Petrou, "Die Frauenfrage und die kirchliche Tradition", in: *Internationale Kirchliche Zeitschrift* 88 (1998), 244-259.

[11] Veselin Kesich, "St. Paul: Anti-feminist or Liberator?" in: *St. Vladimir's theological quarterly* 21/3 (1977), 123-147.

[12] Savas Agouridis, *Hermeneutics of Holy Texts* (Athens 2000), 8-9 (in Greek).

the international biblical studies and when new methods of interpretation had begun to appear. Contemporary Orthodox interpreters rightfully maintain that there is a hermeneutical problem, since the interpretation of the Bible demands not only a strict historical critical analysis, but also deep knowledge of history and human experience. The Bible is above all Gospel, the revelation of God's plan for the salvation of humanity, and an invitation for participation in the gift of God's love to all people, women and men.

Since the 1970s, a systematic attempt of a Eucharistic approach to all aspects of theology has begun, which reflects the fact that the Eucharist is the center of Orthodox theology.[13] The Eucharistic approach is based on two fundamental principles: the sense of *koinonia*, and the *eschatological dimension* of Church. The former is connected to pneumatology, as opposed to a global ecclesiology which is based on Christology. This theological trend is gradually beginning to prevail in contemporary Orthodox reflection, and has been an important influence in the ecumenical dialogue. For the Orthodox, Eucharist and Bible express the same thing: the salvation of the people of God in a course that has past, present and future. Any other way of looking at it would convert the Bible from the book of the Church to private religious reading.

The second important principle of Orthodox interpretation is the relation between *history* and *faith*. The dialectic between history and faith has never been expressed with acrimony as it developed in some parts of the Western theological reflection. The danger in Orthodox theology arose not so much from their dissension but from their being too close. The basic theological view that diffuses Eastern theological reflection is that the God of the Bible and of the Eucharistic community is the same God as the one of the human history. Through the history, with the guidance of the Holy Spirit, the people commune with revealed God and express this experience in their lives, through texts, symbols, practices and cultural realities. This communion and relation takes material shape in ways of life and forms of relationships, transforms human realities, shapes the relationships between persons, with society and

[13] John Meyendorff, *Living Tradition. Orthodox Witness in the Contemporary World* (St. Vladimir's Press: Crestwood / New York 1978), 15; John Zizioulas, *Being as Communion. Studies in the Personhood and the Church* (St. Vladimir's Press: Crestwood / New York 1984), 143-169; Gennadios Limouris, "The Eucharist as the Sacrament of Sharing", in: *The Ecumenical Review* 38/4 (October 1986), 401-415.

the whole creation. As can easily be understood, all these take place in specific time-spatial contexts that include both contemporary reality and the incorporation of timeless experience.[14] The texts themselves are not the truth but an imprinting of the experience of the truth; at the same time, they provide an answer to specific time-spatial problems and situations.[15]

Understanding of biblical texts about woman on the basis of the first Christian eucharistic ecclesiology, independently of its later expressions and interpretations and of the history-faith relation, has only recently begun to be stressed in Orthodox biblical research.

A dialogue between Orthodox and feminist hermeneutics

Despite the occasional criticism of its "non-objective" approach, even the most conservative scholars have now acknowledged feminist hermeneutics as an approach that has a good deal to offer modern biblical studies.[16]

In Orthodox biblical interpretation today, the historical critical method still forms the basic tool of a primary approach. However, Orthodox biblical theologians have begun to move into new areas and to enter into conversation with new hermeneutic approaches. The fundamental positive contribution of the new approaches and methods is considered the fact that the Bible is understood polyphonically. This polyphonicity of interpretations is not foreign to Orthodox tradition and it can be useful on many levels. At a scientific level, it encourages resistance to exclusive approaches, favors dialogue, and highlights progress in biblical research. On a social level, the Bible can once again become a source of vision and inspiration.[17]

In Greece, the first systematic presentation of Pauline theology on woman and feminist hermeneutics was offered by Evanthia Adamtziloglou. Her doctoral dissertation, *Woman in the Theology of Apostle Paul. A Hermeneutic Analysis of 1 Cor 11:2-16*,[18] presents a new hermeneutic approach to

---

[14] Petros Vassiliadis, "The Canon of the Bible: or the Authority of Scripture from an Orthodox Perspective", in: Jean-Michel Poffet (ed.), *L'autorité de l'Ecriture* (lectio divina; Édition du Cerf: Paris 2002), 113-135.

[15] See Meyendorff, *Living Tradition*, 15.

[16] See the text of Vatican Biblical Committee, *The Interpretation of the Bible in the Church* (1993), 66-69.

[17] See Daniel Patte (ed.), *Global Bible Commentary* (Abingdon Press: Nashville 2004), esp. introduction: xxi-xxxii.

[18] Aristotelian University of Thessaloniki, Thessaloniki 1989 (in Greek). See her article in this volume.

1 Cor 11:2-16. This text includes the first Pauline ideas about the equal accession of woman into the life of the community with an active role next to man and participation in prayer and prophesy, but has been used hermeneutically to devalue and subordinate women. An investigation of the social, religious, philosophical and ecclesiological presuppositions of Paul shows that the position of woman is a delicate meter of his theology which distinguishes him from contemporary rabbis. Besides the hermeneutic analysis of the text, Adamtziloglou's dissertation includes a first brief presentation of feminist theology and hermeneutics.

Her second book, *There Were Many Women...*[19], is a collection of biblical and theological studies on woman in three parts. The first part presents woman in biblical creation. It gives an account of her androcentric understanding, then traces the "inclusive interpretation" of the Eastern tradition which accords to God's image the creation of both genders; it closes with an interpretation of the creation narratives based on modern methods of interpretation. The second part examines woman in the New Testament. The first article refers to 1 Cor 11:3, analysing the meaning of the term "head" and attempting a Christological substantiation of the equality of women rather than their subordination. The second refers to the problem of language in the New Testament, as it was highlighted by feminist theologians: the language used by the writers of biblical texts is influenced from their patriarchal background and thus does not include many female meanings and is used as a means of exclusion. On the basis of these data 1 Thess 2:7.11.17 and Gal 3:26 are analyzed. The second part closes with a discussion of Matthew's understanding of the position of woman in the ecclesiastical community, illustrating the difficulty but also the importance of such research. The third part includes studies of a purely theological character, which seek to answer the question of the relationship between feminist theology and Orthodox tradition and explore the possibilities for dialogue.

Adamtziloglou's third book *Neither male nor female... The royal charismata of the two sexes*[20] investigates interpretations of Gal 3:28c in the light of Gen 1:26-27, not only in the late 20th century, but also in the classical patristic tradition, considering both Greek and Latin literature. It shows the ways of interpreting the verse in the theological reflection and the life of the church. Adamtziloglou suggests that the interpretation of the verse is linked

[19] Simpo: Thessaloniki 1997 (in Greek).
[20] University Studio Press: Thessaloniki (1998) (in Greek).

with royal charismata which are attributed to both genders. She emphasizes the weighty contribution of Orthodox tradition to the specific understanding of the verse.

More recently, Eleni Kasselouri-Hatzivassiliadi, one of the authors of this article, has attempted an extended presentation of feminist hermeneutics with reference to the history of the trends and interaction of feminist hermeneutics with other hermeneutic methods and approaches in *Feminist Hermeneutics. The Gender Factor in Modern Biblical Hermeneutics.*[21] The author argues that Orthodox women theologians have learned a good deal from Western feminist theologians about gender stereotypes and the different voices in the Bible. Building on this knowledge, Orthodox women theologians have to find their own model, and in doing so they need to begin with one of the key mottos of feminist exegesis, coined by Judy Chicago: "Our heritage is our power."

Finally, there have been publications in feminist hermeneutics in a series of articles published in Greek and international journals. These show a developing interest in Orthodox hermeneutics for new methods.[22] Moreover, they demonstrate an inclination towards the use of tools that modern biblical studies offer for the explanation of the text, whilst at the same time stressing the necessity of relating the message of the text to the specific audience to which it is addressed. New interpretations arise in new situations, the present is given meaning by remembering and the future is given a monumental form.

Every "context" involves a different "history with the Bible" which has shaped that context and which has influenced, and will continue to influence, the treatment of biblical texts.[23] In order to "discern the signs of the times", much more research and more commitment is needed by Orthodox women theologians. The "female face" of Orthodox tradition, which is deeply biblical, is largely unknown and is still to be explored.

---

[21] Pournaras: Thessaloniki (2003) (in Greek).

[22] Ioannis Petrou characteristically mentions: "Many times there is simple reference to the Bible, so that different choices are justified, which in reality are nothing more but an adjustment to the social status of their time. In modern times it is essential that the conclusions of biblical research and the modern understanding of person and his/her relationships be taken into account and not traditional interpretations and choices be thoughtlessly used without being understood within their cultural environment...", cited from: "The woman's issue and ecclesiastical tradition", in: *EPEPTHS* 10 (Thessaloniki 2000), 221-237 (in Greek).

[23] Silvia Schroer / Sophia Bietenhard (eds.), *Feminist Interpretation of the Bible and the Hermeneutics of Liberation* (Sheffield Academic Press: New York 2003), 1-17.

Eleni Kasselouri-Hatzivassiliadi und Georgios Hatzivassiliadis stellen die wichtigsten Ansätze feministischer Bibelhermeneutik in der zeitgenössischen orthodoxen Theologie und besonders in biblischen Forschungsarbeiten in Griechenland vor. Neben Dissertationen und Büchern konnten verschiedene Ansätze feministischer Bibelhermeneutik in Artikelserien in griechischen und internationalen Zeitschriften veröffentlicht werden. Dies zeigt, dass es im orthodoxen Bereich ein wachsendes Interesse für neue Methoden und speziell für den Gender-Aspekt in der theologischen Forschung gibt.

Eleni Kasselouri-Hatzivassiliadi et Georgios Hatzivassiliadis présentent les principales tentatives d'herméneutique biblique féministe de la théologie orthodoxe contemporaine, notamment dans le domaine de la recherche biblique grecque. Outre des thèses de doctorat et autres ouvrages sur le sujet, divers travaux d'herméneutique biblique féministe furent publiés dans une série d'articles de revues grecques et internationales. Cela prouve l'intérêt croissant, dans le champ orthodoxe, pour les nouvelles méthodes, notamment pour l'aspect du genre dans la recherche théologique.

Eleni Kasselouri-Hatzivassiliadi (*1968) is a Greek Orthodox theologian. She holds a M.D. and a PhD in New Testament Hermeneutics (Women in the Synoptic Tradition). She teaches Religious Education in a state school and works as researcher in Greece's national Research Institute on Gender Equality. She is member of the steering group of a WCC process on Women's Voices and Visions: Being Church. From 1999-2001 she was Vice-President of ESWTR. Her publications include *Feminist Hermeneutics. The "Gender" Factor in Modern Biblical Hermeneutics* (Pournaras: Thessaloniki 2003, in Greek), and many articles in Greek and English.

Georgios Hatzivassiliadis (*1961) holds a PhD of the Aristotelian University of Thessaloniki in Psychology (Violence and violent behaviour).

Marinella Perroni

Perspektiven einer feministischen Pneumatologie. Ein bibeltheologischer Beitrag

Einige grundsätzliche Bemerkungen

1. Eine feministische Pneumatologie bewegt sich, wie jedes theologische Nachdenken über den Heiligen Geist, zwischen verschiedenen theologischen Disziplinen: Trinitätslehre, Soteriologie, Ekklesiologie, Moraltheologie, Liturgiewissenschaft / Sakramentenlehre. Weit davon entfernt, diese verschiedenen Dimensionen systematisch auszuarbeiten, vielmehr durch die Überzeugung gestärkt, dass es eine "weibliche" Weise gibt, den Heiligen Geist zu verstehen, muss die feministische Theologie unermüdlich fortfahren, als kritische Instanz gegenüber einer jeden Klassifikation oder theoretischen Synthese zu fungieren. Trotz ihrer möglichen inneren Kohärenz oder ihrer spirituellen Anziehungskraft sind diese häufig tatsächlich unnütz, wenn nicht sogar schädlich, zieht man ihre Implikationen und ihre kirchlichen Auswirkungen in Betracht. Meines Erachtens muss die innere *Ratio* der feministischen Theologie daher darauf beruhen, "in erster Linie Gerechtigkeit zu schaffen", also Bedingungen festzulegen, damit die theologische Reflexion die Beziehung Gott – Menschheit zum Ausdruck bringen kann, wovon die *Kirche* in der ganzen Fülle ihrer Möglichkeiten eine entscheidende und auch bedeutungsvolle Möglichkeit repräsentiert. Im Anschluss an Anne Carr muss die feministische Theologie insgesamt, insbesondere aber die feministische Pneumatologie, "eine Weise [sein], sich auf Gott, jeden Menschen und alle Dinge in Verbindung mit Gott zu beziehen, die von jedem, weiblich oder männlich, vertreten werden kann, der sich der historischen und kulturellen Restriktionen der Frauen und ihrer geschlechtsspezifischen Rollen an einem eng begrenzten 'Platz' in der weiten 'Welt' der Männer bewußt ist."[1]

---

[1] Anne Carr, *Grazia che trasforma. Tradizione cristiana e esperienza delle donne* (BTC 66; Queriniana: Brescia 1991), 243-244. Deutsch: Anne E. Carr, *Frauen verändern die Kirche.*

2. Ferner muss daran erinnert werden, dass für die Bibel der Geist Gottes, noch bevor er theoretisiert wird, erlebt wird. Als Geschenk und Gabe empfangen, ist der Heilige Geist die Kraft, die lebendig hält und verwandelt. Die Heilige Geistkraft ist die Macht der Befreiung, die Energie der Heiligung. Sie ist die Lebenskraft und Lebendigkeit Gottes, den Menschen mitgeteilt und unter ihnen geteilt. Sie prägt individuelle und kollektive Lebensstile, ordnet die Verhaltensweisen, bestimmt die Qualität der Beziehungen. Der Aufbau des Zusammenlebens und die individuelle Verpflichtung zu Zeugnis und Nächstenliebe zeigen ihre Authentizität und bestätigen ihre Wirksamkeit. Die erste pneumatologische Reflexion ist letztlich die Kirche selbst, sowohl in ihrer Gesamtordnung als auch in ihren spezifizierten Inter-Relationen, in ihren Ausdrucksweisen und in ihren Aktivitäten. Dabei versteht es sich von selbst, dass eine Kirche, die irgendwelche Formen der *Apartheid* praktiziert, zwischen Reichen und Armen, zwischen Jungen und Alten, zwischen Männern und Frauen (da ließe sich noch Weiteres ergänzen ...) eine Kirche ist, die den Heiligen Geist beleidigt (Eph 4,30). Die schlimmste Variante des Ausschlusses, weil gleichzeitig diejenige, die sich am schwierigsten ausmerzen lässt, ist aber jene, die die sexuelle Differenz hervorruft, da sie tief in einem vermeintlichen metahistorischen A-priori verwurzelt ist. Dieser Ausschluss beleidigt und tötet letztlich die Geistkraft Gottes, die das Gesicht der Erde schafft (Gen 1,2), erneuert (Ps 104,30; Weish 7,27) sowie einer jeden Person eine Offenbarung zum Nutzen aller geschenkt hat (1 Kor 12,7). Vor diesem Hintergrund frage ich mich, ob man nicht die folgende paulinische Mahnung sehr viel ernster nehmen müsste: "Wenn einer den Tempel Gottes zerstört, wird Gott ihn zerstören. Denn heilig ist der Tempel Gottes, und der seid ihr." (1 Kor 3,17)

3. Die Tatsache, dass die Bibel einen Begriff gebraucht, der weiblich ist, um vom Geist Gottes zu sprechen (*ruah*), wird häufig als Ausgangspunkt für eine feministische biblische Pneumatologie herangezogen. Zusammen mit anderen sprachlichen Beobachtungen über das weibliche Antlitz Gottes (Jes 49,15; 66,13) und vor dem Hintergrund der großen Weisheitstradition, die die ganze biblische Offenbarung durchzieht, bis dahin, dass die *ruah* auf der ganzen Erde und in einem jeden Herzen Wurzeln schlagen und keimen konnte, ist die *ruah Jahwes* der eindeutige Beleg dafür, dass der biblische Monotheismus oder wenigstens seine Repräsentationen nicht von der Deklination des Geschlechts

---

Christliche Tradition und feministische Erfahrung (Gütersloher Verlagshaus: Gütersloh 1990), 259-260.

absehen kann. Dabei handelt es sich um ein Element von weitreichender Bedeutung. Dieses hat allerdings nicht ausgereicht, um eine wirkliche Veränderung jener Vorstellung von Gott zu bewirken, die über Jahrhunderte hindurch auf der Basis der biblischen Offenbarung konstruiert worden ist. Andererseits wird sich nichts ändern, solange die Kirche, die diese Vorstellung weitergibt und bestärkt, sich nicht selbst grundsätzlich verändert und den Wert der Pluralität, auch den der Geschlechter, anerkennt und in jeder Beziehung aufgreift.

1. Ein paradigmatischer Text der johanneischen Ekklesiologie: Die österliche Ersterscheinung

Statt diesen Weg weiter zu verfolgen, möchte ich lieber einen Text aus dem Neuen Testament befragen, der in einer bestimmten Weise dazu verpflichtet, den Beitrag der glaubenden Frauen aus der Bewegung Jesu von Nazaret zur Erfahrung der Urkirche, genauer gesagt zur theologischen Ausfaltung von Jüngerschaft als Leben im "Geist", in Betracht zu ziehen. Es handelt sich um die Erzählung von der österlichen Ersterscheinung, deren Adressatin nach dem Johannesevangelium Maria von Magdala ist (Joh 20,1-18). Dieser Text ist schon häufig herangezogen worden, auch von feministischer Seite. Leider geschah dies aber zu häufig in einer unnötig apologetischen Argumentationsweise. Grund dafür könnte vielleicht eine vermeintlich ganz und gar weibliche Weise sein, die Erfahrung des Auferstandenen zu erleben, zu verherrlichen und somit die Spuren einer spezifisch weiblichen Spiritualität aufzuzeigen, als ob die Differenz der Geschlechter zu stereotypen Definitionen führen müsse statt zu Respekt gegenüber individuellen Verschiedenheiten.

Was mich betrifft, so bin ich hingegen davon überzeugt, dass dieser Text ein Sinnbild für die ekklesiologische Vision des vierten Evangelisten ist. Er stellt unbestreitbar dar, wann und wie die Jüngerschaft und das Apostolat der Maria von Magdala den johanneischen ChristInnen die notwendige Vermittlung für den Empfang des Geistes und für die danach erfolgende Gemeinschaftsgründung garantiert haben. Meiner Meinung nach erfährt das Pfingstereignis, mit dem Johannes die mit der Kreuzigung begonnene Erhöhung Jesu vollendet (Joh 20,22f.), in der Erzählung von der Erscheinung vor Maria seine unverzichtbare theologische Vorbereitung. Es scheint mir daher alles in allem offensichtlich, dass der Evangelist die Rolle dieser Jüngerin Jesu als entscheidend für den Empfang des Geistes und, in der Konsequenz, für die Gründung der christlichen Kirche ansieht.

Auch wenn die Protagonistinnenrolle der Maria von Magdala im vierten Evangelium allein aus dem Text über die Erscheinung folgt, kann sie nicht isoliert betrachtet werden.[2] Marias individuelle Erfahrung der Jüngerschaft, ihre unbestreitbare Einzigartigkeit, kann nicht jenseits der johanneischen Gesamterzählung bewertet werden, deren Struktur sich deutlich auf den Protagonistinnenstatus weiblicher Figuren stützt. Hierbei kann man sich legitimerweise fragen, ob die Erzählstrategie des vierten Evangelisten nicht die Ordnung einer Gemeinschaft aufscheinen lässt, in der die Rolle der Jüngerinnen ausschlaggebend gewesen sein muss. Denn ihr Beitrag zur Entstehung und Entwicklung der theologischen Reflexion, die an die Zeugenschaft des "Jüngers, den Jesus liebte" (Joh 13,23; 19,26; 20,2; 21,7.20) gebunden ist, war herausragend.

Es genügt ein kurzer Blick auf das Ganze, um zu erkennen, dass der Evangelist seine christologische und ekklesiologische Reflexion auch mit Dialogen zwischen Jesus und weiblichen Figuren verbindet. In dieser Reihe von Frauen, die das ganze Evangelium gliedert,[3] bildet der Dialog zwischen dem Auferstandenen und Maria eine Art Zielpunkt; denn er garantiert den Übergang hin zum Empfang der Gabe des Geistes und vollendet damit die Erhöhung und Verherrlichung des Gottessohnes.

Der Text wird also vor allem vor einem doppelten Hintergrund interpretiert, auf dem er seine Bedeutung erhalten kann: zum einen aus historischer Perspektive, als Anhaltspunkt, der es erlaubt, mit einer gewissen Plausibilität die besondere Situation der johanneischen Gemeinschaft zu rekonstruieren, und zum anderen aus theologischer Perspektive, als Segment der spezifischen christologischen Ausfaltung einer der großen neutestamentlichen Traditionen. Das heißt, es geht darum, den Text vor einem zweifachen Hintergrund zu betrachten: einerseits im Zusammenhang mit der Rolle der Frauen in der Ausarbeitung der johanneischen Theologie und andererseits im Zusammenhang mit der spezifischen Bedeutung des johanneischen Pfingstereignisses in 20,21-23, dem Herzstück der Pneumatologie des vierten Evangeliums.

---

[2] Zudem ist Maria von Magdala neben der Erscheinungsszene auch in der Nähe des Kreuzes zu finden, wo sie zusammen mit der Mutter Jesu und Maria, der Frau des Klopas erwähnt wird, im Unterschied zu den Synoptikern, bei denen wiederum ihre Zugehörigkeit zur historischen Gruppe der JüngerInnen des Propheten von Nazaret mit größerer Klarheit hervorgeht (vgl. Mk 15,40 par; Lk 8,1-3).

[3] Es handelt sich um die Samaritanerin (Kap. 4), Marta (Kap. 11), Maria von Betanien (Kap. 12) und Maria von Magdala (Kap 20).

1.1. *Weibliche Jüngerschaft und johanneische Tradition*

Es muss auffallen, dass das zentrale Thema der johanneischen Christologie, die Erfüllung der Stunde Jesu,[4] sowohl am Anfang, als auch am Ende des Evangeliums mit einer Frau verbunden ist (Joh 2,4; 19,26): mit Maria, der Mutter Jesu. Dabei kann nicht unbemerkt bleiben, dass in beiden Fällen die Qualität der Dialogbeziehung nicht durch das Mutter-Kind-Verhältnis gegeben ist, das die beiden Sprechenden verbindet, sondern durch die Anrede, mit der sich Jesus an seine Mutter wendet: "Frau". Dies ist eine wiederkehrende Apostrophe in der johanneischen Sprache,[5] die allerdings, am Anfang und am Ende des irdischen Lebens des Propheten von Nazaret gebraucht, eine Inklusion bildet, die den Rahmen des gesamten Spannungsbogens der Offenbarung Jesu markiert, beginnend mit seinem ersten Auftreten bei der Hochzeit zu Kana bis hin zum letzten Willen, mit dem der Gekreuzigte die Gemeinschaft der JüngerInnen gründet.

Wenn eine "Frau" den Anfang des Erscheinens seiner *Doxa* fördert und, wie der Text präzisiert, am Anfang des österlichen Glaubens der JüngerInnen steht, heißt dies mit aller Wahrscheinlichkeit, dass die Präsenz der Frauen in den johanneischen Gemeinden ein Phänomen von einiger Bedeutung gewesen sein muss.

Zur Bestätigung dessen kann man im Johannesevangelium vier Erzählungen heranziehen. Sie zeigen als Protagonistinnen vier weibliche Figuren, die für die gleiche Anzahl entscheidender Wendepunkte in der Entwicklung der christologischen Offenbarung stehen. Drei dieser Erzählungen sind theologische Dialoge, in denen drei Frauen die Rolle der direkten Gesprächspartnerin Jesu bekleiden (das Gespräch mit der Samaritanerin, die Begegnung mit Marta von Betanien und das Zusammentreffen mit Maria von Magdala am Ostermorgen). Die Episode der Salbung durch Maria von Betanien hingegen klärt die innerhalb der jungen Gemeinde dringend zu beantwortende Frage nach der Eigenheit christlicher Jüngerschaft.

Das Gespräch mit der Frau aus Samaria, das offensichtlich aufgrund von Missverständnissen voran kommt und doch mit dem Bekenntnis zur messianischen Bestimmung Jesu seinen Höhepunkt erreicht, setzt sich in einer erfolgreichen missionarischen Aktion bei der Gruppe der Samaritaner

---

4 Vgl. Joh 2,4; 7,6.30; 8,20; 12,23.27; 13,1; 17,1.

5 Vgl. Joh 4,21; 8,10; 20,13.15. Vgl. Marinella Perroni, "Cristo dice 'donna': la testimonianza del IV vangelo", in: dies. (Hg), *Le donne dicono Dio. Quale Dio dicono le donne? E Dio dice le donne?*, Atti del decimo convegno di studio Progetto Donna, Milano, 26 novembre 1994 (Paoline: Milano 1995), 100-122.

fort, die als feindlich und abtrünnig betrachtet wurden (4,1-41). Die Rolle der Frau, eng verbunden mit der Ausübung des Wortes, ist theologisch-missionarisch.[6] Allein daher ist es nicht willkürlich sich vorzustellen, dass die Ausfaltung der johanneischen Tradition sich auch der Initiative einiger Frauen verdankt.

Eine solche Annahme wird letztlich durch die Figur der Marta bestätigt, deren christologisches Bekenntnis im vierten Evangelium eine analoge Rolle zu der des Petrus in Cäsarea Philippi in den drei synoptischen Evangelien einnimmt (11,17-27). Marta, die in Jesus den Sohn Gottes erkennt, der in die Welt kommen musste, erscheint als Sprachrohr der besonderen christologischen Konzeption des vierten Evangelisten. Aber nicht nur das. In der johanneischen Vision der christlichen Jüngerschaft ist Marta, die das Glaubensbekenntnis vor dem Wunder der Auferweckung ihres Bruders Lazarus spricht, die beispielhafte Figur des Jüngers, der glaubt, ohne gesehen zu haben (vgl. 1,34; 20,29).

Zusammen mit Marta wird anschließend auch ihre Schwester Maria als vorbildhaftes Modell für christliche Jüngerschaft vorgestellt (12,3-8). Aus dem Konflikt mit "einem seiner Jünger" (12,4) geht Maria als Siegerin hervor, weil sie die messianische Bedeutung des Todes Jesu verstanden und gerade aufgrund dessen auch erkannt hat, dass ein Jünger oder eine Jüngerin Jesu dies auch nach dem Tod des Meisters bleibt.

Die Erzählung von der österlichen Ersterscheinung vor Maria von Magdala muss vor allem als Krönung eines gesamten Erzählfadens begriffen werden, der einigen weiblichen Figuren eine aus theologisch-ekklesialer Perspektive entscheidende Rolle zuspricht. Wir werden später nochmals auf diesen Text zurückkommen, der meines Erachtens als Schlüssel für die johanneische Ekklesiologie angesehen werden muss. Auf der Grundlage der schon besprochenen Texte können wir jedoch festhalten, dass im vierten Evangelium die Verbindung zwischen der Entstehung der johanneischen Tradition und der Jüngerschaft der Frauen evident herausgearbeitet wird. Daher lässt sich folgern, dass innerhalb der johanneischen Gemeinden einige glaubende Frauen gerade aufgrund ihrer Beteiligung an der theologischen Ausarbeitung der Tradition des "Lieblingsjüngers" als vorbildhafte Figuren der Jüngerschaft betrachtet wurden.

---

[6] Ein deutliches Zeichen hierfür ist die spiegelbildliche Verwendung des Themas "Sprechen": Mit der Frau sprechend (*lalein*) erweist sich Jesus als Messias; die SamaritanerInnen kommen zum Glauben dank des Wortes (*lalian*) der Frau.

1.2. *Das johanneische Pfingsten (19,25-20,23)*
Leider muss ich mich hier auf einige wesentliche Überlegungen beschränken, die es erlauben, im Rahmen der johanneischen Pneumatologie den Spannungsbogen von der Verheißung bis zur Ausgießung des Geistes nachzuzeichnen. Ich bin nämlich der Meinung, dass der Dialog zwischen Maria von Magdala und dem Auferstandenen innerhalb dieser Entwicklung verstanden werden muss, und zwar als entscheidendes Moment für die Klärung der notwendigen Voraussetzungen für den Empfang des Geistes.

Die Mitteilung des Geistes, die die Erscheinung des Auferstandenen innerhalb der Gesamtgruppe der JüngerInnen am Osterabend krönt (20,21-23), besiegelt für Johannes das testamentarische Versprechen, das Jesus seinen JüngerInnen vor seiner Verhaftung gab (vgl. 14,16f; 25-27; 15,26; 16,7-15), und festigt die Kirche in ihrer Rolle als Heilsvermittlerin. Dies führt die Mitteilung des Geistes unter dem Kreuz zur Vollendung.[7] Denn nach Johannes muss die Ausgießung des Geistes in Verbindung mit den beiden österlichen Ereignissen verstanden werden, dem Tod und der Auferstehung. Sie geschieht zuerst unter dem Kreuz (19,30) und daraufhin an dem Ort, an den sich die Jünger "aus Angst vor den Juden" geflüchtet hatten (20,22). Diese beiden johanneischen Pfingsten oder, wenn man dies bevorzugt, diese beiden Momente des einen johanneischen Pfingstens repräsentieren den Gründungsakt der christlichen JüngerInnengemeinschaft.[8]

Die erste Mitteilung des Geistes erhält nicht einer aus dem Kreis der Zwölf, sondern der Lieblingsjünger, in dem die Tradition der johanneischen Gemeinden Gestalt angenommen hat, sowie eine kleine Gruppe, die ausschließlich aus Frauen besteht: Maria, die Mutter Jesu, und zwei oder drei andere.[9] Jesus übergibt "seinen" Geist an die neue Familie der JüngerInnen. Deren Sinnbild ist das gegenseitige Sichanvertrauen Marias und des geliebten Jüngers, die diejenigen repräsentieren, "die ihn aufgenommen haben" (1,11f) und die "Seinen" geworden sind, weil sie im Augenblick seines Todes an ihn, Jesus, geglaubt haben. Es ist der selbe Geist, der wie eine Taube vom Himmel herabgekommen war, sich auf ihm niedergelassen hatte und vom Anfang seines Auftretens

[7] Vgl. Max-Alain Chevallier, "'Pentecôtes lucaniennes' et 'pentecôtes johanniques'", in: ders., *Souffle de Dieu. Le Saint-Esprit dans le Nouveau Testament*, vol. III (Beauchesne: Paris 1991), 95-114.

[8] Johannes selbst verwendet den Begriff *ekklesia* nicht.

[9] Ob es sich um zwei oder drei Frauen handelt, hängt davon ab, ob die Schwester der Mutter Jesu mit Maria, der Frau des Klopas, identisch ist oder nicht.

in der Welt an auf ihm geblieben war (1,32); es ist der Geist, mit dem er selbst taufen sollte (1,33), aber auch derjenige, der gemäß seinem Versprechen und dank seiner Fürsprache beim Vater bei den "Seinen" sein und bei ihnen wohnen würde (14,17b).

Am Osterabend empfangen den Geist nun die "Jünger". Dass Johannes nicht ausdrücklich von den Zwölfen spricht, darf nicht verwundern. Kurz zuvor erwähnt er sie, aber völlig beiläufig (20,24). Dass sie in seinen Augen ein Teil der Jüngerschaft sind, ist gut möglich. Aber es besteht kein Zweifel, dass der vierte Evangelist im Unterschied zu Lukas, der sehr die repräsentative und zugleich umfassende Rolle der Zwölf betont, es vorzieht, die Gruppe der AnhängerInnen Jesu in weiteren Begriffen darzustellen. Für ihn besteht ihre Bedeutung nicht darin, wer sie sind, sondern worin ihr grundsätzliches Verhalten besteht. Darüber identifiziert er sie, unterscheidet sie schließlich und hebt sie unter allen anderen hervor: die JüngerInnen sind diejenigen, die an Jesus glauben, die ihn aufgenommen und an seinen Namen geglaubt haben, diejenigen, die in seinem Kreuz seine *Doxa* gesehen haben (vgl. 1,12-14) und daher von oben geboren wurden (vgl. 3,3); es sind diejenigen, die sich angesichts des Skandals seiner Worte über das ewige Leben nicht zurückgezogen haben (vgl. 6,67): Daher sind sie nicht von der Welt, und die Welt hasst sie, wie sie Jesus selbst und den Vater, der Jesus gesandt hat, gehasst hat (Joh 15,18-25). Über diejenigen, die geglaubt haben und seine JüngerInnen geworden sind, und die ihm trotz ihrer Angst vor den Gegnern treu geblieben sind, hat der Auferstandene daraufhin am Osterabend seinen Geist ausgegossen.

Der Gründungsakt der christlichen Kirche hat in dem Moment begonnen, in dem Jesus, erhöht von der Erde, alle anzuziehen begann, wie er es versprochen hatte (vgl. 12,32), und seinen Geist denjenigen schenkte, die ihm treu geblieben sind. Er gelangt nun zu seiner letzten Erfüllung, indem der Auftrag Jesu zum Auftrag derjenigen wurde, die an ihn glaubten.

Die traditionelle Formel für die Vergebung der Sünden, gut bekannt auch durch Matthäus (vgl. Mt 16,19; 18,18), festigt die Kontinuität zwischen dem Handeln Jesu und dem Heil, das der Geist weiterhin durch die Kirche wirkt. Das Geschenk des messianischen Friedens setzt sich in einem missionarischen Werk fort, das mit Hilfe der Predigt und der Taufe den rettenden Willen des Vaters vollendet, der "den Sohn nicht in die Welt gesandt hat, damit er die Welt richtet, sondern damit die Welt durch ihn gerettet wird" (3,17). Entsprechend der Offenbarung Jesu: "wer an ihn glaubt, wird nicht gerichtet; aber wer nicht glaubt, ist schon gerichtet" (3,18), wird es der Mission der Kirche ergehen. Sie wird zurückgewiesen werden, misslingen, und die Sünden werden nur bei wenigen vergeben werden, während sie bei anderen unvergeben bleiben.

2. Die ekklesiale Funktion der Maria von Magdala: die Bedingungen für das Leben im Geist hervorbringen

Für den vierten Evangelisten ist Pfingsten, die Ausgießung des Geistes, der die Gemeinschaft der Glaubenden konstituiert und dabei sowohl deren Identität als auch deren Auftrag definiert, ein Prozess, der mit der Erhöhung Jesu zusammenfällt. Demzufolge reicht er von dem Moment, in dem Jesus am Kreuz erhöht wird, bis zu dem, in dem er sich bei den "Seinen" als auferstanden erweist. Vor diesem Hintergrund erhält die Erzählung von der österlichen Erscheinung vor Maria von Magdala ihre volle Bedeutung. Die JüngerInnen, die Jesus "gesehen" haben, weil sie an seinem Leben teilgenommen haben, die ihm bis unter das Kreuz gefolgt und ErbInnen der Gabe seines eigenen Geistes geworden sind, müssen akzeptieren, zu glauben ohne zu sehen. Der nachösterliche Glaube bringt es daher mit sich, die Kenntnis über Jesus nicht innerhalb der Raum-Zeit-Ordnung "zurückzuhalten"[10] und sie auch nicht ausschließlich auf die Generation der historischen Jüngerschaft zu begrenzen.

Die große theologische Herausforderung des vierten Evangelisten besteht im Folgenden: die Glaubenden in dem Glauben zu begleiten, dass diejenigen selig sind, die glauben, obgleich sie nicht gesehen haben (vgl. 20,31).

Auf diese Weise ist es also möglich, die "Auffahrt" zu verstehen, von der der Auferstandene am Beginn der neuen Zeit mit Maria von Magdala spricht: "Ich fahre auf zu meinem Vater und zu eurem Vater, zu meinem Gott und zu eurem Gott" (20,17). Von den JüngerInnen wird nun verlangt, mit den Augen des Vertrauens und des Glaubens zu sehen, dass Jesus der Christus und der Sohn Gottes ist, weil seine österliche Erhöhung ihn an der Seite des Vaters inthronisiert hat.

Maria ist für Johannes also die erste, die diesen Weg des Glaubens beschritten hat, die erste, die es verstanden hat, an Jesus nach seiner Auferstehung zu glauben, nicht indem sie die Erinnerung an einen Toten bewahrt, so hochgeschätzt er auch sein möge, und mit wie viel Liebe und Hingabe er auch verehrt werde, sondern indem sie ihn als lebendig erkennt. Auf Grund dessen wird sie zum Prototyp des Jüngerglaubens. Aber nicht nur das. Maria ist auch diejenige, die vom auferstandenen Herrn beauftragt wird, in der Gemeinschaft der JüngerInnen die Voraussetzungen für den Empfang des Geistes zu schaffen. Ihre österliche Erfahrung, dass sie "den Herrn gesehen" hat (20,18),

[10] Auch die italienische Übersetzung beabsichtigt, diese lächerliche Vorstellung zu überwinden, die durch die lateinische Übersetzung der Vulgata angeregt wurde, der zufolge Jesus sich dem Griff der Frau zu entziehen beabsichtige, die ihn umarmen wolle!

bestimmt ein genaues Mandat innerhalb derjenigen, die nun, nach dem gegenseitigen Sich-anvertrauen von Maria von Nazaret und dem Lieblingsjünger, "Brüder" Jesu geworden sind.

Das apostolische Amt der Maria von Magdala innerhalb der Jüngergemeinschaft ist damit klar: den Geschwistern im Glauben zu helfen, den selben Weg zu gehen, den sie selbst beschritten und der ihr erlaubt hat, Jesus nicht in den Ketten des historischen Wissens "gefangen zu halten", sondern anzuerkennen, dass er, der Auferstandene, nun zum Vater zurückgekehrt ist. Mit anderen Worten: Die apostolische Rolle der Maria bringt es mit sich, dass diejenigen, die an Jesus und seine Worte geglaubt hatten, nun die Ökonomie des Geistes angenommen haben. Wie Jesus ihnen gesagt hatte: "Doch ich sage euch die Wahrheit: Es ist gut für euch, dass ich weggehe. Denn wenn ich nicht weggehe, kommt der Tröster nicht zu euch. Wenn ich aber weggehe, werde ich ihn zu euch senden ..." (16,7).

Die Geschwister an diese Versprechen zu erinnern und ihre Wahrheit vor dem Hintergrund der eigenen Erfahrung des Auferstandenen zu bezeugen – das macht Maria gegenüber der Jüngergemeinschaft zur Apostolin Christi. Und genau dies bereitet die Gemeinschaft der JüngerInnen darauf vor, die Mitteilung des Geistes zu empfangen. Maria repräsentiert das Moment der Kontinuität zwischen der ersten und der zweiten Ausgießung des Geistes, zwischen dem Kreuz und der Auferstehung, denn sie lehnt es ab, an einen Toten zu glauben, und sie erkennt den Auferstandenen. Der Glaube Marias drückt sich in einer Bewegung nach oben (Auffahrtsweg)[11] aus, die (der) es ihr zu akzeptieren erlaubt, dass allein dann, wenn Jesus zum Vater gelangt ist, der Vater "euer Vater" werden kann. Dieser Auffahrtsweg öffnet die Gemeinschaft der Glaubenden für das Leben im Geist, weil er den Abstand zwischen der Erfahrung der JüngerInnen mit dem irdischen Jesus und dem nach-österlichen Glauben der Kirche überbrückt. Vor der Auferstehung war es unmöglich, dies zu verstehen: "Ich habe euch noch viel zu sagen. Aber ihr könnt es jetzt nicht ertragen. Wenn aber jener, der Geist der Wahrheit, kommen wird, wird er euch in die ganze Wahrheit führen" (16,12-13a). Diese "ganze Wahrheit" hat Maria von Magdala erfahren, und zwar als erste.

Zu sagen, dass dies geschah, weil sie eine Frau war, selbstgefällig mit "weiblicher Sensibilität" zu liebäugeln, auf eine besondere Beziehung zwischen ihr und Jesus anzuspielen: all dies sind denkbare Möglichkeiten, vor

[11] Im Italienischen ein Wortspiel: "itinerario ascensionale" drückt eine aufsteigende Bewegung aus, es klingt aber auch die "ascensione", die Himmelfahrt Christi an (A. d. Red.)

allem in der Literatur. Allerdings tun sie der theologischen Qualität der johanneischen Erzählung Unrecht. Der Glaube hängt weder von der Sensibilität noch vom Geschlecht ab. Für Johannes beruht er auf einer Entscheidung. Und es scheint klar, dass das Entstehen der johanneischen Gemeinde fest in der Glaubensentscheidung dieser Jüngerin und ihrer Zeuginnenschaft verwurzelt ist, denn durch sie haben sich die JüngerInnen für die Mitteilung des Geistes und ihren Auftrag geöffnet.

The story of the Easter appearance to Mary of Magdala (Jn 20:1-18) reveals the approach of a community in which woman disciples were to play a defining role. This is because they made a prominent contribution to the origins and development of the theological reflection connected with the witness of the "disciple Jesus loved". Considered from the dual perspective of the role of women in the development of Johannine theology and the specific significance of the pentecostal account in John 20:21-23 within the pneumatology of the fourth gospel, the text assigns to Mary's witness the role of preparing the community of disciples to receive the Spirit. Through her reminding them of the promise of the Spirit made to Jesus and testifying to the truth of it from her own experience of the Risen Lord, Mary becomes an apostle of Christ to the community of disciples. Through her witness they begin the uplifting process of bridging the gap between their experience of Jesus on earth and the post-Easter faith of the church.

L'histoire de la protophanie pascale à Marie Madeleine (Jean 20,1-18) laisse transparaître l'ordre d'une communauté dans laquelle le rôle des disciples devait être déterminant parce que leur contribution à la genèse et au développement de la réflexion théologique liée au témoignage du «disciple que Jésus aimait» avait été considérable. Examiné sur la double toile de fond de la question du rôle des femmes dans l'élaboration de la théologie johannique, d'une part, et de la signification spécifique de la pentecôte johannique dans les versets 20,21-23 au sein de la pneumatologie du quatrième Évangile, le texte assigne au témoignage de Maria le rôle de préparer la communauté des disciples à la réception de l'Esprit. D'avoir rappelé aux frères et sœurs la promesse de l'Esprit faite à Jésus et d'en avoir attesté la véridicité sur la base de la propre expérience du Ressuscité a fait de Marie un apôtre du Christ à l'égard de la communauté des disciples. Son témoignage leur fait achever un itinéraire ascensionnel pour surmonter l'écart entre l'expérience des disciples à l'égard du Jésus de ce monde et la foi post-pascale de l'Église.

Marinella Perroni (*1947), Abschluss des Philosophiestudiums an der Universität "La Sapienza" 1971, des Theologiestudiums 1985 und des Doktorats in Theologie

1994 an der Päpstlichen Fakultät S. Anselmo in Rom, wo sie heute Neues Testament lehrt. Sie ist Präsidentin der Vereinigung italienischer Theologinnen (Coordinamento Teologhe Italiane), Mitglied des wissenschaftlichen Ausschusses von *Biblia* (Associazione laica di cultura biblica) und Vorstandsmitglied des italienischen Bibelwerks. Zahlreiche wissenschaftliche Publikationen zu Frauen in den neutestamentlichen Schriften; exegetische und theologische Artikel in Sammelbänden; Mitherausgeberin der Festschrift für Magnus Löhrer und Pius-Ramon Tragan, *Patrimonium fidei* (Rom 1997); Mitautorin des *Corso di Teologia sacramentaria*, I-II (Brescia 2000).

Waltraud Verlaguet

Ecriture mystique et situation des femmes dans la société du XIIIe siècle

Dans l'état actuel de nos connaissances, Mechthild de Magdebourg (ca. 1207-1283?) est la première femme de langue allemande à avoir consigné par écrit des expériences mystiques. Elle le fit au milieu du XIIIe siècle dans un ouvrage intitulé *Das Fließende Licht der Gottheit (La Lumière fluente de la Divinité).*[1] Sa créativité linguistique, la fraîcheur de ses métaphores et la qualité de son style la placent d'emblée parmi les meilleurs poètes de son époque. Son écriture présente un intérêt non seulement philologique et théologique, mais elle soulève aussi une question d'ordre historique. En effet, que des femmes se soient immiscées dans la littérature religieuse, qui plus est hors des monastères, est un phénomène spécifique du Nord de l'Empire germanique au XIIIe siècle. Comment l'expliquer? Sans prétendre épuiser les explications, explorons quelques pistes.[2]

---

1 Mechthild von Magdeburg, *Das fließende Licht der Gottheit* édition, traduction et commentaire de Gisela Vollmann-Profe (Deutscher Klassiker Verlag: Frankfurt 2003); Hans Neumann, *Mechthild von Magdeburg «Das fließende Licht der Gottheit»* (Artemis Verlag: München-Zürich, Bd. I: Text, 1990, Bd. II: Untersuchungen, 1993); Mechthild von Magdeburg, *Das fließende Licht der Gottheit,* traduit et introduit par Margot Schmidt (Benziger: Einsiedeln / Zürich / Köln 1955; deuxième édition révisée Frommann-Holzboog: Stuttgart-Bad Cannstatt 1995); Mechthild de Magdebourg, *La Lumière fluente de la Divinité,* traduction Waltraud Verlaguet (Jérôme Millon: Grenoble 2001).

2 Ces réflexions sont développées dans la première partie de ma thèse de théologie: *La théologie de Mechthild de Magdebourg: le concept d'«éloignance»*, soutenue en février 2003 à la faculté de théologie protestante de Montpellier. Un article en résume la thèse principale: Waltraud Verlaguet, «L'éloignance de Mechthild de Magdebourg», in: *Etudes théologiques et religieuses* 78 (2003/3), 321-337; voir aussi: Ead., «Mechthild de Magdebourg dans le champ du savoir théologique», in: *Positions luthériennes* 51 (2003/4), 393-403. Pour Mechthild de Magdebourg, voir surtout: Hans Neumann, «Mechthild von Magdeburg», in: Kurt Ruh (éd.), *Die Deutsche Literatur des Mittelalters: Verfasserlexikon, Bd. 6* (Walter de Gruyter: Berlin / New York 1987), col. 260-270; *id.*, «Beiträge zur Textgeschichte des *Fließenden Lichtes der Gottheit* und zur Lebensgeschichte Mechthilds von Magdeburg», in: Kurt Ruh (éd.),

Tout d'abord il faut souligner que nous ne savons rien de précis quant à la vie de Mechthild. Les quelques indications données dans la préface de *La Lumière fluente*, écrite par un frère dominicain, ainsi que de rares indices autobiographiques dans le texte lui-même permettent tout au plus d'établir une biographie probable. Mais nous n'entrerons pas, ici, dans le détail des hypothèses.[3] Soulignons simplement que, s'il ne faut pas prendre à la lettre des affirmations autobiographiques, largement situées historiquement, on ne peut pas non plus les disqualifier comme de purs topoi. Réduire le texte à sa littéralité sans poser la question des conditions de son écriture nous priverait des outils permettant d'apprécier ce qu'une œuvre déplace par rapport à son contexte.[4]

1. Les femmes dans la société du XIIIe siècle

a) Le mouvement des béguines

Mechthild participe du mouvement des béguines qui apparaît à la fin du XIIe siècle et au début du XIIIe au Nord de l'Empire germanique, parallèlement au mouvement de pauvreté au Sud. Des *vitae,* écrites en latin par des hommes, décrivant la vie de ces pieuses femmes comme modèles, constituent ainsi un nouveau type de spiritualité. L'impulsion est surtout donnée par Jacques de

---

Altdeutsche und Altniederländische Mystik (Wissenschaftliche Buchgesellschaft: Darmstadt 1964), 175-239.

3 Elles sont discutées dans la première partie de ma thèse (p. 5-19): *«Éloignance» – La théologie de Mechthild de Magdebourg* (Peter Lang: Frankfurt et al. 2005).

4 A propos de cette discussion voir surtout: Gisela Vollmann-Profe, *Mechthild von Magdeburg,* 670; Ursula Peters, *Religiöse Erfahrung als literarisches Faktum. Zur Vorgeschichte und Genese frauenmystischer Texte des 13. und 14. Jahrhunderts* (Max Niemeyer: Tübingen 1988); Christiane Nisters, «Der ‹gepineget licham›. Zur Bedeutung des ‹Autorinnenkörpers› für die Wahrheitslegitimation des *Fließenden Lichtes der Gottheit»*, in: Günther Kraus (éd.), *Literalität und Körperlichkeit / Littéralité et corporalité* (Stauffenberg: Tübingen 1997), 21-46; Maren Ankermann, «Spielarten erlebnismystischer Texte. Mechthild von Magdeburg: ‹Das fließende Licht der Gottheit› – Gertrud die Große von Helfta: ‹Legatus divinae pietatis›», in: Wolfgang Beutin / Thomas Bütow (éd.), *Europäische Mystik vom Hochmittelalter zum Barock* (Peter Lang: Frankfurt et al. 1998), 119-138; Wolfgang Beutin, *Anima. Untersuchungen zur Frauenmystik des Mittelelters*, Bd. 2: *Ideengeschichte, Theologie und Ästhetik* (Bremer Beiträge zur Literatur- und Ideengeschichte 23; Peter Lang: Frankfurt et al. 1998); Albrecht Classen, «Flowing Light of the Godhead: Binary Oppositions of Self and God in Mechthild von Magdeburg», in: *Studies in Spirituality* 7 (1997), 79-98; Bernard McGinn, *The Flowering of Mysticism: Men and Women in the New Mysticism – 1200-1350*, The Presence of God: A History of Western Christian Mysticism vol. III (Crossroad Herder: New York 1998).

Vitry avec la *vita* de Marie d'Oignies qu'il considère comme sa mère spirituelle. Il étudie des femmes mystiques des Flandres et obtient la reconnaissance de leur mouvement par le pape Innocent III.[5]

Les béguines vivent, seules ou en communauté, une vie religieuse faite de pauvreté, de chasteté et de dévouement pour les autres mais sans structure fixe et sans prononcer de vœux. Certains documents de l'époque attestent qu'elles ont des activités professionnelles.[6] Cette vie est doublement marginale, tant par rapport aux structures de la vie mondaine que par rapport à celles de l'Eglise. Mechthild ne peut donc se réclamer d'aucune autorité ni d'aucune protection.

Des béguinages sont attestés dans tout le nord de l'Empire, y compris au nord de la France.[7] Il existe, au XIIIe siècle, un véritable réseau d'échanges entre «ami(e)s de Dieu»[8], du Brabant à la Bohême et au sud de l'Allemagne. Ces échanges expliquent peut-être que les écrits mystiques de ces femmes contiennent des thèmes communs: la conscience d'être élues, la noblesse innée de leur nature (correspondant aux théories néoplatoniciennes qu'elles ont pu connaître par les victorins et Albert le Grand), l'utilisation des métaphores de l'amour et l'importance de la Trinité, ainsi que le rôle d'intercesseur des mystiques qui va jusqu'à la souffrance vicaire.

Pourquoi cette «explosion» du mouvement béguinal au XIIIe siècle? Plusieurs facteurs se conjuguent, relevant tant de l'histoire du christianisme que

---

5 Paul Agaess / Michel Sales, «Mystique», in: *Dictionnaire de Spiritualité* (Beauchesne: Paris 1957-1994), t. X, col. 1899-1984; Peter Ketsch, *Frauenbild und Frauenrecht in Kirche und Gesellschaft* (Schwann: Düsseldorf 1984), 342-360.

6 Gudrun Witteck, «Bemerkungen zur Rolle der Frau in den mittleren Handels- und Gewerbestädten des nördlichen Harzvorlandes von der Zeit ihrer Entstehung bis zum Höhepunkt ihrer kommunalen Autonomie», in: Historiker-Gesellschaft der Deutschen Demokratischen Republik (éd.), *Untersuchungen zur gesellschaftlichen Stellung der Frau* (Magdeburger Beiträge zur Stadtgeschichte 3; Arbeitskreis Stadtgeschichte: Magdeburg 1981), 70-80, ici 75.

7 Jean Verdon, «La vie quotidienne de la femme en France au bas Moyen Age», in: Österreichische Akademie der Wissenschaften (éd.), *Frau und spätmittelalterlicher Alltag*. Internationaler Kongress vom 2.-5. Oktober 1984 in Krems an der Donau (Verlag der Österreichischen Akademie der Wissenschaften: Wien 1986), 381. Michel Parisse fait descendre le mouvement des béguines, comme le réseau des chanoinesses séculières, jusqu'au sud de la France et l'Italie: cf. Michel Parisse, «L'Eglise en Empire», in: Id. (éd.), *L'Allemagne au XIIIe siècle* (Picard: Paris 1994), 71-104, ici 100. Mais je n'ai pas trouvé d'exemple au Sud d'une activité littéraire de femmes mystiques comme au Nord.

8 Georgette Epiney-Burgard, «Hadewijch d'Anvers, Mechtilde de Magdebourg, Thèmes communs», in: *Ons Geestelijk Erf* 48/4 (1974), 70-87.

de l'histoire tout court, avec ses multiples changements notamment économiques, juridiques et sociaux.

L'engouement pour le béguinage peut tout d'abord se comprendre comme versant féminin d'un plus vaste mouvement religieux à la suite des réformes du XIIe siècle.[9] La spiritualité des femmes s'inspire, comme celle des hommes, de l'idéal évangélique, mais elle se heurte à la réalité sociale et aux arguments des théologiens marqués par la tradition.[10] Tandis que les hommes peuvent embrasser la carrière ecclésiastique et ont toute liberté d'entrer au monastère ou d'y être intégrés en tant que convers, cela n'est pas le cas pour les femmes.[11] La vie moniale est réservée aux plus riches d'entre elles. Par ailleurs, à partir du Xe siècle, il n'y a plus de consécration pour les vierges continuant à vivre dans le monde, comme cela existait depuis le IIIe siècle[12], ce qui diminue encore les possibilités de vie religieuse offertes aux femmes.

b) La condition sociale des femmes

Ce mouvement religieux se répand, alors que les conditions sociales changent, précisément dans les contrées où les béguines foisonnent, aboutissant à une diminution notable de l'influence des femmes dans la société. Et elle était loin d'être négligeable dans les pays germaniques.

En Germanie, en effet, «l'image de la femme mariée ... est bien plus favorable» que dans le Sud.[13] Elle exerce la part de pouvoir qui lui incombe dans le cadre de la hiérarchie féodale. Une étude confrontant des sources chrétiennes

---

9 Brigitte Degler-Spengler, «Die religiöse Frauenbewegung des Mittelalters», in: *Rottenburger Jahrbuch für Kirchengeschichte* 3 (1984), 75-88; v. aussi Peter Dinzelbacher, «Rollenverweigerung, religiöser Aufbruch und mystisches Erleben mittelalterlicher Frauen», in: Id., (éd.), *Religiöse Frauenbewegung und mystische Frömmigkeit im Mittelalter* (Beihefte zum Archiv für Kulturgeschichte 28; Böhlau: Köln 1988), 1-58.

10 Kaspar Elm, «Die Frau in Ordenswesen, Semireligiosentum und Häresie des 12. und 13. Jahrhunderts», in: *Internationale katholische Zeitschrift* 11/4 (1982), 360-379.

11 Caroline Walker Bynum, *Jesus as Mother: Studies in the Spirituality of the High Middle Ages* (University of California Press: Berkeley 1982), 250.

12 René Metz, *La femme et l'enfant dans le droit canonique médiéval* (Variorum Reprints: London 1985), chapitres VI-XII; v. aussi: Michel Parisse, *Les nonnes au Moyen Age* (Christine Bonneton: Clamecy 1983), 14.

13 Paulette L'Hermite-Leclerc, «L'ordre féodal (XIe-XIIe s.)», in: George Duby / Regine Perrot (éd.), *Histoire des femmes en Occident* (Plon: Paris 1999), t. II: *Le Moyen Age* 217-260, ici 248.

et profanes de l'époque mérovingienne met en évidence que la société de cette époque élabore une synthèse conflictuelle entre deux mondes symboliques, le monde chrétien-romain d'une part et le monde germanique de l'autre, qui fonctionnent selon des codes de l'honneur différents.[14] La femme de cette époque n'est confinée dans le domaine privé que durant la période de fécondité, le reste du temps elle participe à part entière aux luttes de pouvoir, y compris par la force, dans une hiérarchie aristocratique encore instable et fluide. La virginité, la fidélité conjugale et la maternité ne seront sacralisées qu'ultérieurement, durant la période carolingienne, et cela de façon progressive avec des différences géographiques notables, en fonction du degré d'interpénétration des législations romaine et germanique.

Dans le même sens, une analyse portant sur le roman courtois allemand entre le milieu du XIIe et le XIIIe s. ainsi que sur des chroniques historiques[15] met en évidence que les femmes décrites, sans être les égales de l'homme (la soumission au mari faisait partie des vertus des reines), agissent sur la scène politique avec assurance et autonomie. Dans beaucoup de familles nobles elles peuvent hériter du titre et des fiefs. Leur pouvoir n'est contesté que lorsqu'elles s'opposent aux intérêts de leur famille. La représentation de couples régnants sur des pièces de monnaie allemandes de la fin du XIIe siècle et sur des ensembles sculpturaux du XIIIe siècle[16] où la femme apparaît comme l'égale de l'homme confirme ce fait. Les régentes allemandes, contrairement à celles d'autres pays, se présentent sur leurs sceaux avec les insignes du pouvoir.[17] Une formule utilisée lors du couronnement et de l'onction des reines allemandes des Xe-XIe siècles en appelle à l'estime de dieu pour les faibles de ce monde.[18]

Notamment la femme saxonne noble semble, d'après les documents, détenir des droits, elle peut commander et gérer un patrimoine. En tant qu'abbesse,

---

14 Nira Pancer, *Sans peur et sans vergogne. De l'honneur et des femmes aux premiers temps mérovingiens* (Albin Michel: Paris 2001).

15 Ursula Liebertz-Grün, «Frau und Herrscherin. Zur Sozialisation deutscher Adeliger (1150-1450)», in: Bea Lundt (éd.), *Auf der Suche nach der Frau im Mittelalter. Fragen, Quellen, Antworten* (Fink: München 1991), 165-187.

16 Helga Sciurie, «Vom Münzbild zum Standbild. Beobachtungen an Darstellungen deutscher Herrscherpaare des 12. und 13. Jahrhunderts», in: Lundt (éd.), *Auf der Suche nach der Frau im Mittelalter,* 135-163; l'auteur met en évidence que cette quasi-égalité se perd au cours du XIIIe siècle.

17 Andrea Stieldorf, *Rheinische Frauensiegel* (Böhlau: Köln / Weimar / Wien 1999), 67 et 356.

18 Ketsch, *Frauenbild und Frauenrecht,* 383.

elle agit en seigneur, surtout si elle est issue de famille royale; elle peut alors obtenir le ban royal et se doit de participer à la vie de cour.[19] Les abbesses de certaines grandes maisons, comme Gandersheim ou Quedlinbourg, sont «‹princes d'Empire› directement vassales de l'empereur... et (gouvernent) de petites principautés».[20] Le pape Honorin III confirme en 1212 le pouvoir de juridiction de l'abbesse de Quedlinbourg sur les clercs de son secteur.[21]

A partir du XIIe siècle, l'élargissement du pouvoir clérical s'accompagne d'une exclusion systématique des femmes de toute forme d'autorité ecclésiale et politique. L'un des moteurs majeurs de cette évolution est la transformation du droit. En effet, au cours du Moyen Age, le droit romain entre en concurrence avec le droit coutumier germanique. Ce dernier est progressivement fixé par écrit par les lettrés ecclésiastiques dans un dialogue conflictuel traduisant les rapports de force du moment et faisant apparaître une nouvelle classe d'intellectuels de plus en plus indépendants de l'Eglise, particulièrement dans le Nord de l'Empire.[22] On peut alors définir la féodalité dans sa forme codifiée comme une interpénétration des structures de pouvoir du Nord et des usages législatifs du Sud par l'entremise de l'Eglise.

c) Le statut juridique de la femme

Qu'en est-il du statut de la femme dans ce foisonnement législatif? La situation varie d'un lieu à l'autre et d'une époque à l'autre. Ainsi à Fribourg l'égalité à part entière de la femme est affirmée au milieu du XIIe siècle[23], alors que

[19] Michel Parisse, «Les femmes au monastède l'Allemagne, l'Allemagne du IXe au XIe s. Conditions sociales et religieuses», in: Werner Affeldt (éd.), *Frauen in Spätantike und Frühmittelalter. Beiträge zu einer internationalen Tagung am Fachbereich Geschichtswissenschaften der Freien Universität Berlin, 18.-21. Februar 1987* (Thorbecke: Sigmaringen 1990), 311-324.

[20] Suzanne Fonay Wemple, «Female Monasticism in Italy and its Comparison with France and Germany from the Ninth trough the Eleventh Century», in: Affeldt (éd.), *Frauen in Spätantike und Frühmittelalter,* 311-324; Parisse «L'Eglise en Empire», 71-104; Edith Enne, «Politische, kulturelle und karitative Wirksamkeit mittelalterlicher Frauen in Mission-Kloster-Stift-Konvent», in: Dinzelbacher (éd.), *Religiöse Frauenbewegung und mystische Frömmigkeit,* 59-82.

[21] Ketsch, *Frauenbild und Frauenrecht,* 339s.

[22] George Duby, *Le Moyen Age* (Pluriel, Hachette: Paris 1987), 97s.

[23] Volkert Pfaff, «Das kirchliche Eherecht am Ende des zwölften Jahrhunderts», in: *Zeitschrift der Savigny-Stiftung für Rechtsgeschichte* 94, kanonistische Abteilung 63 (1977), 73-117, ici 74.

le décret de Gratien, canoniste italien du XIIe siècle, décrit son infériorité à la fois comme naturelle et voulue par Dieu.[24]

La plupart des auteurs consultés[25] constatent une amélioration du statut de la femme due à l'action de l'Eglise qui adoucit les mœurs du droit coutumier en y inscrivant une protection de la femme inspirée du droit romain.[26] Dans ce sens, le *Sachsenspiegel* affirme qu'une femme qui épouse un homme de rang inférieur perd tout droit à l'héritage puisqu'elle entre pour la durée du mariage dans le rang de son mari.[27] En revanche, une femme qui épouse de son propre gré un serf n'est plus condamnée à mort comme le prescrivait l'ancien droit coutumier.[28]

Cependant, cette amélioration ne concerne que son statut d'épouse et s'inscrit dans une stratégie de l'Eglise visant à établir sa mainmise sur l'ensemble du système matrimonial. Il est, en revanche, moins sûr que cela s'applique au statut de la femme en général, au plan professionnel et personnel, inexistant aux yeux de l'Eglise.

Ce changement du statut de la femme accompagne les transformations qui s'opèrent dans l'organisation du travail, notamment avec les guildes qui

---

[24] Metz, *La femme et l'enfant*, chapitre V: «Recherches sur la condition de la femme selon Gratien», 379-396.

[25] Gernot Kocher, «Die Frau im spätmittelalterlichen Rechtsleben», in: Österreichische Akademie der Wissenschaften (éd.), *Frau und spätmittelalterlicher Alltag*, 475-486; Raymund Kottje, «Eherechtliche Bestimmungen der germanischen Volksrechte (5.-8.Jh.)», in: Affeldt (éd.), *Frauen in Spätantike und Frühmittelalter*, 211-220; Gabriele von Olberg, «Aspekte der rechtlich-sozialen Stellung der Frauen in den frühmittelalterlichen Leges», *ib.* 221-238; Metz, *La femme et l'enfant*; Charles Lefebvre, «Le droit canonique au Moyen Age», in: *Quatre fleuves* 19 (1983), 21-33; Peter Leisching, «Zur Rechtsform der Eheschließung im 13. Jahrhundert», in: *Österreichisches Archiv für Kirchenrecht* 28/1-2 (1977), 51-63; Pfaff, «Das kirchliche Eherecht»; Richard Puza, «Zur Stellung der Frau im alten und neuen Kirchenrecht», in: *Theologische Quartalschrift* 163/2 (1983), 109-122; Jean Verdon, «La femme et la vie familiale en France aux IXe-XIe siècles», in: *Trames Collection Histoire* 2 (1977), 63-83; Stieldorf, *Rheinische Frauensiegel.*

[26] C'est ce que pense par exemple l'archevêque de Magdebourg, Wichmann, cité par Pfaff, «Das kirchliche Eherecht», 78; par contre Bernd Rüdiger («Zur Reflexion der Frauenfrage in der deutschen Frauenmystik des 13./14. Jahrhunderts», in: *Magdeburger Beiträge zur Stadtgeschichte* 3 [1981], 13-46) postule un déclassement du statut de la femme par l'influence de l'Eglise: leur lutte pour l'émancipation prend des formes religieuses puisque la religion correspond au paradigme de l'époque. Un jugement qui doit être relativisé compte tenu de la situation particulière de l'écriture des femmes dans le cadre de l'ex-RDA.

[27] Eike von Repgow, *Der Sachsenspiegel*, éd. Claudieter Schott (Manesse: Zürich 1996), 49s et 69s.

[28] Droit langobard, cité par Ketsch, *Frauenbild und Frauenrecht*, 154.

excluent les femmes des activités professionnelles auxquelles elles participaient largement auparavant dans les pays du Nord.[29] En effet, les textes des XIIe et XIIIe siècles nous montrent des femmes travaillant de façon autonome dans l'artisanat, et pas seulement dans les branches réputées féminines, puisqu'on trouve des femmes forgerons, dans le petit commerce et dans l'hôtellerie, mais aussi comme usurières et, exceptionnellement, comme fonctionnaires municipales. Cette participation des femmes à la vie active diminue avec la réglementation sur l'apprentissage[30] et leur influence politique s'amenuise.[31]

Cette restriction du champ d'action de la femme visant à la cantonner dans la sphère privée, qui va de pair avec la valorisation de son rôle de mère et une protection juridique plus ample en tant que telle, n'est peut-être pas seulement le résultat de l'influence de l'Eglise, mais aussi celui de l'embourgeoisement de la société.[32] En tout cas, ce changement du statut juridique de la femme au Nord qui s'opère entre les XIIe et XIVe siècles doit être lu sur l'arrière-fond de son statut anthropologique.

2. Une géographie anthropologique au féminin

Dans sa réflexion sur les fondements anthropologiques des démocraties occidentales, Emmanuel Todd soutient qu'il existe deux systèmes relativement stables à travers l'histoire, l'un égalitaire, présent par exemple au centre de la

---

29 Österreichische Akademie der Wissenschaften (éd.), *Frau und spätmittelalterlicher Alltag*, notamment: Shulamith Shahar, «The History of women in the later Middle Ages – A general view and problems of research», *ibid.* 9-18; Erika Uitz «Die Frau im Berufsleben der spätmittelalterlichen Stadt, untersucht am Beispiel von Städten auf dem Gebiet der Deutschen Demokratischen Republik», *ibid.* 439-474; Helga Schüppert, «Frauenbild und Frauenalltag in der Predigtliteratur», *ibid.* 103-156; Dagmar Thoss, «Frauenerziehung im späten Mittelalter», *ibid.* 301-324. Voir aussi: Sibylle Harksen, *Die Frau im Mittelalter* (Edition Leipzig: Leipzig 1974), 23-28; Jean Verdon parle à propos de la situtation parisienne du XVe siècle de «malthusianisme économique, en particulier aux dépens des femmes»: *La femme au Moyen Age* (Gisserot: Paris 1999), 75.

30 Claudia Opitz, «Contraintes et libertés», in: Duby / Perrot (éd.), *Histoire des femmes en Occident*, 277-335; Régine Pernoud, *Pour en finir avec le Moyen Age* (Seuil, Point histoire: Paris 1977), 97.

31 Verdon, *La femme au Moyen Age*, 84; Michel Parisse («L'amitié franco-allemande, il y a mille ans», in: *Histoire* 109 [1988], 88) relate l'implication des femmes dans les relations internationales entre 950 et 1000 alors qu'ensuite elles disparaissent de la scène politique.

32 Heinz-Dieter Heimann, «Über Alltag und Ansehen der Frau im späten Mittelalter – oder: vom Lob der Frau im Angesicht der Hexe», in: Österreichische Akademie der Wissenschaften (éd.), *Frau und spätmittelalterlicher Alltag*, 243-282.

France, l'autre inégalitaire et différentialiste représenté largement en Allemagne.[33] Ces deux systèmes lui semblent déterminés par la structure familiale. Dans le premier, les frères sont égaux, ce qui induit une croyance à priori en l'égalité des hommes. Dans le second, qu'il appelle la famille-souche, l'inégalité des frères les amène à croire en l'inégalité des hommes. Si elle est aussi constante que l'auteur l'affirme, cette différence explique peut-être pourquoi, au Moyen Age, la conception du pouvoir et la vision de l'homme sont différentes dans les pays germaniques et dans ceux qui sont marqués par la romanité.

Cette différence transparaît dans la résistance du Sud à l'implantation de la féodalité[34]; de même que, dans ces pays, qui sont davantage habitués à une culture laïque et au débat public, les hérésies dualistes se développent plus vite.[35]

Si l'infériorité de la femme est affirmée par tous de manière unanime, elle ne semble cependant pas de même nature au Sud et au Nord.

a) Au Nord

Nous avons déjà souligné le rôle important joué par les femmes au Nord de l'Empire. Les dames nobles de l'Allemagne médiévale sont, pour une bonne part, lettrées et leur savoir se fonde souvent même sur une culture latine.[36] A l'époque des Ottons, les jeunes filles apprennent à lire avec le psautier. S'il est malséant de savoir lire et écrire pour un chevalier, une dame se doit, en revanche, d'être lettrée. De ce fait, les femmes de la noblesse occupent, dans le passage du latin à l'allemand, une position de médiatrices entre les clercs qui parlent latin[37], et les laïcs analphabètes.

---

33 Emmanuel Todd, *Le destin des Immigrés* (Seuil: Paris 1994).

34 George Duby, *Le chevalier, la femme et le prêtre* (Hachette: Paris 1981), 117.

35 Jacques Le Goff, *Civilisation de l'Occident médiéval* (Arthaud: Paris 1984), 111; Georges Duby, *Le Moyen Age*, 377. Développer l'idée de cette évolution différente des hérésies dans l'Empire, ainsi que cette de la prétendue fragilité féminine par rapport à la menace hérétique, dépasserait le cadre de cette étude.

36 Herbert Grundmann, «Die Frauen und die Literatur im Mittelalter», in: *Archiv für Kulturgeschichte* 26 (1936), 129-161; Dieter Kartschoke, *Geschichte der deutschen Literatur im frühen Mittelalter* (DTV: München ^{2}1994), 18; Ketsch, *Frauenbild und Frauenrecht,* chapitre 5, 209-265.

37 C'est ce bon niveau d'éducation qui amène Clément IV à stipuler dans sa bulle que les meilleurs théologiens doivent prendre en charge l'instruction des moniales, *cf.* l'article de Denifle cité ci-dessus.

Le *Sachsenspiegel*, que nous avons déjà mentionné, cite parmi les biens qui se transmettent uniquement de femme à femme, outre les coiffes et le mobilier, les psautiers et autres livres relatifs au culte de Dieu, en ajoutant: «denn die Frauen pflegen zu lesen».[38] A quelle époque remonte cet usage? Il est probablement très ancien car on a trouvé des inscriptions runiques à l'intérieur des tombes féminines des Germains.[39] Des miniatures médiévales montrent des femmes et des fillettes en train de lire.[40] Dans la saga du scalde norvégien Eggil, c'est sa fille qui se propose de transcrire en runes les chants de son père.[41] Sur plusieurs représentations de couples régnants allemands des XIIe et XIIIe siècles[42], la femme tient un livre comme l'homme tient un sceptre, topos pictural qui disparaît au XIIIe s.

A la fin du XIIe siècle apparaissent des représentations de Marie en train de lire au moment de l'Annonciation. On peut donc dire que la mère de Jésus est ainsi mise en scène sur le modèle de la dame féodale. Une nouvelle synthèse s'opère ici entre la spiritualité chrétienne et la mentalité féodale: le féodalisme de la spiritualité va de pair avec une spiritualisation de la féodalité qui se limite désormais à une idéologie, voire à des clichés, à mesure que sa réalité sociale disparaît. Marie devient «Notre-Dame» à mesure que les dames réelles disparaissent de la scène publique.

b) Au Sud

Au Sud, on trouve un plus grand pourcentage de recluses.[43] La femme semble y être plus rigoureusement retenue à l'intérieur de la maison. Dans la société méditerranéenne, la femme appartient à la sphère strictement privée.[44] Dans l'Antiquité, le chef de file de l'affirmation de l'infériorité ontologique de la femme est Aristote.[45]

---

38 Von Repgow, *Sachsenspiegel*, 57: «car les femmes ont l'habitude de lire». Ketsch, *Frauenbild und Frauenrecht,* 167 et 173.

39 Werner Affeld, «Einführung», in: Id. (éd.), *Frauen in Spätantike und Frühmittelalter*, 13; v. aussi p. 25 concernant les inscriptions runiques en Scandinavie.

40 Ketsch, *Frauenbild und Frauenrecht*, 259.

41 Aron J. Gourevitch, *La naissance de l'individu dans l'Europe médiévale* (Seuil: Paris 1997), 95.

42 Cf. l'article de Helga Sciurie cité ci-dessus (Ead., «Vom Münzbild zum Standbild», in: Lindt [éd.], *Auf der Suche nach der Frau im Mittelalter,* 135-163).

43 Geneviève Hasenohr, «La vie quotidienne de la femme vue par l'Eglise», in: Österreichische Akademie der Wissenschaften (éd.), *Frau und spätmittelalterlicher Alltag*, 19-102.

44 France Quéré, *La Femme et les Pères de l'Eglise* (Desclée de Brouwer: Paris 1997), chap. 1: «Codes et mentalités des sociétés antiques», 35-46, ici 35.

45 Brigitte Kusche, «Aristoteles und das Frauenbild – wen hat es eigentlich beeinflusst», in: *Stockholm Studies in Modern Philologie* 7 (1984), 101-126.

Au Moyen Age, l'affirmation de l'infériorité féminine par Thomas d'Aquin relève de la prédilection particulière de cet auteur pour le droit romain[46], affermie par l'influence croissante d'Aristote. Thomas le cite nommément pour reprendre à son compte son jugement sur l'état «avorté» et «défectueux» de la femme[47], mais il affirme également que «le sexe ne touche pas à l'âme. La diversité des sexes ne peut donc pas fonder une distinction dans la réception de l'Ordre».[48] Il est néanmoins pratiquement impossible à la femme de recevoir l'ordination, d'abord parce qu'elle ne peut porter la tonsure; ensuite, parce que son infériorité sociale la met dans l'impossibilité de représenter «quelque supériorité de rang car la femme est en état de sujétion»[49]. L'état de fait en vient donc à cautionner l'état de droit. Mais tandis que, pour Augustin, seule la procréation peut justifier le mariage[50], Thomas assigne à la femme un rôle plus positif dans l'ordre de la création et nuance l'infériorité de la femme en tant que créature par son égalité devant le salut.[51]

3. Conclusion: renoncement social et *imitatio* de la kénose divine

En reliant ces quelques indices à ce que nous avons dit sur les différences anthropologiques entre un Sud égalitaire et un Nord féodal, nous en déduisons l'hypothèse suivante:

Au Sud, on affirme l'égalité de tous, de tous les hommes, s'entend, au détriment des femmes qui semblent, au même titre que les esclaves, marquées par une infériorité ontologique, à ceci près que l'infériorité des esclaves peut être

---

46 Metz, *La femme et l'enfant,* 78.

47 Thomas d'Aquin, *Somme théologique. De l'origine de l'homme*, trad. A. Patford (Cerf: Paris 1963), Question 92, art. 1.

48 Thomas d'Aquin, *Somme théologique. L'ordre*, trad. M. J. Gerlaud et J. Lécuyer, suppl. Question 39, art. 1.

49 Thomas d'Aquin, *Somme théologique. L'ordre*, suppl. Question 39, art. 1.

50 Saint Augustin, *Oeuvres complètes*, éd. M. Raulx (L. Guérin: Bar-le-Duc 1866), t. IV: Livre IX, «La création de la femme», 256.

51 Carlos-J. Pinto de Oliveira, «Homme et femme dans l'anthropologie de Thomas d'Aquin», in: Pierre Bühler (éd), *Humain à l'image de Dieu* (Labor et Fides: Genève 1989), lieux théologiques n°15, 165-193; Pierre Camus, «Le mythe de la femme chez saint Thomas d'Aquin», in: *Revue thomiste 76* (1976), 243-265 et 394-409. Souvent le masochisme des théologiens est dénoncé sans être mis en perspective par rapport à l'environnement culturel, comme par Magdalena Bußmann, «Die Frau – Gehilfin des Mannes oder eine Zufallserscheinung der Natur*?*», in: Lundt (éd.), *Auf der Suche nach der Frau im Mittelalter*, 117-133.

transitoire, alors que celle des femmes ne l'est pas. L'expression politique de cette égalité est la notion de contrat entre pairs, voire celle de démocratie.

Au Nord, par contre, il n'y a pas d'égalité. L'expression politique de l'inégalité est le système féodal. Chacun y tient son rang, marqué à la fois par la naissance et le mérite. La femme est certes inférieure à un homme de même rang social, mais elle est supérieure à un homme de rang inférieur. Dans une société où l'économie repose sur l'exploitation familiale, tant agricole qu'artisanale ou même militaire, la femme participe pleinement aux activités familiales et a la possibilité de monter en grade par son mérite professionnel.[52] Nous avons déjà vu que cette possibilité offerte aux femmes s'amenuise avec le développement du travail hors de la maison.

Nous pouvons, par conséquent, avancer l'hypothèse que l'infériorité de la femme est plutôt qualitative au Sud et plutôt quantitative au Nord.[53]

Aussi faut-il donner une opinion nuancée quant à l'influence de l'Eglise sur le statut de la femme. Le christianisme se développe d'abord autour de la Méditerranée. Les Pères de l'Eglise ne remettent pas en question les structures de la société parce que là n'est pas leur problème. En déplaçant le centre de leurs préoccupations de la réalité sociale – appartenant aux choses avant-dernières – vers une perspective eschatologique, ils entérinent un état de fait. Mais en affirmant l'égale dignité de la femme sur le plan spirituel et en relativisant les réalités biologiques et sociales[54], ils ouvrent une brèche dans l'anthropologie ontologique de l'Antiquité.

Au XIIe siècle, il s'agit pour l'Eglise d'asseoir son pouvoir sur le temporel, tout en se distinguant clairement de celui-ci par la mainmise sur le mariage des laïcs et l'imposition du célibat des prêtres. La distinction entre l'état religieux

---

[52] Articles cités de Raymund Kottje et Gabriele von Olberg.

[53] Joseph Morsel («La société laïque», in: Parisse [éd.], *L'Allemagne au XIIIe siècle,* 105) va dans le même sens en ce qui concerne la notion de liberté.

[54] Quéré, *La Femme et les Pères de l'Eglise,* 112; v. aussi: Affeld (éd.), *Frauen in Spätantike und Frühmittelalter*; Elisabeth Gössmann, «Anthropologie und soziale Stellung der Frau nach Summen und Sentenzenkommentaren des 13. Jh.», in: Albert Zimmermann (éd.), *Soziale Ordnungen im Selbstverständnis des Mittelalters* (Miscellanea Mediaevalia; Walter de Gruyter: Berlin-New York 1979), 281-297; René Metz, «Le statut de la femme en droit canonique médiéval», in: Ib., *La femme et l'enfant,* 59-113; Kari Elisabeth Børresen, «Théologiennes au Moyen Age», in: *Revue théologique de Louvain* 20 (1989), 67-71; Edith Castel, *L'éternité au féminin* (Assas éditions: Paris 1996); Marie-Thérèse d'Alverny, («Comment les théologiens et les philosophes voient la femme», in: *Cahiers de civilisation médiévale* 20/2-3 [1977], 105-129 affirme que les appréciations les plus négatives sur la femme semblent inspirées par des auteurs profanes.

et l'état profane est plus importante que celle entre hommes et femmes.[55] A la charnière du christianisme et de l'anthropologie féodale, c'est en toute bonne foi que l'Eglise impose des mesures de protection féminine. Mais comme celles-ci sont organiquement liées à l'exclusion des femmes de la vie publique, elles débouchent tout d'abord sur une perte de leur statut social, d'autant que l'évolution des modes de production et du commerce quittent la sphère familiale et vont dans le même sens.

Les conditions sociologiques (politiques, économiques) ne sont certes jamais des causes suffisantes pour qu'émerge un courant de pensée donné mais elles permettent à celui-ci de s'inscrire dans la chair de l'histoire si, et seulement si, elles rencontrent des conditions symboliques. Cette symbolique a été proposée par l'Eglise qui prêche l'humilité, surtout dans le prolongement de sa réforme du XIIe siècle; mais cette prédication, aussi sincère qu'elle soit de la part de ses ministres, se heurte aux stratégies de pouvoir de sa hiérarchie. Par contre, cette exhortation à l'abaissement rejoint la perte de statut publique des femmes germaniques, perte qui, à son tour, fournit un point de cristallisation à cette prédication.

L'écriture mystique des femmes du Nord au XIIIe siècle peut ainsi se comprendre comme le signe tangible de cette cristallisation. Mechthild vit et écrit à un moment où se conjuguent, au nord-est de l'Empire, une forte emprise de l'Eglise sur la pensée et la société toute entière, une conscience en langue vernaculaire déjà affirmée, ainsi qu'un statut social des femmes leur permettant de s'exprimer publiquement.

Cependant, toute forme de récupération de l'œuvre de Mechthild par certains courants féministes contemporains me semble être déplacé.[56] En effet, notre

55 Stieldorf, *Rheinische Frauensiegel,* 340: les sceaux féminins utilisent les mêmes couleurs que leur homologues masculins, alors que ceux des seigneurs religieux se distinguent des profanes par l'utilisation de couleurs spécifiques; dans le même sens: Nira Pancer, «Au-delà du sexe et du genre. L'indifférenciation des sexes en milieu monastique (VIe-VIIe s.)», in: *Revue de l'histoire des religions* 219 (2002), 299-323.

56 Comme par exemple Ulrike Wiethaus, *Exstatic Transformation. Transpersonal Psychology in the Work of Mechthild of Magdeburg* (Syracuse University Press: Syracuse-New York 1996), pour qui la mystique est un moyen d'accéder à une conscience cosmique et une réalisation de soi, l'intuition étant valorisée comme mode de connaissance féminine et remède pour un Occident malade du rationalisme. Le même contresens est dénoncé par Frank Tobin, *Mechthild von Magdeburg, a Medieval Mystic in Modern Eyes* (Camden House: Columbia 1995), 69. Helga Kraft («Töchter, die keine Mütter werden: Nonnen, Amazonen, Mätressen. Hildegard von Bingen, Mechthild von Magdeburg, Grimmelshausens *Courasche*, Lessings Marwood in *Miss Sara*

béguine ne lutte pas contre le pouvoir politique ou religieux pour poser des revendications – même si elle ne se prive pas de critiquer le clergé – elle lutte au contraire contre elle-même dans le but de parvenir à cesser toute revendication. Sa dignité particulière est spirituelle et passe par l'acceptation d'une position au plus bas de l'échelle des dignités humaines en tant qu'*imitatio.* Il fallait qu'elle dispose au départ d'une position sociale suffisante pour pouvoir en revendiquer l'abandon.

Why did several women start writing religious texts in the 13th century, and why mainly in northern Europe? This article seeks to outline possible answers by investigating women's social status and its anthropological basis in a turbulent historical context. Women in German-speaking regions were traditionally integrated into the social fabric as co-workers with their husbands. The professional regulation of guilds and the growing influence of Roman law changed the situation. Moreover, church reform the 12th century generated religious fervour among lay people who began to be more concerned with life in the world. Many women chose to live as beguines. The northern women, at least in a certain social class, were usually literate. Well educated by the Dominicans and Franciscans, their writing resulted from the combination of these different factors. In the 13th century, women in the northern part of the empire still had a social status permitting them to express themselves in public; however, economic and legal changes began to call this status into question, as did the women themselves. One example was Mechthild of Magdeburg, in her espousal of the humility preached by the church.

Warum fingen im 13. Jahrhundert viele Frauen an, religiöse Texte zu verfassen, und warum geschah dies hauptsächlich in Nordeuropa? Dieser Artikel versucht, mögliche Antworten zu skizzieren, indem er den sozialen Status der Frauen und seine anthropologischen Grundlagen in einem bewegten historischen Kontext heranzieht. Frauen aus dem deutschen Sprachraum waren traditionellerweise als Mitarbeiterinnen ihrer Ehemänner in das soziale Gewebe eingebunden. Die berufliche Reglementierung der Zünfte und der wachsende Einfluss des römischen Rechts

---

Sampson», in: Ead. / Elke Liebs [éd.], *Mütter Töchter Frauen. Weiblichkeitsbilder in der Literatur*, [Metzler: Stuttgart 1993], 35-52) interprète l'engagement religieux des moniales du Moyen Age, notamment Hildegard et Mechthild, comme démarche d'émancipation; Sara Poor assimile le fait que Mechthild utilise à l'occasion la troisième personne pour parler de ses expériences à une revendication d'autorité masculine, et le fait que des paroles de son œuvre soit brodées sur le manteau de la pauvre fille en II, IV comme inscription de l'acte d'écriture dans le monde féminin: «Cloaking the Body in Text: the Question of female Authorship in the Writings of Mechthild von Magdeburg», in: *Exemplaria* 12.2 (2000), 417-453, surtout 426 et 451.

veränderten die Gegebenheiten. Andererseits brachte die Kirchenreform des 12. Jahrhunderts unter den Laien einen glühenden Eifer hervor, und das religiöse Ideal richtete sich mehr als bisher auf das Leben in der Welt. Viele Frauen entschieden sich für ein Leben als Beginen. Die Frauen aus dem Norden, zumindest diejenigen eines gewissen sozialen Status', konnten gewöhnlich lesen und schreiben. Gut geschult durch die Predigten der Dominikaner und der Franziskaner, sind ihre Werke das Ergebnis der Verbindung dieser verschiedenen Faktoren. Im Norden des Reiches verfügten die Frauen im 13. Jahrhundert über einen sozialen Status, der es ihnen erlaubte, sich öffentlich zu äußern; dieser Status wurde durch ökonomische und rechtliche Veränderungen in Frage gestellt, vielleicht aber auch dadurch, dass die Frauen selbst – wie etwa Mechthild von Magdeburg – die von der Kirche gepredigte Demut ernst nahmen.

Waltraud Verlaguet (*1950), études de médecine à Giessen / RFA et Lausanne / Suisse, exercice de la médecine générale en France, études de théologie protestante à Montpellier / France, thèse de doctorat en 2003 sur "le concept d''éloignance': la théologie de Mechthild de Magdebourg".

Evanthia Adamtziloglou

Die Verantwortung der Frau für die Ausübung der Macht Christi durch den Mann (1 Kor 11,10). Eine Interpretation im Kontext orthodoxer Frauentraditionen[1]

Ähnlich wie die Verehrung der Ikonen könnte auch das Kopftuchtragen der Frauen während des Gottesdienstes als Ausdruck der orthodoxen Tradition in den Ostkirchen angesehen werden. Die Sitte der Kopfbedeckung im Gottesdienst wird nicht von allen orthodoxen Laiinnen, sondern vor allem von christlichen Frauen der slavischen Traditionen sowie in den altkalendarischen Gemeinden gepflegt. Während dieser Brauch für muslimische Frauen als Alltagskleidung durchgesetzt wurde, wurde er in der Mehrzahl der christlichen Traditionen mit dem Wandel der kulturellen und historischen Voraussetzungen aufgegeben.

Die Sitte, dass Frauen im christlichen Gottesdienst den Kopf bedecken, wird meist mit Hilfe von 1 Kor 11,4-10 – insbesondere mit V. 10 – biblisch begründet; denn die Frage der Kopfbedeckung wurde in der traditionellen Exegese als zentrales Thema[2] des Textes 1 Kor 11,2-16 angesehen.

---

1 Dieser Artikel stellt ein Kapitel der griechischsprachigen Dissertation der Autorin vor: *Die Frau in der Theologie des Apostels Paulus. Hermeneutische Analyse von 1 Kor 11,2-16* (EEThSTh 29, 69; Aristoteles Universität: Thessaloniki 1989), 360-372.

2 Zur Kopfbedeckung der Frauen als Zeichen der Unterordnung der Frau unter den Mann vgl. Archibald Robertson / Alfred Plummer, *A Critical and Exegetical Commentary of the First Epistle of Saint Paul to the Corinthians* (The International Critical Commentary on the Holy Scriptures of the Old and New Testaments; Clark: Edinburgh ³1929), 226-236, bes. 229.232; zur jüdischen Sitte vgl. Hans Lietzmann, *An die Korinther I/II* (Handbuch zum Neuen Testament 9; Mohr: Tübingen 1910); im Unterschied zur griechisch-römischen Tradition: Albrecht Oepke, "γυνή", in: Gerhard Kittel (Hg.), *Theologisches Wörterbuch zum Neuen Testament* 1 (Stuttgart u. a.: Kohlhammer 1933), 776-790, hier 785; zur religiösen Sitte der unbedeckten Frauen Stefan Lösch, "Christliche Frauen in Corinth (1 Cor. XI,2-16)", in: *Theologische Quartalschrift* 87 (1947), 216-261, hier 216ff. Als Praxis der Frauen im Zusammenhang mit dem Isiskult vgl. Elisabeth Schüssler-Fiorenza, *In Memory of Her. A Feminist Theological Reconstruction of Christian Origins* (Crossroad: New York 1984), 226-230. Johannes Weiss sieht als Thema der Perikope das Gebot der Kopfbedeckung der Frauen an, durch das Paulus den Enthusiastinnen gegenüber treten will, die die Gleichheit aus Gal 3,28 verwirklichen wollten,

Dabei muten die verschiedenen Ansichten der Ausleger merkwürdig an. Während nach Meinung der einen die Kopftuchthematik zum Evangelium Christi gehört[3], liegen nach Auslegung anderer hier keine Gedanken vor, die sich aus dem Evangelium ableiten lassen.[4] Nach Meinung der Letztgenannten geht es um eine veränderbare Kulturtradition, die Paulus versucht habe zu begründen. Deshalb seien in dem genannten Abschnitt lediglich die VV. 11 und 12, die die Zusammengehörigkeit und Gleichheit der Geschlechter thematisieren, mit dem Evangelium vereinbar.[5]

Bemerkenswert ist, wie V. 10 ("darum soll die Frau eine Macht auf dem Kopf haben wegen der Engel"), obwohl im griechischen Text von einer Kopfbedeckung keine Rede ist, als Folgerung aus den vorigen VV. 4-6 und 7-9[6]

---

vgl. ders., *Der erste Brief des Paulus an die Korinther* (Kritisch-exegetischer Kommentar über das Neue Testament; Vandenhoeck & Ruprecht: Göttingen ²1910, Nachdruck 1969), 268-269; Savvas Agouridis, *Der erste Brief des Apostels Paulus an die Korinther (griech.)* (Pournaras: Thessaloniki 1982), 176-184, bes. 178. Gegenteilig Philipp Bachmann, *Der erste Brief des Paulus an die Korinther* (Kommentar zum Neuen Testament 7; Deichert: Leipzig ²1910), 351.355.

3 John P. Meier, "On the Veiling of Hermeneutics (1 Cor 11:2-16)", in: *The Catholic Biblical Quarterly* [*CBQ*] 40 (1978), 212-226. Nach Claus Bussmann, "bleibt allerdings der eigenartige Eindruck, dass Paulus für eine bestimmte Sitte mit allen zu Gebote stehenden Mitteln kämpft", vgl. ders., "Gibt es eine christologische Begründung der Unterordnung der Frau?", in: Josef Blank / Gerhard Dautzenberg (Hg.), *Die Frau im Urchristentum* (Quaestiones Disputatae 95; Herder: Freiburg / Basel / Wien 1983), 254-262, hier 257.

4 Vgl. Martin Dibelius, "Von Stellung und Dienst der Frau im Neuen Testament", in: *Die Theologin* (3/1942), hier 37; Hans Conzelmann, *Der erste Brief an die Korinther* (Kritisch-exegetischer Kommentar über das Neue Testament 5; Vandenhoeck & Ruprecht: Göttingen 1969), 214; Else Kähler, *Die Frau in den paulinischen Briefen. Unter besonderer Berücksichtigung des Begriffs der Unterordnung* (Gotthelf-Verlag: Zürich / Frankfurt a. M. 1960), 63-64.

5 Dibelius, "Von Stellung und Dienst der Frau", 37; Conzelmann, *Der erste Brief an die Korinther,* 214; Karl Barth, *Kirchliche Dogmatik* III/2 (Evangelischer Verlag: Zollikon b. Zürich 1948), 372; Klaus Thraede, "Ärger mit der Freiheit: Die Bedeutung von Frauen in Theorie und Praxis der alten Kirche", in: Gerta Scharffenorth / Klaus Thraede (Hg.), *Freunde in Christus werden. Die Beziehung von Mann und Frau als Frage an Theologie und Kirche* (Burkhardhaus: Gelnhausen / Berlin 1977), 31-182, hier 102-107, und Hartwig Thyen, "Nicht mehr männlich und weiblich: Eine Studie zu Gal 3,28", in: Frank Crüsemann / Hartwig Thyen (Hg.), *Als Mann und Frau geschaffen. Exegetische Studien zur Rolle der Frau* (Burkhardhaus u. a.: Gelnhausen / Berlin 1978), 107-201, hier 180-186.

6 Vgl. Heinrich August Wilhelm Meyer, *Kritisch exegetisches Handbuch über den ersten Brief an die Korinther* (Kritisch exegetischer Kommentar zum Neuen Testament; Vandenhoeck & Ruprecht: Göttingen ²1849), 229; Charles Kingsley Barrett, *The First Epistle to the Corinthians* (Black: London 1968), 253; Weiss, *Der erste Brief des Paulus an die Korinther,* 273,

einen solchen Sinn erhalten hat. Insbesondere die Formulierung in V. 7a ("der Mann darf sein Haupt nicht verhüllen") wurde mit V. 10 in Beziehung gesetzt und das Wort "Vollmacht" (*exousia*) durch "Kopfbedeckung"[7] ersetzt. Diese Interpretation von "Macht" als "Kopftuch" erfuhr zusätzliche Unterstützung durch die Argumentation Gerhard Kittels[8], wonach das aramäische *schelathonit* (von *schalath* = "Macht haben") ein weibliches Kopftuch bezeichne.

Auch die handschriftliche Überlieferung spiegelt diese Gleichsetzung wider. So bieten einige Handschriften der Vulgata und der Bohairischen Übersetzungen statt des Wortes *exousia* ("Macht") in V. 10 das Wort *kalymma* ("Kopfbedeckung"). Interessanterweise bezeugen Irenaeus und Epiphanius das Wort *kalymma* an dieser Stelle, nachdem sie auf gnostische Ansichten verwiesen haben.[9] Demnach hätten diese Häretiker die biblischen Texte stets missbraucht und missverstanden und mit ihrer Hilfe ihre eigene Ansicht als christliche Auslegung des V. 10 darstellen können. Nach der gnostischen Interpretation des V. 10 sind "die Engel" als "Dämonen"[10] zu verstehen und V. 10 im Licht von Gen 6,2 zu deuten. In der Konsequenz dieser Interpretation soll die Frau folglich das Kopftuch tragen, um sich vor dem Angriff der Dämonen zu schützen, ist sie doch gemäß der Schöpfungsordnung in Abhängigkeit vom Mann geschaffen.

Zahn, *Der erste Brief des Paulus an die Korinther*, 356; Kähler, *Die Frau in den paulinischen Briefen*, 63f.

7 Die Lesart "*kalymma*" statt "*exousia*" bezeugen Irenaeus, *Elenchus* 1,8,20 (*PG* 7,524); Origenes, *In canticum canticorum* B' (*PG* 13,119); Hieronymus, *Commentariorum in Ezechielem* Lib. XIII, cap. XLIV (*PL* 25,439A).

8 Gerhard Kittel, "Die Macht auf dem Haupte: 1 Kor 11,10", in: Hermann L. Strack / Paul Billerbeck, *Kommentar zum Neuen Testament aus Talmud und Midrasch* III (Beck: München 1922), 436; vgl. Lietzmann, *An die Korinther*, 54; Kähler, *Die Frau in den paulinischen Briefen*, 60; Ioannis Karavidopoulos, *"Imago Dei" und "ad imaginem Dei" nach dem Apostel Paulus (griech.)*, (EEThSTh 8; Aristoteles Universität: Thessaloniki, 1964), 45.

9 Irenaeus, *Elenchus* 1, 8,20 (*PG* 7,524); Epiphanius, *Adversus Haereses* I,31,25 (*PG* 41,883).

10 Der Schleier besitzt apotropäische Kraft nach Lietzmann, *An die Korinther*, 54; Dibelius, "Von Stellung und Dienst der Frau", 37; Meyer, *Kritisch exegetisches Handbuch*, 231; Zahn, *Der erste Brief des Paulus an die Korinther*, 357; Weiss, *Der erste Brief des Paulus an die Korinther*, 274; Kähler, *Die Frau in den paulinischen Briefen*, 60; Barrett, *The First Epistle to the Corinthians*, 253; Conzelmann, *Der erste Brief an die Korinther*, 223; Agouridis, *Der erste Brief des Apostels Paulus an die Korinther*, 181; Karavidopoulos, *"Imago Dei"*, 47; Tertullianus, *De virginibus velandis* 7 (*PL* 2,947). Trägt die Frau keinen Schleier, dann ist sie nach Vorstellungen, die in Qumran belegt sind, schwach und im eschatologischen Kampf von Dämonen angreifbar, vgl. Joseph A. Fitzmyer, "A feature of Qumran Angelology and the Angels of 1 Cor. 11,10", in: *New Testament Studies* [*NTS*] 4 (1957), 48-58, hier 56.

Daneben sind auch andere Auslegungen zu finden, die diese gnostischen Ansichten ins Positive gekehrt haben. Mit der Vorstellung, dass Engel im Gottesdienst anwesend seien, seien die guten Engel[11] gemeint, oder es sei an Bischöfe[12] gedacht, die im Buch der Offenbarung als Engel dargestellt werden. Wegen der guten Engel oder der Bischöfe sollen die Frauen während des Gottesdienstes das Kopftuch als Zeichen ihrer Ehre[13] tragen.

Auf Grund dieser Interpretationsversuche wurde der Vers folgendermaßen übersetzt: Weil die Stellung der Frau in der Schöpfung eine abhängige ist, soll die Frau ein Zeichen der Macht des Mannes tragen. Dies geschieht, damit sie entweder den Angriffen der Dämonen nicht unterliegt, oder um gegenüber den guten Engeln oder gegenüber den Bischöfen ihre Ehre zu demonstrieren.

Dagegen ist einzuwenden, dass ein solches Verständnis des Verses nicht dem Evangelium Christi entspricht; denn es untermauert die gesellschaftliche Unterordnung der Frau biblisch, schreibt die häretische Auslegung kirchlich fest und vergöttlicht die männliche Macht.

Aus wissenschaftlicher Sicht ist diese Auslegung aus folgenden Gründen verfehlt:

Erstens versteht sie die Kopfbedeckung der Frauen als das zentrale Thema der Perikope 1 Kor 11,2-16, obwohl diese Frage lediglich ein Bestandteil der Argumentation des Paulus ist. Jedoch ist das eigentliche Thema der Perikope[14] die Stellung der Geschlechter in der Kirche.

Zweitens geht es nicht an, die Argumentation[15], das heißt sozio-religiöse und ethische Voraussetzungen (VV. 4-6), die die theologischen Darlegungen (VV. 7-9) beeinflussen, oder biologische (VV. 11-12) und philosophische Vorstellungen (VV. 13-15), die sich im Laufe der Zeit verändern, als Glaubensprinzipien darzustellen. Hinzu kommt, dass Paulus selbst seine Argumentation mit Hilfe des Wortes "doch" (*plen*) in V.11 und des Ausdrucks "urteilt selber" in V. 13 relativiert.

---

[11] Origenes, De oratione 31 (*PG* 11,553ff); Barrett, *The First Epistle to the Corinthians,* 254; Kähler, *Die Frau in den paulinischen Briefen,* 61; Meyer, *Kritisch exegetisches Handbuch,* 231; Zahn, *Der erste Brief des Paulus an die Korinther,* 357.

[12] Karavidopoulos, *"Imago Dei"*, 46; Offb 1,20; 2,1.8.12.18; 3,1.7.14.

[13] Annie Jaubert, "Le voile des femmes (I Cor XI,2-16)", in: *NTS* 18 (1972), 419-430; A. Feuillet, "La dignité et le rôle de la femme d'après quelques textes pauliniens: Comparaison avec l'Ancien Testament", in: *NTS* 21 (1975), 157-191; Morna D. Hooker, "Authority on Her Head: An Examination of 1 Cor. XI,10", in: *NTS* 10 (1963/1964), 410-416.

[14] Adamtziloglou, *Die Frau in der Theologie des Apostels Paulus,* 260-261.

[15] Adamtziloglou, *Die Frau in der Theologie des Apostels Paulus,* 262-263.

Drittens zeigt die Analyse der Perikope 1 Kor 11,2-16, die eine spiralförmige Struktur[16] hat, dass V. 10 nicht die Schlussfolgerung der VV. 7-9 ist, sondern eine Ergänzung zu V. 3 – und zwar entgegen der Argumentation Karl Barths[17] nicht nur zu V. 3b – darstellt.

Viertens bezieht sich das Wort "Haupt" (*kephale*), das in V. 3 dreimal erwähnt wird und die Bedeutung "Anfang und Beziehung des Lebens"[18] hat, wenn es im Zusammenhang des Wortes "Macht" verwendet wird, nicht auf den eigenen Körper, sondern auf die fremden und Gott feindlich gegenüber stehenden Wesen. Zudem steht es in V. 10 ohne Possessivpronomen, so dass es sich keinesfalls auf das Haupt der Frau beziehen kann.

Dennoch bleibt V. 10 schwer deutbar; denn er verdeckt die paulinische Aufwertung der Frau. Dieses Rätsel ließe sich jedoch durch einen Vergleich von V. 10 mit den drei Teilen von V. 3 lösen:

1 Kor 11,3 enthält keine Stufenfolge Gott – Christus – Mann – Frau im Sinne der gnostischen Emanationsreihen,[19] sondern hier sind die anthropologischen Beziehungen von zwei christologischen Beziehungen umschlossen, wie Karl Barth[20] und Charlotte von Kirschbaum[21] vorgeschlagen haben. Die menschlichen Beziehungen – "das Haupt jeder Frau ist der Mann" (3b) – kommen zwischen zwei christologischen Beziehungen zu stehen. Die erste dieser christologischen Beziehungen thematisiert das Verhältnis des Menschen zu Christus. Dabei wird allerdings der Mann an Stelle des Menschen genannt: "Das Haupt jedes Mannes ist Christus" (3a). Die zweite ist die neu geoffenbarte Beziehung Christi zum Gott Israels: "Das Haupt Christi ist Gott" (3c).

---

16 Adamtziloglou, *Die Frau in der Theologie des Apostels Paulus,* 256-260.

17 Barth, *Kirchliche Dogmatik,* 374; vgl. Kähler, *Die Frau in den paulinischen Briefen,* 63.

18 Stephen Bedale, "The meaning of '*kephale*' in the Pauline Epistles", in: *Journal of Theological Studies* 5 (1954), 211-215, hier 212; Jerome Murphy-O'Connor, "Sex and logic in 1 Corinthians 11,2-16", in: *CBQ* 42 (1980), 482-500, hier 493; Ders., "Interpolations in 1 Corinthians", in: *CBQ* 48 (1986), 81-94, hier 88; Adamtziloglou, *Die Frau in der Theologie des Apostels Paulus,* 266-272.

19 Werner Georg Kümmel / Hans Lietzmann, *An die Korinther*, ^{4}1949, 53.183; Weiss, *Der erste Brief des Paulus an die Korinther*, 270; Dibelius, "Von Stellung und Dienst der Frau", 36; Ernst Käsemann, *Der Anteil der Frau an der Wortverkündigung nach dem Neuen Testament* (Maschinenschriftexemplar, o. J.), 202ff.; nach Conzelmann, *Der erste Brief an die Korinther,* 216 Anm. 27 beruht die Emanationslehre auf Vorstellungen Philos über den Menschen.

20 Barth, *Kirchliche Dogmatik,* 374ff.

21 Charlotte von Kirschbaum, *Die wirkliche Frau* (Evangelischer Verlag: Zollikon-Zürich 1949), 42, vgl. Kähler, *Die Frau in den paulinischen Briefen,* 48. 223 Anm. 193.

Dass Paulus den "Mann" an die Stelle des "Menschen" setzt, ist der Schwachpunkt und zugleich der Grund und Ausgangspunkt für seine folgende Argumentation. Er hat in der Tat insofern Recht, als der Mann sich zum Herrscher über das Menschengeschlecht gemacht hat. Es stellt sich jedoch die Frage nach der Bedeutung jener beiden christologischen Verhältnisbestimmungen, die als neue Prinzipien zur Befreiung der menschlichen Beziehungen aus den bestehenden Herrschaftsverhältnissen beitragen können.

Das erste Prinzip[22] bezieht sich auf die Beziehung Mann – Christus. Christus soll für den Mann und auch für die Frau stets der Anfang des Lebens sein, und sie sollen in Beziehung zu ihm bleiben. Im Hintergrund des Wortes "Mann" könnte für Paulus die Entwicklung der Adamologie[23] bis in seine Zeit hinein stehen, deren Geltung jedoch gemäß dem Evangelium Jesu Christi umgekehrt werden soll. In der vorchristlichen jüdischen Tradition ist Adam-Anthropos nicht nur der "Mann", sondern der Stammvater aller Nationen. Wird die Tora als Bezugspunkt genommen, dann repräsentiert Adam insbesondere die beschnittenen Israeliten,[24] die nach dieser Vorstellung stufenweise immer weiter erhöht werden sollen. In Folge dessen wurde den Frauen ebenso wie "Heiden" und Knechten zur Unterordnung geraten, und sie wurden diskriminiert.[25]

Diesen Weg des männlichen Hochmuts kehrt erst der "*eschatos*" Adam[26], der neue Adam, Jesus Christus, um, damit deutlich wird, dass in jedem Menschen jeden Geschlechts, gesellschaftlichen Rangs oder jeder Nationalität der erste Adam, der alte Mensch, noch lebt. Mit seiner Kreuzigung hat Jesus Christus den Weg eröffnet, durch den alle Menschen ihren alten Adam in sich selbst sterben lassen können, um den neuen Menschen in Christus sichtbar werden zu lassen.

Wenn die *kephale* ("das Haupt") in der Kirche – das heißt die sich entäußernde Herrschaft Christi[27] – dem Mann gegeben wird, dann bedeutet das, dass der Mann als erster die *kenosis* ("Entäußerung", "Machtverzicht") des "*eschatou Adam*" in sich erleben soll, um Hochmut in Demut zu verwandeln, damit auch die anderen Mitglieder der Gemeinde nachfolgen können.

---

[22] Adamtziloglou, *Die Frau in der Theologie des Apostels Paulus,* 291-302

[23] Adamtziloglou, *Die Frau in der Theologie des Apostels Paulus,* 199-221.

[24] 4Esr 3,8; 6,54-59; Jub 2,23; 19,24; SifDev 37,76A-B; QohR 1,4 (4); BerR 8,1.12; 17,4; BamR 19,3; WayR 14,1; MTeh 139,5; ARN 1-2; PesK 3.

[25] Die Aufhebung dieser Diskriminierung formuliert Paulus in Gal 3,28.

[26] Röm 5,12f; 1 Kor 15,21-22; 2 Kor 4,10-12; 5,4-5.

[27] Mk 10,42-45; Mt 20,25-28.

Die geoffenbarten Beziehungen zwischen Christus und dem Gott Israels bieten das zweite Prinzip[28] für die Geschlechter. Der Gott Israels ist nicht mehr allein, nachdem er den Menschen seinen Christus geoffenbart und gesandt hat. Gott ist das Haupt Christi, weil Jesus Christus sich in ständiger Beziehung und Einheit mit Gott befindet. Dieses Verhältnis wird gekennzeichnet durch die eine *arche*[29] (Quelle, Anfang), die in Gott ist[30] und die Gott dem Christus gewährt. Auf diese Weise soll auch der Mann der Frau die *arche* gewähren. In Entsprechung zu dem Bild der Beziehung Christi zu Gott gibt es auch in der Beziehung der Geschlechter keine über- und untergeordneten Personen[31], sondern sie sind einander in Einheit und Gleichheit zugeordnet.

Wenn das öffentliche Zusammenkommen der Christinnen und Christen nach diesem Modell des in Christus geoffenbarten Gottes geregelt wird, dann soll eines der beiden Geschlechter die Stelle der *arche* einnehmen. Dies bedeutet keine Unterordnung des anderen. Die *arche* in der Kirche, die den Vater repräsentiert, ist zuständig für das Leben in Christus, für Freiheit, Gleichheit und Liebe sowie für die Gewährung der *arche* gegenüber den anderen Mitgliedern der Kirche gemäß ihrer besonderen Gaben. Diese Stellung hat Paulus dem männlichen Geschlecht zuerkannt.

---

28 Adamtziloglou, *Die Frau in der Theologie des Apostels Paulus*, 281-290.

29 Bedale, "The meaning of '*kephale*' in the Pauline Epistles", 213 hat darauf hingewiesen, dass in der LXX das hebräische Wort "*rosh*" mit "*kephale*" und das feminine "*reshith*" durch das Wort "*arche*" (Anfang, Quelle) übersetzt wird. Interessanterweise wurde das Wort "*reshith*" aus Gen 1,1 Anknüpfungspunkt für die theologische Entwicklung des Glaubens an einen Gott. In der Weisheitsliteratur erscheint die Weisheit Gottes in "*bereshith*", vgl. Spr 8,27.30; Weish 9,4.9.17; Hiob 15,8. Von den Rabbinen wird die "Weisheit Gottes" durch die "Tora Gottes" ersetzt, vgl. TPsJ zu Gen 1,1; Mekhilta Schir 9,1,20; BerR 1,1; Tan Bereshith 1; TanB Bereshith 3; vgl. Jacob Jervell, *Imago Dei: Gen 1,26f. im Spätjudentum, in der Gnosis und in den paulinischen Briefen* (Forschungen zur Religion und Literatur des Alten und Neuen Testaments 76; Vandenhoeck & Ruprecht: Göttingen 1960), 78-79. Paulus hat an die Stelle von "Weisheit Gottes" und "Tora Gottes" Jesus Christus gesetzt. Darum kann er in 1 Kor 11,3-4.7-8 schreiben, dass "das Haupt Christi Gott ist".

30 In der östlichen Tradition wird die Einheit der Trinität der Person des Gottes Israels und Vaters Jesu Christi gewahrt, im Unterschied zur westlichen Tradition, in der die Einheit der Trinität in der göttlichen Natur der drei Personen gesichert ist. Im Symbolum von Antiochien wird gesagt, dass der Sohn Gottes die *arche* habe: Filium autem ante saecula genitum fuisse, nec proinde velut Patrem ipsum quoque ingenitum esse; sed principium habere, Patrem nempe qui se genuit: caput enim Christi Deus (*PG* 26,729B).

31 Bis zu Origenes wurde die Subordination Jesu unter die Dominio Gottes vertreten. Im Zuge des Kampfes gegen den Arianismus wurde die Gleichheit (*homoousio* und *synanarcho*) und Einheit Christi mit dem Gott Israels anerkannt. Vgl. Athanasius, *Adversus Arianos* (*PG* 26,41).

In V. 3 steht die Frau an jener Stelle, welche die persönlichen menschlichen Beziehungen tragen soll. Entsprechend erkennt Paulus die Frau in V. 10 als aktive Person mit einer bestimmten Verantwortung an. Die aktive Rolle der Frau ist sehr wichtig, weil sie von Anfang an für die "Menschen"[32] zu sorgen hat.

"Darum soll die Frau eine Macht auf dem Haupt haben wegen der Engel" (11,10). Drei Begriffe sind es, die in diesem rätselhaften Vers Schwierigkeiten bereiten: "Haupt", "Macht" und "Engel". Wird die Bedeutung dieser drei Worte in eine sinnvolle Beziehung zu V. 3 gesetzt, dann wird die Bedeutung der paulinischen Gedanken deutlich.

Mit dem Wort "Haupt" kann nicht der Kopf der Frau gemeint sein; denn es steht im Text ohne Possessivpronomen. Auf diese Weise würde die Übersetzung nur V. 3b entsprechen. Wird V. 10 entsprechend dem gesamten V. 3 übersetzt, dann muss "auf dem Haupt" in der Bedeutung von "auf dem Mann" gedeutet werden, weil der Mann nach V. 3b das Haupt der Frau ist.

In dieser Stoßrichtung muss nun das Wort "Macht" erklärt werden, weil der Satz sinngemäß heißt: "Die Frau soll Macht über den Mann haben". Was für eine Macht soll die Frau über den Mann ausüben? Würde die Frau an Stelle des Mannes zur Trägerin der Macht, dann würden die von Machtverhältnissen beherrschten Beziehungen, wie sie von der Sünde hervorgebracht werden, nicht verändert. Entspricht jedoch die Übersetzung V. 3, dann bezieht sich das Wort "Macht" auf die "Macht" Christi, weil Christus nach V. 3a das Haupt des Mannes ist.

Dieses Verständnis des Satzes, dass sich die Frau dafür verantwortlich fühlen soll, die "Macht" Christi über den Mann zu haben, verhilft beiden Geschlechtern zur *kenosis* (Entäußerung, Machtverzicht), zur wahren Befreiung aus dem herrschenden hartherzigen und sündhaften Verhalten. Wenn Jesus Christus durch die Eucharistie und das geistliche Leben an die Stelle des alten, hartherzigen, inneren Menschen tritt, wird die wahre Befreiung der beiden Geschlechter geschehen. Außerdem wird die Frau versuchen, sich dem Mann gegenüber so zu verhalten, dass er sich während des Gottesdienstes zu Jesus Christus hinwenden kann und nicht zu ihr.

Weise Frauen haben eine große Verantwortung, christliche Männer zu erziehen. Zugleich treten sie lieber in die zweite Reihe zurück, damit fähige Männer den Vorrang erhalten oder mit Anerkennung der Gemeinde zum Priester geweiht werden.

---

[32] P 46 bietet in V. 9 die Lesart "Mensch" statt "Mann".

Kann man nun den Grund für dieses Verhalten der Frauen, die "Macht" Jesu über den Mann zu haben, in dem Ausdruck "wegen der Engel" suchen?

Der Glaube an Engel als personhafte, von Gott geschaffene geistliche Wesen ist eine alte biblische Tradition. Die Entwicklung der Angelologie bis zur paulinischen Zeit ist von besonderem Interesse, weil fremde Einflüsse aus dem Polytheismus in den jüdischen Glauben eingedrungen sind, ohne allerdings den biblischen Monotheismus zu berühren. Der biblische Monotheismus nannte die "Geister" der verschiedenen Elemente der Welt[33] "Engel" und nicht "Götter". Aus den großen und kleinen Geistern des Polytheismus wurden im jüdischen Glauben die Engel[34], die mit den unpersönlichen Kräften der Natur, wie Gewitter, Wind, Blitz, Donner, Hagel, Überschwemmung, Dürre, Quellen, Bäumen, Pflanzen und Tieren verglichen wurden.

Nach dem rabbinischen Kommentar von Strack-Billerbeck[35] wurden in der Synagoge die "heidnischen" Götter als Engel oder, nach anderen Zeugnissen, als Dämonen bezeichnet. Vermutlich waren beide Bedeutungen dem Apostel Paulus bekannt; so spricht er in 1 Kor 10,20-21 über die Teilhabe am Tisch der Dämonen im Gegensatz zum Tisch des *Kyrios* und verurteilt in Kol 2,18 die Verehrung der Engel.

Mit 1 Kor 11,10 "wegen der Engel" könnte Paulus den "heidnischen" Glauben meinen, dem er den neuen Glauben von V. 3c gegenüber stellt. Der Ausdruck "wegen der Engel" könnte mit "wegen des Heidentums" übersetzt werden. Diese Übersetzung steht in direktem Bezug zu V. 3c, weil damit der christliche Glaube formuliert wird.

Der gesamte Vers könnte folgendermaßen übersetzt werden: "Darum soll die Frau die Verantwortung dafür haben, dass die Männer die Macht Jesu Christi[36] haben im Unterschied zum Heidentum."

---

[33] Wilhelm Bousset, *Die Religion des Judentums im neutestamentlichen Zeitalter* (von Reuther und Reichard: Berlin ²1906), 320-321.323-324.

[34] Nach Kaufmann Kohler, "Angelology", in: *The Jewish Encyclopaedia* (KTAV Publishing House: New York 1901), Vol. I, 583-597, hier 594 beziehen sich die hebräischen Namen der Engel auf die Elemente der Welt, z. B. Baradiel auf *barad* (Hagel), Ruhiel auf *ruah* (Wind), Barakiel auf *barak* (Blitz), Ra'amiel auf *ra'am* (Donner), Shamsiel auf *shemesh* (Sonne) usw.

[35] Strack / Billerbeck, *Kommentar zum Neuen Testament aus Talmud und Midrasch* III, 48f. 51f.

[36] *Exousia* wird also mit "Christus" und "Macht Christi" übersetzt. Gemeint ist, dass die Frau Macht über den Mann haben soll, in der Art und Weise der Macht Christi, die in den Mann hineingeht, ihn verwandelt und durch Fasten und Askese reinigt vom harten inneren Menschen, ihn zum Leben in Christus führt und ihn die Machtausübung in der Art und Weise Christi lehrt.

Im griechisch-römischen Umfeld der ersten paulinischen Gemeinden und insbesondere in Korinth gab es zahlreiche – nach Strabo ungefähr tausend[37] – Frauen, die als Priesterinnen im Tempel der Aphrodite als Kultprostituierte arbeiteten. Paulus grenzt sich von dieser heidnischen Kultpraxis auf Grund der biblischen Tradition und der neuen Kriterien des kirchlichen Glaubens ab. Darum entscheidet er sich in V. 16 ausdrücklich für die kirchliche Ordnung.

Wenn der Mann nach der freien Zustimmung der Frau den Vorrang in den kirchlichen Verhältnissen zugestanden bekommt, soll er keine kosmische Herrschaftsmacht ausüben. Wem der Vorrang gegeben ist, der soll als Erster seinen eigenen, alten und hartherzigen Menschen aufgeben, damit der neue Mensch in Christus in ihm sichtbar wird. Die Männer, die in der Kirche den Vorrang übernehmen dürfen, sollen keinen Menschen verachten, als minderwertig ansehen, verurteilen oder diskriminieren. Sie haben für die Einheit, die Gleichheit und die Liebe zwischen allen Mitgliedern der Kirche zu sorgen und die kirchlichen Aufgaben fähigen Personen zu überantworten.

Es ist diese Macht, die Frauen den Männern überlassen. Dabei sind sie auch für das richtige kirchliche Verhalten verantwortlich. Bei der Genehmigung der Frau handelt es sich nicht um eine rhetorische Floskel; denn sie wird tatsächlich erteilt, in jedem Fall da, wo es sich um ihren Ehemann handelt. Eine Ehefrau muss dem Bischof schriftlich ihr Einverständnis erklären; mit ihrer Erklärung bestätigt sie die Fähigkeit ihres Mannes zum Priestertum und erteilt ihre Zustimmung.

Die Frau ist gemeinsam mit dem Mann dafür verantwortlich, dass es fähige und heilige Vorsteher in der Kirche gibt. Die Sensibilität der Frau, für die persönlichen menschlichen Beziehungen Sorge zu tragen, macht sie zu einem wichtigen Faktor bei der Vorbereitung der wahren Verkündiger in der Kirche Jesu, besonders für diejenigen, die sich auf den Weg der apostolischen Nachfolge begeben. Darum erkennt die orthodoxe Kirche die Frauen – mit den Worten einer kirchlichen Hymne – als "Predigerinnen der Apostel Jesu" an.

Traditionally, the central theme of 1 Cor 11:2-16 is understood to be the question of women covering their heads during worship. 1 Cor 11:10 is therefore interpreted in this context and the term *exousia* understood either as a head covering or as male power over the woman. The author suggests that v. 10 should however be read not

Ähnlich ist es mit der Frau, die in der Konsequenz für ihren Mann, ihre Söhne oder Brüder sorgt, aber in der Kirche den Männern den Vorrang lässt.

37 Strabo, Geographica 8,378-379.

as a conclusion deriving from vv. 4-9, but in as referring to v. 3. This shifts the focus away from the subordination of the woman to her active role in "having the power over the head." For the woman is responsible for ensuring that the man can remain in relation to Christ so that he may experience the power of Christ as the conquering (*kenosis*) of the hard-hearted male domination. As Paul says, it is "on account of the angels" that the woman has such power of Christ over the man in worship. In early Judaism, the angels represented the spirits of the elements of the world, that is polytheism. Christianity is differentiated from polytheism through the woman's responsibility to exert the power of Christ over the man. In ecclesiastical contexts, the woman chooses freely to cede precedence to the man. Through this concession, women share responsibility for ensuring the true preaching in the Church and are therefore named "preachers of the apostles of Jesus" in Orthodoxy.

Traditionnellement, la question de la tête (ou chef) couvert(e) ou découvert(e) pendant le culte est considérée comme le thème central de 1 Co 11,2-16. C'est pourquoi 1 Co 11,10 fut interprété dans ce sens et le mot *exousia,* par conséquent, compris soit comme «tête couverte», soit comme pouvoir sur la femme. L'auteure propose de ne pas conclure des versets 4 à 9 au verset 10 mais de rapporter ce dernier au verset 3. De cette manière, ce n'est pas la soumission de la femme qui est mise en avant, mais au contraire son rôle actif dans la question «du pouvoir sur le chef». Car c'est la femme qui porte la responsabilité du maintien du rapport de l'homme avec le Christ. C'est elle qui doit lui faire vivre sur lui-même le pouvoir du Christ comme renoncement (*kenosis*) à la domination impitoyable de l'homme. C'est – comme le dit Paul – «à cause des anges» que la femme aurait un tel pouvoir du Christ sur l'homme au cours du culte. Au début de la civilisation juive, les anges représentent les esprits des éléments du monde, c'est-à-dire le polythéisme. Avec la responsabilité de la femme exerçant sur l'homme le pouvoir du Christ, l'Église du Christ se distingue du polythéisme. Dans la condition ecclésiale, la femme accorde de son plein gré la préséance à l'homme. Et c'est avec l'assentiment de la femme que les femmes ont leur part de responsabilité dans la juste prédication au sein de l'Église, et s'en soucient. Elles sont, pour cela, appelées à juste titre «les prédicatrices des apôtres de Jésus» dans l'orthodoxie.

Evanthia Adamtziloglou (*1949) studierte Theologie (1970-74) und Neues Testament im Nachdiplom-Studium in Thessaloniki (1974-1976) und München (1978-1980). 1989 Promotion an der Theologischen Fakultät Thessaloniki. Religionslehrerin am Gymnasium (1980-2002), wissenschaftlicher Dienst an der Universität Thessaloniki (1992-1995), seit 2002 Direktorin eines Gymnasiums. Veröffentlichungen (griech.): *Die Frau in der Theologie des Apostels Paulus* (1989); *"Auch viele Frauen waren dort." Biblische und theologische Forschungen über die Frau* (1997); *"Nicht mehr männlich und weiblich." Die königlichen Charismata der Geschlechter (Gal 3,28; Gen 1,26-27)* (1998).

Maria Katharina Moser

Representations of Suffering. Confronting Mel Gibson's The Passion of the Christ and Rituals of Self-Flagellation and Crucifixion in the Philippines

The passion of Jesus Christ seems to have fascinated people throughout the centuries. It has been re-enacted in various ways. One thinks of the countless passion-plays or the passion by famous composers like Bach. In the 20th century, the cinema became the main venue for re-enactments of the passion. Just to mention a few classics: Nicklas Ray's "King of Kings" (1961), Pasolini's "The Gospel According to Matthew" (1964), "Jesus Christ Superstar" (1972), Monty Pythons "Life of Brian" (1976), and Martin Scorsese's "Last Temptation of Christ" (1988).[1] They all produced their own version of the life and death of Jesus. And many of them caused debates. So did lately Mel Gibson's *The Passion of the Christ.*

This paper aims to contribute to that debate and add a new dimension to the discussion: first by criticizing Gibson's version of the passion, and then by confronting it with the rituals of self-flagellation and crucifixion in the Philippines. I shall thereby elaborate two very different ways of representing the suffering of Jesus Christ.

1. Critiquing The Passion of the Christ

Usually the critique of a movie starts with the description of its narrative. But in the first place, the story of the passion of Christ is well known. Moreover, there is not much of a story to tell in this case, since Gibson in his movie is not telling a story, but rather describing an event – in other words, the movie does not have a narrative structure. How then does Gibson represent the event of Christ's suffering? Let me describe my perception: The event starts in the garden of Gethsemane. There we can observe Jesus fighting with Satan – an encounter the Bible does not tell us about. In this fight Jesus proves to be a

1 See Drehli Robnik, "Jesusfilm: Sandalen, Skandale, Bananas", in: *Falter* No. 12/2004, 57.

real super-hero, and he will prove that again and again throughout the movie. For two long (and rather boring) hours, the audience will witness Jesus being battered, abused, tortured, and treated in a violent way that is indeed beyond any human imagination. After the flagellation, which lasts for 12 minutes (!), Jesus' body looks more like a hamburger than a human body. Yet still he carries his cross. Again and again he falls, under the weight of the cross and under the slashes of the Roman soldiers. Again and again he gets up. I personally found that quite a macho performance, and I was reminded of the Rocky movies I watched as a kid despite my parents' disapproval. Rocky gets knocked down and gets up again to continue his fight until he finally wins. So does Jesus. He successfully endures all the pain and the suffering, and by so doing he redeems men from sin. In his resurrection, he overcomes death.

The resurrection, by the way, is shown in the final scene of the movie, rather briefly and in an embarrassing way – for two minutes one sees Jesus sitting in his tomb, his tortured body fully restored, the pall beside him looking like a leaking air mattress. This is very much according to the general theology of the movie: all aspects of the biblical message are subordinated to Jesus' suffering. Resurrection is not the climax of Gibson's re-narration of the passion, but some kind of postscript: it matters only as far as it demonstrates that Jesus suffering was "successful." Some scenes of Jesus' life are shown, but only in flashbacks: Jesus teaching, the last supper, Jesus as a carpenter, Jesus as a child who falls and is caught and comforted by his mother, Jesus saving the adulteress who is about to be stoned to death and who – in contrast to the biblical original – is equated with Mary Magdalene. His life, his teaching, the social message lose their importance in the face of Christ's suffering. Thus, what *really* matters is Christ's suffering. And Christ's suffering is not from this world, meaning Christ is shown to suffer in a way no human being could stand. His suffering is unique, cannot be outbid, is beyond human reality and any historical human suffering.

At the same time, Gibson interprets Jesus' suffering as a struggle with evil. And evil as it is portrayed in this movie is also far from any account of evil in human reality and history. Here, evil is portrayed as a metaphysical power or dimension, represented by Satan, who wants to seduce Jesus not only in Gethsemane, but throughout the whole story. Satan is always there, witnessing Jesus' suffering, smirking at Jesus as if to say: see, this is what you get when you think you can and must fight me.

By portraying Jesus as a lonely hero who bears unbearable pain, by representing his suffering as a struggle with evil/Satan, and by subordinating the whole biblical message to the importance of Christ's suffering, Gibson narrates the passion as an event beyond history. He erases and neglects the historical context of the biblical story itself as well as the historical contexts of today's readers. The political and social content of the Gospel gets lost. That a re-narration of the passion doesn't need to be a-historical at all was shown by Pasolini in his movie "The Gospel According to Matthew" (1964). Pasolini sites his narration of the passion within the context of the poor, agricultural south of Italy, and thus links it to a critique of the unjust social relations between the North and the South of Italy in the 1960s.

But Gibson tries to hide the fact that his narration of the passion is a-historical. Indeed, he claims to tell the story as *it really was*. To highlight the "historical" character of his movie, he uses the languages Latin and Aramaic. Nevertheless, at least to me those ancient languages emphasize more the mythological and a-historical character of Gibson's representation of the passion – aside from the fact that the Gospel was written neither in Latin nor in Aramaic, but in Greek.

Gibson's representation of the passion of Christ as an a-historical event is also a crucial point when it comes to the anti-Semitism present in the movie. His a-historical re-narration of the Gospel, which at the same time attempts to give the impression of a factual report (as *it really was*), obscures the historical circumstances in which the Gospel was written as well as the theological message that shapes the biblical texts. Therefore, people who are unaware that Jesus himself was a Jew and that the gospels talk about a conflict between different Jewish groups (and not about a conflict between Jews and Christians), get the anti-Semitic stereotype of the Jews as God-killers confirmed. The members of the Sanhedrin are portrayed as "gaunt and saturnine characters". The Jewish people are depicted as mob demanding Jesus' death. In contrast to the Jews, Pilate is shown to be a thoughtful person who gets engaged in a philosophical discussion about truth with his wife, and who wants to protect Jesus – another non-biblical and a-historical account, since it obscures the brutality of Roman imperial rule as well as the fact that crucifixion was a common lethal punishment for Jews and other people who were subjugated by the Romans and fought for freedom.[2]

2 For a closer analysis of the role of the Jews in the Gospel – especially in the Gospel According to Matthew, which talks about Pilate washing his hands in innocence and about the Jewish people calling for Jesus' crucifixion – see Andreas Bedenbender, "'Sein Blut komme über uns ...': Überlegungen zum Passionstext Matthäus 27,1-26", in: *Texte und Kontexte* 87 (3/2000) 32-48.

This anti-Semitic message of the movie is heightened by other anti-Semitic motifs which were prominent during the 19th century. In fact, Gibson gets those motifs – as well as other non-biblical motifs like Satan, the exaggerated torture of Jesus or Jesus falling down a bridge – from a specific source: the visions of the supposedly stigmatized Augustinian nun Anna Katharina Emmerich (1774-1824), which were written down and published in 1833 by the romantic author Clemens Brentano.[3] Anti-Semitic motifs in the book quoted in *The Passion of the Christ* are: Judas, bedevilled by regret, runs away and is chased by kids with ugly, distorted faces. The background of this scene can be found in Emmerich's visions. She sees Judas running away, while Satan whispers curses into his ears about the valley of Hinnom, where the Jews are said to have sacrificed their children. Another anti-Semitic motif: According to the Gospel, the curtain in the Jewish temple is torn apart after Jesus' death. In Emmerich's vision and in Gibson's movie the temple tumbles down and buries the members of the Sanhedrin.[4]

Another interesting aspect in the movie that requires critical examination is gender-constructions and gender-roles: Satan is portrayed as a mannish woman: a probably female body, bald, with very angular features and a male voice. Looking at Satan, one is not quite sure whether one sees a woman or a man. The impression of a woman prevails though. Hence, evil is not only represented as female, it is moreover represented by unfeminine femininity and crossing gender boundaries. Indeed feminine in a stereotypical sense are Jesus' mother and Mary Magdalene, who together with John compassionately accompany Jesus all the way. While Jesus' suffering is heroic and finally successful (redeeming men from sin by fighting and triumphing over evil), the suffering of the women is just passive. Jesus fights the pain, gets up again and again after falling under the weight of the cross and being thrown to the ground by the Roman soldiers. The women throw themselves onto the ground, crying. While Jesus' body gets more and more distorted, Mary Magdalene gets more and more sexy. After Jesus' flagellation, the two Marys wipe his blood. In order to do that Mary Magdalene takes off her veil. For the rest of the movie, she will be unveiled, her hair getting more and more messy, her face getting dirty and sweaty, her whole appearance more sexy. Thus, the way Mary Magdalene

---

3 Anna Katharina Emmerich / Clemens von Brentano, *Das bittere Leiden unseres Herrn Jesu Christi* (Christiana Verlag: Stein am Rhein 2003).

4 See Friedrich Pieper, "Gibsons 'Passion': Eine Wiederkehr deutscher antijüdischer Traditionen des 19. Jahrhunderts", in http://www.jcrelations.net/de/?id=2247

is portrayed repeats a stereotypical representation of women: sexualized on the one hand and suffering on the other hand.

In commentaries and critiques about Gibson's movie, it was sometimes compared to rituals of self-flagellation and crucifixion stemming from Spanish colonial Catholicism which are still practised e.g. in the Philippines. This comparison mostly is just mentioned *en passant* and not elaborated. I intend to elaborate this comparison and thereby show that there is a significant difference in the representation of Christ's suffering in *The Passion of the Christ* and in Lenten rituals of self-flagellation and crucifixion.

2. The Suffering Christ and Good Friday Rituals in the Philippines

The image of the suffering Christ is indeed a very popular image of Jesus Christ in Filipino (folk) religiosity.[5] It is highlighted in different ritualistic practices, among them self-flagellation and even crucifixion on Good Friday.

During Lent 2003, I had the chance to observe those rituals in the province of Pampanga, located in the Island of Luzon, two to three hours by car north from Manila. When one drives to Pampanga on Good Friday, one will see self-flagellants in almost every village one passes by. In small groups, men with naked upper bodies, many of them with hooded heads, some with leaf-crowns on their head, walk along the streets and whip their backs with lashes, which usually have pieces of wood, ropes and even razor blades on their ends. This is quite a bloody exercise, even though the wounds on their backs supposedly heal within three days. At the same time, people gather at the house of a member of their respective communities to read the *pasyon*, an epic which re-narrates the passion. Reading the *pasyon* or *pabasa ng pasyon* is a widespread practice in the Philippines, as is the performance of passion-plays or *senakulo*. The *pasyon* is read – or rather chanted – mostly during Lent and Holy Week. People assemble in the house of a community-member, where the owner erects a little alter. If the house is not big enough, people also gather in front of the house. The *pasyon* is also sung at other occasions; for example, it is sung for 24 hours over a dead person's body or in courtship rituals.

---

[5] See Benigno P. Beltran S.V.D, *The Christology of the Inarticulate: An Inquiry into the Filipino Understanding of Jesus the Christ* (Devine World Publications: Manila 1987), Leonardo N. Mercado, *Christ in the Philippines* (Devine World University Publications: Tacloban City 1982) and *Inculturation and Filipino Theology* (Asian Pacific Missiological Series No.2; Devine World Publications: Manila 1992).

In an urban-poor community in San Fernando, the capital of the province Pampanga, crucifixions are performed on Good Friday. The event is organized by the *barangay* (municipality, community) not by the Church.[6] Hundreds of people – tourists, journalists, some locals and street vendors – gather in a big sandy site with a little hill on its far end, where three wooden crosses are positioned. Around noon time, the site gets more and more crowded. Everybody is waiting for the group, which is performing a passion-play or *senakulo* – Jesus, his mother, Mary Magdalene, Veronica, some Roman soldiers – to arrive. At the foot of the hill, some of the 14 men and one woman who are going to be crucified are preparing themselves for the event by praying or just waiting. Finally, they arrive and ascend the hill. One sees the man who performs as Jesus and will be the first to be crucified pray. Then things get started. The first three men, Jesus and the two criminals who were crucified together with him, are nailed onto the cross. Nails are driven through their palms. To support the weight of their bodies, their arms also get tied to the cross with ropes. Then the cross is erected. They stay on the cross for about two minutes, then they are put down and other people are nailed onto the cross.

Who are the people who flagellate themselves and have themselves be crucified? What are their motivations for these practices? Generally, people who participate in self-flagellations and crucifixions belong to the poorest of the poor.[7] Most of them are religious, yet they do not attend mass. According to

---

6 The official church disapproves these practices.

7 A few notes on poverty in the Philippine context:
According to the government, which says that a family of six in the national capital region needs a minimum of 280 pesos (= at about 5 dollars) per day in order to not be considered poor, around 30% of the 80 million Filipinos live below the poverty line. The NGO IBON estimates that a family of six would need around 545 pesos a day in order to cover the costs of their basic needs (including health care and education provided by public institutions). Based on that figure, 88% of the population are considered to be poor. The UN Report on the Human Development Index for 2003 states that the Philippines are one of 56 countries which were poorer in 2002 than they were in 1990.
The biggest problems of the poor are the instability of their income and lack of land. 60-70% of the population work in the informal sector (as day-tillers in agriculture, fishers, laundry-women, domestic helpers, street vendors etc.). They earn little, have no stable income and no social security. 80% of the people living in the countryside do not own the land where they are living nor the fields where they are working. In the cities, thousands live in so called squatter-areas, slums built on land that currently is not used by its owner. These homes can be demolished any time and they themselves can be displaced any time (See Rosario Bella Guzman, "The 'Strong Republic' Falls in Deeper Crisis", in: IBON Foundation Inc. [ed.], *Birdtalk: Economic and Political*, Manila July 2003, 3-17).

Father Vic, professor for New Testament Studies at the diocesan seminary in San Fernando, who accompanied me to the site, the churches are too neat and nice for them, the liturgy is alienating. Moreover, the parish-churches would be too small to host them (the population of one parish usually consists of around 30,000 people), and they are also too far away from their homes (the poor cannot afford the cost of transportation to go to church). What is meaningful to them though are practices of folk religiosity – which are sometimes rejected by the official church and sometimes tolerated – like devotion to the suffering Christ, the reading of the *pasyon*, self-flagellation and crucifixions. These are rituals people can identify with.

There are various reasons for people to indulge in self-flagellation and to let themselves be crucified.[8] Some do it for penance; they think they have committed a grave sin and want to make up for it. Others want to ask a favour from God – a concept which is called *panata* (literally a vow) in Tagalog. I was able to talk to one man who, while waiting to be nailed onto the cross, told me that he started doing the crucifixion ritual because his mother was always sick, and they could not afford a proper medical treatment. He was getting crucified for the seventh time that year, and since he started it, his mother had not gotten sick. The *panata* also can have a trans-generational dimension. Some sons are carrying on their fathers' vows. A third reason for self-flagellation and crucifixion is purification. Some people believe these rituals can strengthen the body by letting out impurities. A fourth motive is *damay*, or a test of friendship with the suffering Christ. Last, but not least – this refers to crucifixions only – some people do it for money. They get paid by the *barangay* (municipality) which organizes the event.

The fact that some people get paid for being crucified indicates that the rituals of crucifixion in San Fernando are highly commercialized. The passion-plays and crucifixions attract tourists and media from all over the world, and hence not only contribute to a certain fame of the *barangay* where they take place – which, as mentioned above, is one of the poorest *barangays* in San Fernando – but also provide economic opportunities, especially for the street vendors who sell food and drinks during the event. All in all, the prevailing atmosphere during the event is as much a spectacle as a spiritual exercise.[9] It would

8 Motives according to Father Vic and Mercado, *Inculturation*, 142f.

9 This analysis refers to the crucifixion only. The self-flagellations are practiced all over the province, also in very remote areas where no tourist sets foot. They are not commercialized, and – even if there might be a certain spectacular element to it – are indeed spiritual exercises.

be interesting to elaborate the elements of spectacle and performance in the crucifixions, yet this paper aims to explore the representations of Christ's suffering and the theological implications of these rituals and their relation to Gibson's *The Passion of the Christ*.

3. Confronting Mel Gibson's *The Passion of the Christ* with Filipino Lenten Rituals of Self-flagellation and Crucifixion

What makes the representation of Christ's suffering in Filipino Lenten rituals of self-flagellation and crucifixion different from the one in Gibson's movie?

First of all, these rituals and their representation of Christ's suffering are situated in a specific historical context. The historical message of the Gospel is integrated into the specific context of the people practising these rituals. Not only those who flagellate themselves or get crucified, but the people as a community, by reading the *pasyon*, identify themselves with the suffering Christ. Therefore, secondly, the rituals of self-flagellation and crucifixion embedded in the reading of the *pasyon* have a collective character, whereas Gibson follows the highly individualized script of the lonely hero.

A closer look at the *pasyon* reveals how people identify with Jesus Christ. The most common and popular *pasyon*-text is the *Casaysayan nang Pasiong Mahal ni Jesuchristong Panginoon Natin* (the Account of the Sacred Passion of our Lord Jesus Christ), also referred to as *Pasyon Pilapil* or *Pasyon Henesis*. It is named *Pasyon Henesis*, because it begins with the story of creation and ends with the Last Judgement. *Pasyon Pilapil* refers to Fr. Mariano Pilapil, who in 1814 edited a *pasyon*-text of unknown authorship already used by people. The *Pasyon Pilapil* is the least polished of three Church-approved texts of the *pasyon* which have seen print. From a literary and theological standpoint, the *Pasyon Pilapil* is not remarkable. Its significance lies in its being a "mirror of the collective consciousness."[10] Being one of the few literary works available to the rural population, the *pasyon* in the 19th century as well as today functions as a traditional social epic. People learn it by heart as a child since they hear it on many occasions. Hence, it is not surprising that the *pasyon* shaped folk consciousness and at the same time became an expression of folk memory.

The *pasyon* talks about Christ's suffering, death and resurrection, and provides powerful images of transition: from despair to hope, from misery to salvation, from death to life, from ignorance to knowledge, from dishonour to

[10] Reynaldo Clemena Ileto, *Pasyon and Revolution: Popular Movements in the Philippines, 1840-1910* (Atteneo de Manila University Press: Quezon City [4]1997).

purity etc. Furthermore, it provides the peasant masses with an image of Jesus they can identify with:

> "He is from Galilee,
> A man poor and lowly
> Who shelters in others' roofs.
>
> Furthermore, his father
> Is just a simple carpenter
> Devoid of fame and wealth
> Living in poverty
> Without property of his own.
>
> His behaviour and character
> Are just as we described
> But, you ask, can he claim
> To be a gentleman of rank?
> No, absolutely not."[11]

Jesus is portrayed as a simple man, poor and uneducated like those who read the *pasyon*. The same can be said about the disciples:

> "Poor and lowly people
> Without worth on earth
> Ignorant people
> Without any education.
>
> These were the ones selected
> By Jesus the beloved master
> To popularise his teachings
> To perform astonishing feats
> Here in the universe."[12]

So, in Filipino folk religiosity Christ's suffering is not – like in Gibson's *The Passion of the Christ* – something "out of this world" or beyond human reality. On the contrary, the identification of the people with Jesus Christ implies that their suffering mirrors the suffering of Jesus.

---

[11] Ileto, *Pasyon and Revolution*, 16.
[12] Ibid., 17f.

This identification with the suffering Christ by the poor reading the *pasyon* and performing self-flagellation and crucifixion can be understood as a ritualistic expression of what Latin American proponent of theology of liberation Jon Sobrino calls "the crucified people."[13] The notion of the crucified people maintains that Christ is not only present in the liturgy – as traditional theology tends to phrase it – but also in today's victims of oppression, injustice and violence. The crucified people mark Christ's presence in history. In other words, the notion of the crucified people aims to understand the reality of suffering people – the reality of the poor to be more precise – as a *theological* reality:

> From the viewpoint of the Third World, there is no doubt that the cross indeed exists, not only the individual cross, but collective crosses: the crosses of whole peoples. In the face of the present situation, I. Ellacuría used to say that it is important to talk about the 'crucified God', but it is no less or even more important to talk about the 'crucified people'. By that their reality is ennobled to a theological reality.[14]

Furthermore, the notion of crucified people points to the "historical catastrophe" which the Third World is facing, and provides a term which is more capable of describing the situation of the Third World as a whole than terms like "the South," "developing countries" or even "Third World."

Sobrino points out the three-fold implication of the notion of the crucified people. On the factual level, the cross points not only to poverty but to death. People die slowly because of poverty. Dying too early is one of the three elements which according to Gustavo Gutierrez define poverty.[15] On the ethical-historical level, the notion of crucified people alludes to institutionalized violence: being crucified is not just any death, it is a specific way to die: crucifixion was the death penalty for people who waged revolution against the

---

[13] See Jon Sobrino, *Christologie der Befreiung*, Bd. 1 (Matthias Grünewald: Mainz 1992), 345-368.

[14] Ibid., 345 [translation MKM]: "Aus der Sicht der Dritten Welt kann kein Zweifel daran sein, daß es das Kreuz gibt, und zwar nicht nur individuelle, sondern kollektive Kreuze: die Kreuze ganzer Völker. Angesichts der gegenwärtigen Situation der Dritten Welt pflegte I. Ellacuría zu sagen, es sei gut, vom 'gekreuzigten Gott' zu sprechen, es sei aber genauso oder noch wichtiger, vom 'gekreuzigten Volk' zu sprechen. Damit hat er die Wirklichkeit der Völker in der Dritten Welt zu einer theologalen Wirklichkeit erhoben."

[15] The other defining characteristics of poverty according to Gutierrez are insignificant/marginal existence and guiltlessness for the experienced suffering. See Gustavo Gutierrez, *Theologie der Befreiung* (Matthias Grünewald: Mainz 1992).

Roman empire. Being crucified means being murdered by a powerful apparatus. Hence, the cross indicates that the victim is juxtaposed to a perpetrator, and the perpetrator does not fall from heaven but represents unjust structures or – to phrase it with a liberation-theological term – structural sin. On the theological level, the cross is important because it reminds us of important concepts of Christian faith: sin and grace, damnation and salvation. The notion of crucified people helps the religious consciousness connect the reality of the poor, suffering and disenfranchised with these central theological concepts. If, according to Sobrino, Jesus Christ's suffering was a historical reality which brings redemption/salvation, redemption/salvation must also be understood in the realm of history. This implies that redemption/salvation comes not only from the crucified Christ but also from the crucified people when they struggle and resist oppression, exploitation and poverty.

When we understand the Filipino rituals of self-flagellation and crucifixion as a spiritual, ritualistic expression of being a crucified people, we will notice that Jesus' suffering is not – as Gibson would like to make us think – beyond human reality and experience, but is indeed essentially connected to human suffering. People identify with his suffering and believe and know that he identifies himself with them. This interpretation, of course, is the effort of a theologian trying to make sense out of those rituals. In a way it is by no means surprising that those rituals are so meaningful to people, especially the poor masses in rural areas. Their life is basically suffering anyway. If one's life is suffering, one's spirituality – in order to be meaningful and connected to one's everyday experience – will be based on suffering, too. It is precisely because of this connection to everyday experiences that the described Good Friday rituals become meaningful expressions of faith, which are situated beyond the Church doctrine.

In addition to that, those rituals gain meaning from their spectacular quality. According to liberation theologian Luzenir Caixeta, the position of the Third World and its people has shifted from dependence to worthlessness.[16] The resources of the Third World get less important, its peoples are less needed in the working-force. They neither produce nor consume, hence they are useless. Moreover, the Third World becomes a threat to the rich North and West

[16] Luzenir Caixeta, "Befreiungstheologie in Lateinamerika" (unpublished paper presented at the seminar "Globalisierung als Herausforderung an ethisches Denken und pastorales Handeln im Kontext der 'Kirche der Reichen' in Österreich und der 'Kirche der Armen' auf den Philippinen", Vienna, Summer semester 1998).

(migration, over-population, pollution, sicknesses etc.). Being third-world not only means being poor and exploited, but being excluded from economic, political and cultural participation, and therefore existing without being recognized by society. In this situation of non-recognition, rituals of self-flagellation and crucifixion provide the chance for the poor to step forward from behind the curtain of marginality into the spotlight of public attention – at least in one's own community. By being transformed into a ritual, everyday experiences of suffering find a venue of public expression. Through the attention people get for performing these rituals, they become "somebody," even if only once a year and for a few hours.[17]

4. Ritual of Acquiring Power

So far, I have tried to point out the main difference between Gibson's representation of Christ's suffering as a-historical and beyond human reality on the one hand and the representation of Christ's suffering in Filipino folk religiosity as closely linked to the historical experiences of the poor. I have tried to make sense of the practices of *pabasa ng pasyon*, self-flagellation and crucifixion from the perspective of liberation theology.

However, we have to ask whether this interpretation fails to recognize the original purpose ascribed to the *pasyon* by the Spanish colonizers, which was clearly a domesticating one: The *pasyon* was meant to inculcate loyality to the Spaniards among the indigenous people and to make them resigned to the status quo. Did this strategy of the Spaniards work? Are these rituals an expression of the acceptance of colonial oppression and suffering due to poverty?

According to Reynaldo Ileto, the *pasyon* developed a function which most probably was not intended by the Spaniards: "to provide lowland Philippine society with a language for articulating its own values, ideals, and even hopes of liberation. After the destruction or decline of native epic traditions in the sixteenth and seventeenth centuries, Filipinos nevertheless continued to maintain a coherent image of the world and their place in it through their familiarity with the *pasyon*, an epic that appears to be alien in content, but upon closer examination in a historical context, reveals the vitality of the Filipino mind."[18] The *pasyon* replaced the epics sung in pre-colonial times at the graves of local

[17] However, this should not obliterate the fact that there is always a danger of exoticizing these rituals and more so the people performing them.

[18] Ileto, *Pasyon and Revolution*, 12.

hero-martyrs (*bayani*), which functioned as collective memory and historiography. The Spanish colonizers not only banned the singing of those epics, but prohibited any public speech. Accordingly, under the censorship of Spanish colonial rule the *pasyon* was one of the few means of public speech and made available a "language for venting ill feelings against oppressive friars, principals, and agents of the state,"[19] for example, through the idea found in the *pasyon*, that in comparison to a beautiful *loob* (inner self) social status based on wealth and education has no real value. This notion contradicts the prevailing practice of the ruling class at that time of attracting and maintaining followers by wealth and of perpetuating itself by education. There are more specific themes like that to be found in the *pasyon*, which "far from encouraging docility and acceptance of the status quo, actually probe the limit of prevailing social values and relationships."[20]

Still, Ileto states, whether the *pasyon* encourages resignation or hope, subservience or defiance, will always be open to argument, since the meaning of the text is not fixed but depends on the social and historical context. Ileto shows, though, how the pasyon among other practices of folk religiosity in the Philippines encouraged revolt against the Spaniards in the 19th century. In order to do so, he develops an alternative historical perspective on the revolutionary movements in the Philippines in the 19th century. What is usually studied is the "great tradition," the anti-colonial struggle against Spanish colonial rule led by the *illustrados*, the Filipino elite, which often was educated in Europe and from there supposedly brought the idea of enlightenment and national independence to the Philippines. Ileto, however, is interested in what he calls the "little tradition," a peasant tradition of unrest, which often is considered anti-nationalist, irrational, millenarian and doomed to fail. He demonstrates how the peasant masses created their categories of meaning which shaped the revolutionary events and how they conceptualized a world-view which underlies their struggle. Investigations in the little tradition require the use of sources from below such as poems, songs, folk sayings, confessions, prayers – and the *pasyon*. According to Ileto, it was precisely through folk religious traditions (which usually are said to promote passivity), and especially through the way the masses experienced Holy Week, that the style of peasant brotherhoods and uprisings was shaped.

---

[19] Ileto, *Pasyon and Revolution*, 16.
[20] Ibid., 14.

To comprehend Ileto's argument, it is useful to say a few words about folk religious traditions. Folk religiosity or folk Catholicism is to be distinguished from official Catholicism. It "includes elements, at times viewed as harmless and at others condemned by Church authorities, which are all derived from and sanctioned by the community where these are believed and practised as expressive of human needs and longings. (...)

Folk Catholicism has implications for the way reality is perceived, constructed and maintained by the masses. It is related to the totality of social relations because its rituals renew and validate fundamental convictions about how reality is constituted and what the human being's place is in the scheme of things."[21] In a "catholic underworld," doctrines and rituals of official Catholicism are modified to suit local needs and conditions. Many times, official Catholic doctrine is syncretized with animistic beliefs and practices. Folk religiosity is how the poor experience God and appropriate the truth in their way of life. Even though popular religiosity is always ambiguous and one should be careful not to romanticize it, liberation theologians have come to an understanding of folk religiosity as the poor's "vehicle and articulation of their hopes and aspirations. In a society where the vehicles of articulation are controlled by the elite few, popular religious practice has become the outlet for the people, the 'sigh of the oppressed'."[22]

Now, using the framework of Ileto's work, I want to attempt to read self-flagellations and crucifixions as a ritual of acquiring power instead of a representation of suffering. Ileto, referring to Benedict Anderson, notes that the Western concept of power is an abstraction and a way of describing relationships between individuals and/or groups. Generally speaking, to the Western mind, power refers to social status, formal office, wealth, weapons etc. On the other hand, Javanese (Benedict) and Filipino (Ileto) concepts of power derive from an animistic, cosmologic worldview and view power as a formless, creative energy, which can be acquired through extreme asceticism, meditation, ritual purification. Self-flagellation thus can be a form of ritual purification of the *loob*[23] (see motives for people engaged in these rituals, mentioned above). Purity here is not a moralistic concept but is supposed to enable the concentration of power. Therefore, as Ileto states:

[21] Beltram, *Christology*, 5.

[22] Arche Ligo, "Liberation Themes in Philippine Popular Religiosity: A Case Study", in: *Voices from the Third World* XVI (2/1993) 137.

[23] *Loob* can be roughly translated with "inner self".

> … those whose loob are pure, serene, and controlled, have 'special powers' granted to them by Christ. They can control the elements, cure the sick, speak in different tongues, interpret signs, and foretell the future. (…) Surely the friars did not intend the *pasyon* themes of self-purification and renewal to amplify indigenous notions of concentrating the 'creative energy' of the universe in one's loob. But in the end, the colonized had their way.[24]

5. Conclusion

In this paper I have tried to show that Mel Gibson's The *Passion of the Christ* is problematic – and ultimately bad theology – because it separates Christ's suffering from human suffering in history. In contrast, rituals of self-flagellation and crucifixion embedded in the reading of the *pasyon* as they are practised by rural poor communities in the Philippines contain a representation of Christ's suffering which is situated in a concrete historical and political context. I have tried to read those practices as ritualistic expressions of being a crucified people and therefore as marking Christ's presence in history. Furthermore, I have tried to read those practices as a way of acquiring power based on the world-view of animistic traditions and folk Catholicism.

Some Christians claim though that by watching *The Passion of the Christ* they can meditate on Christ's suffering. I would like to answer them: if you want to meditate on Christ's suffering look at today's crucified people. But watch out – you might see more than meditation when you look at them. Behind poverty, death and broken bodies you might see people who, despite being forgotten by the world, still live their lives in meaningful ways and create meaning beyond Church doctrine, and are possibly fighters for social change. What Ileto says about poor Filipinos revolting against Spanish colonial rule in the 19th century also can be true for today's poor and disenfranchised: in the end, they will have their way.

Die Passion Christi hat Menschen durch die Jahrhunderte fasziniert. Immer wieder und in vielfältigen Formen wurde sie in Szene gesetzt. Eine der jüngsten Re-Inszenzierungen, die breites Echo gefunden und lebhafte Diskussionen ausgelöst hat, ist Mel Gibsons Film *The Passion of the Christ*. Dieser Aufsatz setzt sich kritisch mit Gibsons Version der Passion Christi auseinander und vergleicht sie mit Selbstgeißelungs- und Kreuzigungsritualen auf den Philippinen, in denen die Passion Christi alljährlich in der Karwoche nachgespielt wird. Damit wird eine Parallele, die in

[24] Ileto, *Pasyon and Revolution*, 26.

manchen kritischen Kommentaren zu Gibsons Film en passant gezogen wurde, näher beleuchtet und in ihrer Unmittelbarkeit hinterfragt. Bei genauer Betrachtung lassen sich nämlich signifikante Unterschiede zwischen dem Film *The Passion of The Christ* und philippinischen Passionsritualen hinsichtlich der Repräsentation des Leidens Christi erkennen. Während ersterer das Leiden Christi enthistorisiert und es durch die Inszenierung Christi als unvergleichlich leidenden Superhelden von menschlichem Leiden abtrennt, situieren philippinische Selbstgeißelungs- und Kreuzigungsrituale, die in materiell armen, ländlichen Gemeinden veranstaltet werden und in das traditionelle Beten der *Pasyon* eingebettet sind, das Leiden Christi in einem konkreten, historischen, politischen Kontext. Sie können gelesen werden als ritueller Ausdruck eines gekreuzigten Volkes (Jon Sobrino), als Ausdruck der Präsenz Christi in der Geschichte und als Akt der Selbstermächtigung im Rahmen animistischer und volksreligiöser Tradition.

La passion du Christ n'a cessé, pendant des siècles, de fasciner les hommes et d'être mise en scène sous des formes très variées. Une des plus récentes remises en scène qui eut un écho retentissant et suscita de vives discussions est le film de Mel Gibson *La Passion du Christ*. L'article de Maria Katharina Moser analyse d'un point de vue critique la version donnée par Gibson de la Passion du Christ et la compare avec des rituels d'autoflagellation et de crucifiement au cours desquels la Passion du Christ est représentée tous les ans durant la Semaine Sainte aux Philippines. Les parallèles qui furent accessoirement établis dans certains commentaires critiques sur le film de Gibson sont ainsi examinés de plus près et remis en question dans leur immédiateté. En y regardant de plus près, on reconnaît, en effet, des différences révélatrices dans la représentation de la souffrance du Christ entre *La Passion du Christ* de Gibson et les rituels de Passion des Philippines. Tandis que la première représentation déhistorise la souffrance du Christ et la sépare de la souffrance humaine dans la mise en scène d'un Christ superhéros souffrant incomparablement, la seconde, celle des rituels d'autoflagellation et de crucifiement philippins organisée dans des paroisses rurales matériellement pauvres, et intégrée dans la traditionnelle prière de *Pasyon,* situe la souffrance du Christ dans un contexte concret, historique et politique. Ils peuvent être lus comme l'expression rituelle d'un peuple crucifié (Jon Sobrino), comme expression de la présence du Christ dans l'histoire et comme acte de pouvoir autoproclamé dans le cadre d'une tradition religieuse populaire et animiste.

Maria Katharina Moser (*1974), studied Roman Catholic Theology in Vienna and intercultural women's studies in Manila. She is working on a PhD thesis considering the concept sacrifice from a feminist ethical perspective. She has been active in Youth Work, Adult Education, as an external University Lecturer, in women's Projects and as the editor of *Diakonia*, a journal for Pastoral Theology. Since September 2005 she is Assistant at the Chair for Social Ethics and Practical Theology at the University of the Saarland.

Rajah Scheepers

"Hat das Böse (k)ein Geschlecht?"

Bericht über die nationale Tagung der deutschen Sektion der ESWTR e.V. vom 12. bis zum 14. November 2004

Bei der Tagung der deutschen Sektion der ESWTR im November 2004 ging es um nicht weniger als die theologische Frage nach dem Verhältnis von Gender und dem Bösen, also um die Frage, ob und wie Gender die Wahrnehmung und Erscheinungsformen des Bösen in Geschichte und Gegenwart beeinflusst (hat), angefangen von der Dämonisierung des weiblichen Geschlechts in der Rolle der Eva, über Frauen als Opfer bis hin zu Frauen als Mittäterinnen.[1] Und auch umgekehrt wurde gefragt: Was trägt die Gender-Kategorie zur theologischen Erkenntnis und Beurteilung des Bösen bei?

Rund 80 Teilnehmerinnen hatten sich im Frauenstudien- und Bildungszentrum der EKD (FSBZ) in Gelnhausen eingefunden – so viele wie selten zuvor in der Geschichte der nationalen Tagungen. Mögliche Gründe für das rege Interesse waren das Thema und die stärkere inhaltliche Profilierung der Tagung. Letzteres schlug sich zum Beispiel in der Neuerung nieder, auch die Mini-Lectures inhaltlich auf das Tagungsthema zu beziehen.

1. Der Auftakt

Für die Exegetinnen begann die Tagung bereits am Donnerstagabend mit den Fachgruppentreffen. Nach den Sitzungen der sechs Fachgruppen am Freitagnachmittag begrüßte Studienleiterin *Gisela Matthiae* die Teilnehmerinnen im Namen des Hauses. Mit einer soziometrischen Aufstellungsübung gelang es ihr gut, auch den vielen Frauen, die zum ersten Mal dabei waren, einen unterhaltsamen und gleichzeitig informativen Einstieg zu geben.

Helga Kuhlmann, Professorin für Systematische Theologie und Ökumene an der Universität Paderborn, führte in das Thema der Tagung ein und weckte

1 Die Vorträge der Tagung werden im Kohlhammer-Verlag publiziert.

damit große Spannung und Erwartung. Neben den beiden Erstgenannten wurde die Tagung außerdem von *Katharina Friebe*, wissenschaftliche Hilfskraft an der Theologischen Fakultät der Universität Paderborn, *Anna Karena Müller* vom FSBZ, *Rajah Scheepers*, wissenschaftliche Assistentin an der Universität Hannover, *Ulrike Wagner-Rau,* Professorin für Praktische Theologie an der Universität Marburg, und *Agnes Wuckelt,* Professorin für Praktische Theologie an der Katholischen Fachhochschule Paderborn, vorbereitet.

Am Abend folgte dann der erste inhaltliche Beitrag zum Thema: *Inge Kirsner* (Stuttgart) führte anhand aktueller Filmausschnitte – von "Alien" bis "Matrix" – vor, wie im Film das Böse und das Weibliche miteinander verknüpft werden. Diese Einführung erwies sich als sehr gelungen, da sie – unabhängig von theologisch-dogmatischen Aussagen – einen guten Einstieg in das Thema bot. Es wurde aufgezeigt, wie tief der Konnex zwischen dem Bösen und dem weiblichen Geschlecht in der Pop-Kultur verankert ist.

2. Hauptvortrag und Responses

Der nächste Vormittag begann mit dem systematisch-theologischen Hauptvortrag von *Christine Janowski*, Professorin für Systematische Theologie an der Christkatholischen und Evangelischen Theologischen Fakultät der Universität Bern. Er trug den Titel "Gewirr des Bösen – böses Gewirr. Semantische, strukturelle und symbolische Aspekte 'des Bösen' in Zuspitzung auf Genderfigurationen". Christine Janowski setzte bei der aktuellen Feststellung ein, dass in populären Medien zunehmend wieder von "Stutenbissigkeit" und "Zickenterror" die Rede sei und somit die Anfälligkeit des weiblichen Geschlechts für "fiese Methoden" als bewiesen gelte. Sie unterstrich die Differenz zwischen dem Bösen und der Sünde in systematisch-theologischer Hinsicht und kam dann auf den eschatologischen Dualismus zu sprechen. Notwendig sei, so Christine Janowski, der doppelte Umbau der theologischen Dogmatik, mit allen damit verbundenen Schwierigkeiten. Dieser doppelte Umbau müsse sowohl die Opposition "ewiges Leben" – "ewiger Tod" als auch die Opposition "männlich" – "weiblich" betreffen und habe Folgen für die Ethik.

Auf den Vortrag folgten zwei Responses, eine praktisch-theologische von *Agnes Wuckelt* und eine kirchengeschichtliche von *Angela Berlis*, Rektorin des Altkatholischen Seminars Utrecht und Post-Doc an der Theologischen Fakultät Tilburg. Agnes Wuckelt zeigte in ihrer Response, wie schon bei Mädchen und Jungen das Böse verschieden verstanden und bewertet wird. Angela Berlis unternahm einen Gang durch die Kirchengeschichte, angefangen bei den aktuellen Ereignissen in den Niederlanden um den Tod des Filmemachers Theo van Gogh, bis hin zu den teuflischen Versuchungen des Einsiedlers Antonius. Neben der inhaltlichen Vielfalt und Bandbreite der drei Vorträge war die ökumenische Ausgewogenheit besonders erfreulich: Es referierten eine Protestantin, eine Römisch-Katholikin und eine Alt-Katholikin. Eine weitere Neuerung dieser Tagung war, dass nach den Vorträgen am Samstagvormittag in den Fachgruppen über das Gehörte diskutiert wurde. So konnten die Vorträge noch einmal aus Sicht der jeweiligen Fachgruppe beleuchtet und vertieft diskutiert werden.

3. Mini-Lectures

Am Nachmittag folgten Mini-Lectures. Diesmal handelte es sich nicht nur um die Vorstellung aktueller Forschungsprojekte, sondern immer auch, wie bereits erwähnt, um Beiträge, die sich auf das Tagungsthema bezogen.

Es fanden jeweils vier Mini-Lectures parallel statt, überwiegend nach inhaltlichen Gesichtspunkten geordnet. In der ersten Sektion ging es vorwiegend um kirchengeschichtliche Themen, in der zweiten um die Hebräische Bibel, in der dritten lag der Fokus auf dogmatischen Fragestellungen und in der vierten kamen Praktische Theologie, Kirchengeschichte und Neues Testament zusammen.

Den Anfang in der ersten Sektion, der Kirchengeschichte, machte *Elisabeth Gössmann,* Professorin in Tokyo und München, mit ihrem Vortrag "Zur Rezeptionsgeschichte der Päpstin Johanna. Eine interkonfessionelle Frauenschmähung". Sie zeichnete den Weg der negativen Beschreibungen einer weiblichen Papstgestalt von der Mitte des 13. bis weit ins 20. Jahrhundert hinein nach. Als letzten bedenklichen Höhepunkt der Päpstin-Rezeption führte sie den Bestseller von Donna Cross "Pope Joan" an.

Ihr folgte *Ida Raming,* die nach ihrer Promotion im gymnasialen Schuldienst tätig war, mit "Wahrheit im Vor-Urteil gegenüber Frauen. Reflexion aufgrund von Quellentexten mittelalterlicher Kanonisten / Theologen". Die Aufdeckung der Diskriminierung der Frau im Lauf der Theologiegeschichte bildete einen Schwerpunkt in den Anfängen der feministisch-theologischen Forschung. Die Referentin stellte anhand vieler Quellenbelege die Geschichte der Diskriminierung des weiblichen Geschlechts plastisch dar.

Als dritte sprach *Virginia R. Azcuy,* Professorin an der Universidad Católica Argentina, Buenos Aires, über "Das weibliche Geschlecht der Armut. Eine Perspektive des Bösen aus Lateinamerika". Sie beschrieb drei repräsentative Situationen in der Realität der Armut in Lateinamerika: die "weiblichen Haushaltsvorstände", die Frauen in den "Klubs für Tauschhandel" und die"Arbeitstrennung aufgrund des Geschlechts" in den ländlichen Regionen. Am Ende skizzierte Azcuy die sich daraus ergebenden wichtigsten Herausforderungen für die Theologie.

Schließlich referierte die Japanerin *Haruko Okano,* Professorin an der Hiroshima-Universität Bungakubu, über "Das Böse und Gender im kulturellen Kontext Japans". Sie beschrieb die Charakteristiken des "Bösen" im japanischen Kontext und verglich sie mit der europäischen Situation, um herauszuarbeiten, was im Begriff des Bösen das Universelle sei.

In der zweiten Sektion, Hebräische Bibel, machte *Helen Schüngel-Straumann,* Emerita für Biblische Theologie an der Gesamthochschule Kassel, mit "'Hat das Böse ein Geschlecht?' Zur Hebräischen Bibel" den Anfang. Dabei bezog sie sich vorrangig auf die Urgeschichte (Gen 1-11), und hier insbesondere auf Gen 3, den Text, der in der christlichen Überlieferung den Zusammenhang zwischen der Frau und dem Bösen festschreiben sollte. Es genüge nicht, diese Texte neu und sachlich korrekt auszulegen. Vielmehr, so Schüngel-Straumann, müsse auch die lange und unheilvolle Wirkungs- und Rezeptionsgeschichte dieser verkehrten, misogynen Tradition aufgearbeitet werden.

Ihr folgte *Ulrike Sals,* Assistentin am Lehrstuhl für Altes Testament und Biblische Umwelt der Universität Bern, mit ihrem Vortrag "Vom Sündenpfuhl zu Teufels Großmutter – Babylon geschlechtert". Sie zeigte, ausgehend von ihrer Dissertation, dass "Babylon" als das ideale Böse bezeichnet werden könne, als das weibliche Böse schlechthin. Ulrike Sals untersuchte, in welchen biblischen Texten "Babylon" tatsächlich als böse beschrieben wird und welches Geschlecht ihm dabei jeweils zugeschrieben wird. Ihre Schlussfolgerungen ergaben, dass die Bosheit und das Geschlecht Babylons nicht ausgemacht sind.

Die dritte Referentin in der Sektion "Hebräische Bibel" war *Ilse Müllner* (Universität Kassel) mit "Bad Women: biblisch". Es ging um biblische Frauengestalten, die ihre Macht weder geteilt noch eine Macht in Beziehung gelebt haben, sondern brutal gegen ihre Antagonisten vorgegangen sind. Das Ziel der Referentin war es nicht, die biblische Darstellung als Verzerrung produktiver Frauenmacht zu brandmarken. Vielmehr versuchte sie, indem sie Frauengestalten wie Athalya oder Isebel nachging, einen affirmativen oder sogar lustvollen Blick auf die Bad Women zu wecken.

Groß war auch in der dritten Sektion die Bandbreite der systematisch-theologischen Beiträge. Zuerst setzte die Schweizerin *Beatrice Acklin-Zimmermann,* Lehrbeauftragte an der Universität Fribourg, "Eine Fußnote zur Phänomenologie des Bösen aus der Sicht von Frauen". Die Referentin begann mit den Presseberichten, in denen bei einer Verbindung zwischen dem weiblichen Geschlecht und dem Bösen besonders aufgeregt reagiert wird. Aktuelle Bezugspunkte waren hier die tschetschenischen Terrorist*innen* und die folternden Soldat*innen* der US-Army im Irak. Acklin-Zimmermann nahm dann Bezug auf die brasilianische Befreiungstheologin Ivone Gebara und problematisierte das Böse im Leben von Frauen, wie etwa permanente Minderwertigkeitsgefühle von Frauen oder die Gewalt gegen Frauen. Die Komplexität des Bösen durchziehe das ganze Leben von Frauen.

Die zweite Referentin war *Heike Preising,* Wissenschaftliche Mitarbeiterin an der Universität Gießen, die mit "Das Böse und die Macht in Beziehung. Skizze einer konzeptionellen Verschiebung in der Theologie Carter Heywards" einen Ausschnitt aus ihrem Dissertationsprojekt vorstellte. Sie zeigte auf, wie Carter Heyward in ihrer frühen Konzeption jeder Form von Beziehung eine soteriologische Valenz beigemessen und destruktive Machtbeziehungen konzeptionell nicht in den Blick genommen habe. In ihrer aktuellen Konzeption trete hingegen die Relationalität selbst als basale und eigendynamische Struktur von Wirklichkeit in den Blick, innerhalb derer sich sowohl lebensfördernde als auch destruktive Beziehungsstrukturen herausbilden könnten.

Zuletzt hielt *Regine Munz,* Wissenschaftliche Mitarbeiterin an der Universität Basel, ihren Vortrag mit dem Titel "Banalität des Bösen – Kontingenz von Gender? Der Beitrag Hannah Arendts". Ausgehend von Arendts Überlegungen, die sozialgeschichtlichen Erzählungen, wie etwa die der Taten Eichmanns, und moralphilosophische Fragestellungen miteinander zu verknüpfen, beleuchtete die Referentin das "Geschlecht des Bösen" im Bereich menschlicher Urteils- und Denkfähigkeit. Die philosophische These von der Banalität des Bösen wurde mit der Frage nach der Kontingenz von Gender auf der Aktionsebene der Gewalt konfrontiert.

In der vierten Sektion machte Pfarrerin *Martina Abel* mit "Keine Heilige oder Hure ohne Bösewicht – der Fall Bothwell im Leben Mary Stuarts" den Anfang. Auch hierbei handelt es sich um ein Dissertationsprojekt. Die Referentin betrachtete, beginnend bei den historischen Gestalten selbst, die Wirkungs- und Rezeptionsgeschichte. Sie zeigte auf, wie die Nutzung der Figur "Bothwell" als Negativfolie und hermeneutische Konstante auch in der über das 16. Jahrhundert hinausgehenden wissenschaftlichen und belletristischen Literatur zu Mary Stuart erklärt werden könne. Schließlich wies sie auf eine notwendige Dekonstruktion der Stereotype hin, um geschlechtliche und konfessionelle Differenzierung und Diskriminierung deutlich zu machen.

Der neutestamentliche Vortrag wurde von zwei Vertreterinnen des Fachs gemeinsam gehalten: *Judith Hartenstein,* Wissenschaftliche Assistentin an der Universität Marburg und *Silke Petersen,* Lehrbeauftragte an der Universität

Hamburg, referierten über "Die Welt ist nicht einfach (böse). Dekonstruktion im Johannesevangelium". Entgegen der landläufigen Vorstellung, dass es sich beim Johannesevangelium um ein dualistisches Evangelium handele, in dem klar zwischen Guten und Bösen unterschieden werde, zeigten die Referentinnen auf, wie in diesem Evangelium selbst schon die Differenzen und die Dekonstruktion angelegt seien. Den vielen schematischen Aussagen stünden viele weitere gegenüber, die ihnen widersprächen und sie relativierten. So ließe sich sagen, dass Konzepte aufgebaut oder vorausgesetzt seien, um gleichzeitig auch wieder in Frage gestellt zu werden. Dabei entstehe, so die Referentinnen, nicht ein Kompromiss, sondern eine dynamische Balance aus Bestätigung und Verneinung.

Schließlich folgte *Elisabeth Naurath,* Wissenschaftliche Assistentin im Fach Evangelische Religionspädagogik und Didaktik des Religionsunterrichts an der Universität Augsburg, mit "Wider das Böse. Die geschlechtsspezifische Entwicklung von Mitgefühl als religionspädagogische Aufgabe". Die Referentin setzte bei ihrer Mini-Lecture, ausgehend vom zunehmenden Gewaltpotential bei Kindern, zwei Schwerpunkte: den Gender-Aspekt und die daraus resultierenden Konsequenzen für die Religionspädagogik. Hinsichtlich des Gender-Aspekts führte sie Ergebnisse neuerer emotionspsychologischer Untersuchungen ins Feld, die zeigen, dass Mädchen gefühlsbetonter aufwachsen, während Jungen einer stärkeren Kontrolle und Sanktion ihrer Gefühle ausgesetzt seien. Als Konsequenzen für die Religionspädagogik verwies sie vor allem auf die Bedeutung der frühkindlichen Religionspädagogik, die die Genese von Mitgefühl und prosozialem Verhalten fördere.

Insgesamt ist zu sagen, dass die Mini-Lectures das Tagungsthema in großer Bandbreite beleuchtet haben. Es wurde ein weiter Bogen gespannt, der durch die thematische Einführung am Freitagabend und die Vorträge am Samstagvormittag allein nicht erreicht worden wäre. Gleichzeitig bestand – wie bei früheren Tagungen auch – weiterhin die Möglichkeit, aktuelle Forschungsprojekte vorzustellen, die sich mit dem Tagungsthema verknüpfen ließen.

4. Thematischer Ertrag

Auch der Samstagabend versprach unkonventionell und spannend zu werden. Auf dem Programm stand der thematische Ertrag der Tagung, und *Ulrike Wagner-Rau* gestaltete dies in Form eines "Fishbowls": In der Mitte standen sechs Stühle, die spontan von Frauen besetzt werden konnten, die sich in die Diskussion einschalten wollten. So entstand eine – im wahrsten Sinne des Wortes – äußerst bewegte und lebendige Diskussion. Sie kreiste um die Hauptfrage, ob es nun einen spezifischen Konnex zwischen Geschlecht und Sünde beziehungsweise dem Bösen gäbe. Und es wurde noch grundsätzlicher gefragt, was denn das Böse überhaupt sei, beziehungsweise ob es so etwas wie das Böse gebe. Eine Teilnehmerin schlug angesichts der um sich greifenden Verwirrung und Ratlosigkeit vor, dass vielleicht am Ende nur noch die Möglichkeit bliebe, zu Gott im Gebet zu sprechen und um seine Hilfe zu schreien. Daraufhin bestieg Christine Janowski den Ring bzw. den Fishbowl, und protestierte heftig: Als Theologinnen müssten wir zwar nicht immer auf alles eine Antwort wissen, aber wenigstens mit Ernsthaftigkeit und intellektueller Redlichkeit die richtigen Fragen stellen. Schließlich zog eine der jüngeren Teilnehmerinnen das Resümee, dass "gender trouble" addiert mit "trouble gut / böse" keine Klarheit ergebe, sondern eine zweifache Verwirrung. Doch wenn es auch theoretisch schwierig sei zu klären, was das Böse und was weiblich sei, und wie beides dann noch zusammenhänge, würde es doch meistens wenigstens im Alltag gelingen, "gut" und "böse" zu unterscheiden und die Männer von den Frauen…

5. Der Schluss

Am späteren Abend folgte dann wie in den Jahren zuvor ein Fest mit Musik von *Ariella Pavoni,* bei dem sich die Tanzfläche schnell füllte. Und vielleicht ist das der sinnfälligste Ausdruck dafür, was die ESWTR bedeutet, nämlich die Möglichkeit für Nachwuchswissenschaftlerinnen, mit Professorinnen zu tanzen, mit den Frauen, von denen frau in der Studienzeit durch Aufsätze theologisch feminisiert worden ist.

Am nächsten Vormittag fand nach dem Morgenritual die Mitgliederversammlung mit der Neuwahl des Vorstandes, der Abstimmung über das Tagungsthema 2006 und der Vorstellung des Mentoring-Programms der ESWTR statt – aber dies alles ist im ersten Rundbrief 2005 nachzulesen. Schließlich folgten das Mittagessen, ein hektischer Aufbruch und das Ende einer wirklich bewegten und bewegenden Tagung.

Als Fazit lässt sich sagen: Das gesamte Programm ließ keine Wünsche offen. Sowohl inhaltlich als auch gesellschaftlich war es eine rundum gelungene Tagung. Auch die Vorbereitungsgruppe zog eine äußerst positive Bilanz, sowohl im Hinblick auf die Anzahl der Teilnehmerinnen (und hier insbesondere die Anwesenheit einiger Professorinnen), die sehr guten Fachgruppentreffen und das inhaltlich hochwertige Programm. Auch die Neuerungen, wie die inhaltliche Koppelung der Mini-Lectures an das Tagungsthema, wurden übereinstimmend als positiv bewertet. Ebenso wurde die Diskussion nach den

Hauptvorträgen in der Verknüpfung mit den Fachgruppen als sinnvoll erachtet. Und schließlich war es in ökumenischer Hinsicht sehr erfreulich, dass zum einen die Teilnehmerinnen nahezu paritätisch evangelisch und katholisch und zum anderen die Hauptvorträge ökumenisch ausgewogen waren.

The conference of the German section of the ESWTR in November 2004, attended by 80 women, dealt with the theological question about the relationship between gender and evil. The topics of lectures ranged from the creation story to current events, such as the murder of Theodor van Gogh, the Dutch producer. There was an opportunity to present new research projects, to share in working groups and to enjoy ourselves. The conference was concluded by an act of worship and the annual general meeting.

Le congrès de la section allemande de l'AFERT, en novembre 2004, auquel participèrent quelques quatre-vingt femmes, traita de la question théologique du rapport entre le genre et le mal. Les communications allèrent du récit de la Création à des événements récents comme le meurtre du metteur en scène néerlandais Theodor van Gogh. Il y eut, en outre, le temps de présenter de nouveaux projets scientifiques, d'avoir des échanges dans des groupes de travail thématiques et de faire la fête ensemble. Le congrès se termina par un office et l'assemblée générale.

Rajah Scheepers (*1974) hat an der Philipps-Universität Marburg in Kirchengeschichte ihre Dissertation geschrieben und in der Evangelischen Kirche Berlin-Brandenburg-Schlesische Oberlausitz ihr Vikariat absolviert. Sie hat im Rahmen des Tandem-Programms für junge Nachwuchswissenschaftler der Volkswagen-Stiftung seit November 2005 eine Post-Doc-Stelle an der Universität Hannover zur Diakoniegeschichte des 20. Jahrhunderts.

I. Bibliographie – Bibliography – Bibliographie[1]

Zusammengestellt von Angela Berlis, unter Mitarbeit von Assunta Sozzi

I.1 Exegese (Erstes Testament, Neues Testament, nicht kanonisierte jüdische und frühchristliche Schriften) und Hermeneutik

Elena Bosetti, **Prima Lettera di Pietro. Introduzione e commento** [= *First epistle of Peter. Introduction and commentary*], Dabar – Logos – Parola / Nuovo Testamento, EMP: Padova 2004 (ristampa ottobre 2004), 250p., ISBN 88-250-1275, € 10.50

Elena Bosetti / Angelo Colacrai (edd.) **Apokalypsis. Percorsi nell'Apocalisse di Giovanni** [= *Revelation. Itineraries in John's Revelation*], Cittadella Editrice: Assisi 2005, 890p., € 64.90

*Isa Breitmaier, **Lehren und Lernen in der Spur des Ersten Testaments. Exegetische Studien zum 5. Buch Mose und dem Sprüchebuch aus religionspädagogischer Perspektive**, (Beiträge zum Verstehen der Bibel 8), Lit: Münster 2004, 477 S., ISBN 3-8258-7703-5, € 29.90

Leila Leah Bronner, **Stories of Biblical Mothers. Maternal Power in the Hebrew Bible**, University Press of America: Lanham 2004, 162p., ISBN 0-7618-2829-X, $26.00

*Frank Crüsemann / Marlene Crüsemann / Claudia Janssen / Rainer Kessler / Beate Wehn (Hg.), **Dem Tod nicht glauben. Sozialgeschichte der Bibel**, (Festschrift für Luise Schottroff zum 70. Geburtstag), Gütersloher Verlagshaus: Gütersloh 2004, 685 S., ISBN 3-579-05414-7, € 39.95 / CHF 69.00

Danielle Ellul, **Apprendre l'hébreu biblique par des textes**, Cerf: Paris 2003, 440p., ISBN 2-204-07271-0, € 29.00

***Irmtraud Fischer, Gender-faire Exegese. Gesammelte Beiträge zur Reflexion des Genderbias und seiner Auswirkungen in der Übersetzung und Auslegung von**

[1] Zu Büchern mit * siehe unter "Rezensionen" – Books marked * are reviewed below – Pour les livres avec * voire sous "Critique des livres".

biblischen Texten, (Exegese in unserer Zeit 14), Lit: Münster 2004, 224 S., ISBN 3-8258-7244-0, € 19.90

Annelies Glander, **The Queen of Sheba's Round Table: A Study of the Most Favoured Daughters of Eve**, P. Lang: Frankfurt/M. etc. 2004, 238p., ISBN 3-631-52939-2, € 42.50 / CHF 62.00 / $47.95

Deryn Guest, **When Deborah met Jael: Lesbian Biblical Hermeneutics**, SCM Press: London 2005, 280p., ISBN 0-334-02958-9, £19.99

Holly E. Hearon, **The Mary Magdalene Tradition: Witness and Counter-Witness in Early Christian Communities**, Liturgical Press: Collegeville 2004, 248p., ISBN 1-8146-5120-8, $24.95

Claudia Janssen, **Anders ist die Schönheit der Körper. Paulus und die Auferstehung in 1 Kor 15**, Gütersloher Verlagshaus: Gütersloh 2005, 360 S., ISBN 3-579-05210-1, € 34.95 / CHF 61.00

Renate Jost, **Gender, Sexualität und Macht in der Anthropologie des Richterbuches**, Kohlhammer: Stuttgart 2005, ca. 320 S., ISBN 3-17-018556-X, ca. € 40.00

Marion Keuchen, **Die "Opferung Isaaks" im 20. Jahrhundert auf der Theaterbühne**, (Altes Testament und Moderne 19), Lit Verlag: Münster 2004, 296 S., ISBN 3-8258-7196-7, € 19.90

Corinne Lanoir, **Femmes fatales, filles rebelles. Figures féminines dans le livre des Juges**, Labor et Fides: Genève 2005, 370p., ISBN 2-8309-1157-1, CHF 47.00

Choon-Ho You-Martin, **Frauenbewegung und Frauentheologie in Südkorea. Gesammelte Beiträge**, postum hg. von Marie-Theres Wacker und Hermes A. Kick, (Theologische Frauenforschung in Europa 16), Lit Verlag: Münster 2004, 182 S., ISBN 3-8258-7370-6, € 12.90

Madipoane Masenya (ngwana' Mphahlele), **How Worthy Is the Woman of Worth? Rereading Proverbs 31: 10-31 in African South-Africa**, P. Lang: New York etc. 2004, 190p., ISBN 0-8204-6920-3, € 55.60 / $61.95

Judith E. McKinlay, **Reframing Her: Biblical Women in Postcolonial Focus**, Sheffield Phoenix Press: Sheffield 2004, 180p., ISBN 1-905048-00-9, $27.50

Pilar de Miguel, **Pràcticas de interpretaciòn bìblica: una guìa de lectura de "Pero Ella dijo" de E. Schüssler Fiorenza** [= *Practices of Bible interpretation: a guide* *to read "But She said" from E. Schüssler Fiorenza*], (Colecciòn Xirimiri de Pastoral 21), edita IDTP/Descléè de Brouwer: Bilbao 2004, 60p., ISBN 84-330-1864-7, € 2.00

*Annette Merz, **Die fiktive Selbstauslegung des Paulus. Intertextuelle Studien zur Intention und Rezeption der Pastoralbriefe, (Novum Testamentum et Orbis Antiquus 52)**, Vandenhoeck & Ruprecht – Academic Press: Göttingen – Fribourg 2004, 465 S., ISBN 3-525-53953-3, € 69.00

Stella Morra, **Il Regno di Dio è dei violenti? Meditazioni bibliche da Abele al Drago** [= *Does the kingdom of God belong to the violents? Biblic meditations from Abel to the dragon*], Effatà: Torino 2004, 175p., € 13.00

Mercedes Navarro, **Quando la Biblia cuenta: claves de narrativa biblica**, [= *When the Bible tells: interpretative keys of the Bible narrative*], PPC: Madrid 2003, 128p., ISBN 84-288-1812-6, € 8.00

Elisabeth Parmentier, **L'Écriture vive. Interprétations chrétiennes de la Bible**, (Le Monde de la Bible), Labor et Fides: Genève 2004, 213p., ISBN 2-8309-1049-4, € 26.00

Anne-Marie Pelletier, **D'âge en âge les Écritures. La Bible et l'herméneutique contemporaine**, (Collection: le livre et le rouleau), Lessius: Bruxelles 2004, 174p. ISBN 2-87299-126-3

Maria-Luisa Rigato, **Il titolo della croce di Gesù. Confronto tra i Vangeli e la tavoletta-reliquia della basilica Eleniana a Roma** [= *The title of Jesus' cross. A confrontation between the Gospels and the relic-tablet in the St. Helen Basilica in Rome*], (= Dissertation Gregoriana University, Serie Teologia 100), Editrice PUG: Roma 2003 (ristampa 2005), 385p., ISBN 88-7652-969-1, € 25.00

*Claudia Rakel, **Judit – Über Schönheit, Macht und Widerstand im Krieg. Eine feministisch-intertextuelle Lektüre**, (Beihefte zur Zeitschrift für die alttestamentliche Wissenschaft 334), Walter de Gruyter: Berlin – New York 2003, 326 S., ISBN 3-11-017926-1, € 88.00

*Ulrike Sals, **Die Biographie der "Hure Babylon". Studien zur Intertextualität der Babylon-Texte in der Bibel**, (Forschungen zum Alten Testament, 2. Reihe 6), Mohr Siebeck: Tübingen, 2004, 567 S., ISBN 3-16-148431-2, € 84.00

Ross Shepard Kraemer, **Women's Religions in the Graeco-Roman World: A Sourcebook**, Oxford University Press: Oxford 2004, 520p., ISBN 0-19-514278-0, $24.95

Jane Schaberg, **The Resurrection of Mary Magdalene: Legends, Apocrypha, and the Christian Testament**, Continuum: New York – London 2004, 375p., ISBN 0-8264-1645-4, $19.95

*Uta Schmidt, **Zentrale Randfiguren. Strukturen der Darstellung von Frauen in den Erzählungen der Königebücher**, Chr. Kaiser/Gütersloher Verlagshaus: Gütersloh 2003, 268 S., ISBN 3-579-0549-0, € 34.95

*Barbara Schmitz, **Gedeutete Geschichte. Die Funktion der Reden und Gebete im Buch Judit**, (Herders Biblische Studien 40), Herder: Freiburg u.a. 2004, 543 S., ISBN 3-451-28304-2, € 65.00

Luise Schottroff, **Die Gleichnisse Jesu**, Gütersloher Verlagshaus: Gütersloh 2005, 320 S., ISBN 3-579-05200-4, € 19.95 / CHF 36.10

Silvia Schroer / Thomas Staubli, **Die Körpersymbolik der Bibel**, Gütersloher Verlagshaus: Gütersloh 2005, ca. 208 S., ISBN 3-579-05207-1, € 29.95 / CHF 52.90

*Helen Schüngel-Straumann, **Anfänge feministischer Exegese. Gesammelte Beiträge, mit einem orientierenden Nachwort und einer Auswahlbibliographie**, (Exegese in unserer Zeit 8), Lit: Münster 2002, 320 S., ISBN 3-8258-5753-0, € 20.90

Elisabeth Schüssler Fiorenza, **WeisheitsWege. Eine Einführung in feministische Bibelinterpretation**, Verlag Katholisches Bibelwerk: Stuttgart 2005, 323 S., ISBN 3-460-25275-8, € 24.90 [*Übersetzung von Wisdom Ways*]

Rita Torti Mazzi, **Quando interrogare è pregare. La domanda nel Salterio alla luce della letteratura accadica** [=*When questioning means praying: Questions on the Psalms in the light of Akkadian literature*], Edizioni San Paolo: Cinisello Balsamo (Milano) 2003, 448p., ISBN 88-215-4783-3, € 34.00

Sigrun Welke-Holtmann, **Die Kommunikation zwischen Frau und Mann. Dialogstrukturen in den Erzähltexten der Hebräischen Bibel**, Lit: Münster 2004, ca. 316 S., ISBN 3-8258-7198-3, € 19.90.

I.2 Kirchen- und Religionsgeschichte

Rebeka Anić, **Die Frauen in der Kirche Kroatiens im 20. Jahrhundert**, (Theologische Frauenforschung in Europa 17), Lit: Münster 2004, 784 S., ISBN 3-8258-7666-7, € 29.90

Anneke B. Mulder-Bakker, **Lives of the Anchoresses: The Rise of the Urban Recluse in Medieval Europe**, transl. by Myra Heerspink Scholz, PennPress: Philadelphia 2005, 312p., ISBN 0-8122-3852-4, $44.00 / £36.00

Marie-Françoise Baslez (éd.), **Les premiers temps de l'Eglise: de Saint Paul à Saint Augustin**, Le monde de la Bible, Gallimard: Paris 2004, 844p., ISBN 2-07-030204-0, € 13.50

Angela Berlis / Annick Yaiche (Hg.), **Holprige Wege, beharrliche Schritte. Dr. Ilse Brinkhues zum 80. Geburtstag**, Alt-Katholischer Bistumsverlag: Bonn 2003 (2. Aufl. 2003), 217 S., ISBN 3-934610-80-3, € 10.00

Katell Berthelot, **Philantrôpia judaica: le débat autour de la "misantropie" des lois juives dans l'Antiquité**, (Supplements to the Journal for the Study of Judaism 76), Brill: Leiden – Boston 2003, 441p., ISBN 90-04-12886-7, $165.75

Katell Berthelot, **L'"humanité de l'autre homme" dans la pensée juive ancienne**, (Supplements to the Journal for the Study of Judaism 87), Brill: Leiden – Boston 2004, 304p., ISBN 90-04-13797-1, € 117.00 / $167.00

Vera Boetzinger, **„Den Chinesen ein Chinese werden". Die deutsche protestantische Frauenmission in China 1842-1952**, (Missionsgeschichtliches Archiv 11), Franz Steiner: Stuttgart 2004, 305 S., ISBN 3-515-08611-0, € 49.00

Corinne Bonafoux-Verrax, **A la droite de Dieu**, Collection Histoire Contemporaine, Fayard: Paris 2004, 652p., ISBN 2213618883, € 32.00

*Kari Elisabeth Børresen, **From Patristics to Matristics: Selected Articles on Christian Gender Models. Published on Occasion of her 70th Anniversary 16 October 2002**, ed. by Øyvind Norderval and Katrine Lund Ore, Herder: Roma 2002, 316p., € 35.00

Kari Elisabeth Børresen (ed.), **Christian and Islamic Gender Models.** (STTA 2), Herder: Roma 2004, 226p., ISBN 88-85876-91-9, € 26.00

Ann Braude, **Transforming the Faith of Our Fathers: Women Who Changed American Religion**, Palgrave Macmillan: New York – London 2004, 272p., ISBN 1-4039-6460-2, $27.95

Richard D.E. Burton, **Holy Tears, Holy Blood: Women, Catholicism, and the Culture of Suffering in France, 1840-1970**, Cornell University Press: Ithaca 2004, 320p., ISBN 0-8014-4207-9, $45.00

Marina Caffiero, **Battesimi forzati. Storie di ebrei, cristiani e convertiti nella Roma dei papi** [= *Forced baptizing. Histories of Jews, Christians and converted people in the pope's Rome*], La corte di papi, Viella: Roma 2004, 352p., ISBN 88-8334-136-8, € 22.00

Elizabeth Castelli, **Martyrdom and Memory: Early Christian Culture Making**, Columbia University Press: New York 2004, 352p., ISBN 0-231-12986-6, $40.00

Elizabeth A. Clark, **History, Theory, Text: Historians and the Linguistic Turn**, Harvard University Press: Harvard 2004, 336p., ISBN 0-674-01584-3, $19.95

Theresa Coletti, **Mary Magdalene and the Drama of Saints: Theater, Gender, and Religion in Late Medieval England**, PennPress: Philadelphia 2004, 360p., ISBN 0-8122-3800-1, $47.96 / £39.00

Dinora Corsi (ed.), **Donne cristiane e sacerdozio. Dalle origini all'età contemporanea** *[= Christian women and the priesthood. From the origins to the contemporary age]*, I libri di Viella: Roma 2004, 271p., ISBN 88-8334-129-5, € 28.00

Hannelore Erhart (Hg.), **Lexikon früher evangelischer Theologinnen**. Biographische Skizzen, Neukirchener: Neukirchen-Vluyn 2005, 512 S., ISBN: 3-7975-0081-5, € 19.90 / CHF 35.90

Samuel Fanous / Henriette Leyser, **Christina of Markyate**, Routledge: Londen – New York 2004, 320p., ISBN 0-415-30859-3, £16.99

*Frauengleichstellungsstelle der Evangelisch-Lutherischen Kirche in Bayern (Hg.), **Stehet auf, ihr stolzen Frauen. Frauenleben im 20. Jahrhundert**, (Zweiter Frauengeschichtswettbewerb der Evang.-Luth. Kirche in Bayern), Evangelischer Presseverband für Bayern: München 2004, 207 Seiten, ISBN 3-583-33111-7, € 9.90

Isabel Gomez Acebo (ed.), **La mujer en los origenes del cristianismo** [= *The woman at the origins of christianism*], (Collecciòn 'En clave de mujer'), DDB: Bilbao 2005, 296p., ISBN 8433019384, € 16.00

Romana Guarnieri, **Donne e chiesa tra mistica e istituzioni (sec. XIII-XV)** [= *Women and church between mysticism and institutions. XIII-XV centuries*], Ed. Storia e Letteratura: Roma 2004, 433p., ISBN 88-8498-160-3, € 48.00

Mireille Hadas-Lebel, **Philon d'Alexandrie, un penseur en diaspora**, Collection Histoire, Fayard: Paris 2003, 380p., ISBN 2213617404, € 20.00

*Gertrud Hüwelmeier, **Närrinnen Gottes. Lebenswelten von Ordensfrauen**, Waxmann: Münster – New York – Berlin – München 2004, 242 S., ISBN 3-8309-1415-6, € 24.90

Anne Jensen / Michaela Kronthaler (Hg.), **Formen weiblicher Autorität. Erträge historisch-theologischer Frauenforschung**, (Theologische Frauenforschung in Europa 17), Lit: Münster 2004, 200 S., ISBN 3-8258-7650-0, € 19.90

Renate Jost / Marcel Nieden (Hg.), **Hexenwahn. Eine theologische Selbstbesinnung**, (Theologische Akzente 5), Kohlhammer: Stuttgart 2004, 224 S., ISBN 3-17-017894-6, € 20.00

*Hildegund Keul, **Verschwiegene Gottesrede. Die Mystik der Begine Mechthild von Magdeburg,** Tyrolia: Innsbruck – Wien 2004, 525 S., ISBN 3-7022-2608-7, € 49.00

*Ursula King, **Christian Mystics: Their Lives and Legacies throughout the Ages**, Routledge: London – New York 2004, ISBN 0-415-32652-4, 270p., £15.99

Elisa Klapheck, **Fräulein Rabbiner Jonas: The Story of the First Woman Rabbi**, Jossey-Bass: San Francisco 2004, 256p., ISBN 0-7879-6987-7, $24.95

*Britta Konz / Ulrike Link-Wieczorek (Hg.), **Vision und Verantwortung. Festschrift für Ilse Meseberg-Haubold**, (Theologie 63), Lit: Münster 2004, 250 S., ISBN 3-8258-7323-4, € 24.90

*Annette Kuhn, **Ich trage einen goldenen Stern. Ein Frauenleben in Deutschland**, Aufbau-Verlag: Berlin 2003, 232 S., ISBN 3-351-02556-4, € 17.90

*Elizabeth Kuhns, **The Habit. A History of the Clothing of Catholic Nuns,** Doubleday: New York – London – Toronto – Sydney – Auckland 2003, 228 S., ISBN 0-385-50588-4, $23.95

Kevin Madigan / Carolyn Osiek (eds & translators), **Women Deacons and Presbyters in the Early Church**, John Hopkins University Press: Baltimore 2005, 224p., ISBN 0-8018-7932-9, $48.00

Marie Anne Mayeski, **Women at the Table: Three Medieval Theologians**, Liturgical Press: Collegeville 2004, 168p., ISBN 1-8146-5829-6, $18.95

Inge Mager (Hg.), **Frauen-Profile des Luthertums. Lebensgeschichten im 20. Jahrhundert**, Gütersloher Verlagshaus: Gütersloh 2005, 784 S., ISBN 3-579-05213-6, € 39.95 / CHF 69.00

Irmela Marei Krüger-Fürhoff / Tanja Nusser (Hg.), **Askese. Geschlecht und Geschichte der Selbstdisziplinierung**, Aisthesis: Bielefeld 2005, 252 S., ISBN 3-89528-492-0, € 38.00

Elisabeth Moltmann-Wendel, **Das Leben lieben – mehr als den Himmel. Frauenporträts**, Gütersloher Verlagshaus: Gütersloh 2005, 144 S., ISBN 3-579-05209-8, € 14.95 / CHF 27.30

*Daniela Müller, **„Ketzerinnen"– Frauen gehen ihren eigenen Weg. Vom Leben und Sterben der Katharerinnen im 13. und 14. Jahrhundert**, Religion & Kultur-Verlag: Würzburg 2004, 287 Seiten, ISBN 3-933891-11-6, € 19.90

Nathalie Narbel, **Un ouragon de prudence. Les églises protestantes vaudoises et les réfugiés victimes du nazismes (1933-49)**, Labor & Fides: Genève 2003, 213p., ISBN 2-8309-1049-4, € 26.00

Annebelle Pithan, **Liselotte Corbach (1910-2002). Biografie – Frauengeschichte – Religionspädagogik**, Neukirchener: Neukirchen-Vluyn 2004, 525 S., ISBN 3-7887-2080-8, € 39.90

Sara S. Poor, **Mechthild of Magdeburg and Her Book: Gender and the Making of Textual Authority**, PennPress: Philadelphia 2004, 352p., ISBN 0-8122-3802-8, $44.00 / £36.00

Geneviève Poujol, **Un féminisme sous tutelle. Les protestantes françaises 1810-1960**, Collection Bibliothèque protestante: Paris 2003, 268p., ISBN 2-8462-1031-4, € 23.00

Hélène Renard, **Journal du christianisme: trente évènements qui changèrent le monde**, (Collection Civilisations, Kiron), Éditions du Félin: Paris 2004, 318p. ISBN 2-8664-5543-6, € 19.90

*Marina Sassenberg, **Selma Stern (1890-1981). Das Eigene in der Geschichte. Selbstentwürfe und Geschichtsentwürfe einer Historikerin**, (Schriftenreihe wissenschaftlicher Abhandlungen des Leo Baeck Instituts 69), Mohr Siebeck: Tübingen 2004, 293 S., ISBN 3-16-148263-8, € 69.00

Eva Schlotheuber: **Klostereintritt und Bildung. Die Lebenswelt der Nonnen im späten Mittelalter. Mit einer Edition des "Konventstagebuchs" einer Zisterzienserin vom Heilig-Kreuz bei Braunschweig (1484-1507)**, (Spätmittelalter und Reformation. Neue Reihe 24), Mohr Siebeck: Tübingen 2004, 612 S., ISBN 3-16-148263-8, € 119.00

Martine Sévégrand (éd.), **Contribution pour l'avenir du christianisme**, Desclée de Brouwer: Paris 2003, 368p., ISBN 2-220-05275, € 24.00

Martine Sévégrand, **Vers une église sans prêtres. La crise du clergé séculier en France (1945-1978)**, collection Histoire, Ed. Presses Universelles de Rennes: Rennes 2004, 325p. ISBN 2-8684-7963-4, € 19.00

Joan E. Taylor, **Jewish Women Philosophers of First-Century Alexandria. Philo's "Therapeutae" Reconsidered**, Oxford University Press: Oxford 2004, 440p., ISBN 0-19-925961-5, $99.00

Astrid Urpatel-Hartwig, **Heilige Frauen in den Kirchen Mecklenburg-Vorpommerns**, Mit Fotos von Ilse Schrama, Weiw: Stralsund – Amsterdam 2005, 112 S., ISBN 3-937938-01-X, € 28.00

Adriana Valerio / Giuliana Boccadamo, **Storia minima al femminile del monastero napoletano di Santa Monica** [= *Small femminine history of the Santa Monica monastery in Naples*], D'Auria: Napoli 2003, 175p. + CDR, ISBN 88-7092-208-1, € 30.00

*Adriana Valerio (ed.), **Archivio per la Storia delle Donne** [= *Archive for the history of women),* vol. 1, D'Auria: Napoli 2004, xvii + 220p., ISBN 55-7092-236-7, € 60.00

Adriana Valerio, **Archivio per la Storia delle Donne: Introduzione – Introduction – Introduccion**, D'Auria: Napoli 2004, 176p., ISBN 88-7092-251-0, € 10.00

Waltraud Verlaguet, **L' "éloignance". La théologie de Mechthild de Magdebourg (XIIIe siècle)**, P. Lang: Bern 2005, 427p., ISBN 3-03910-616-3, CHF 96.00 / € 66.00

Valentine Zuber, **Les conflits de la tolérance: Michel Servet entre mémoire et histoire**, Honoré Champion: Paris, 656p., ISBN 2-7453-1071-2, € 100.00.

I.3 Systematische Theologie, Ökumene und Interreligiöser Dialog

Marcella Althaus-Reid, **From Feminist Theology to Indecent Theology**, SCM Press: London 2004, 200p., ISBN 0-334-02983-X, £16.99

Annemarie Augschöll (Hg.), **Geschlechter interdisziplinär betrachtet**, P. Lang: Frankfurt/M. 2004, 191 S., ISBN 3-631-52668-7, € 39.00 / CHF 57.00

Esperanza Bautista Parejo, **Aproximation al estudio del Hecho Religioso** [= *Approach to the study of religion development*], Editorial Verbo Divino: Estella (Navarra) 2003, 261p., ISBN 84-8169-518-1, € 10.00

Esperanza Bautista Parejo (ed.), **10 palabras clave sobre violencia de género** [= *10 key words on gender violence*], Editorial Verbo Divino: Estella (Navarra) 2004, 401p. ISBN 84-8169-625-0, € 15.96

Elena Lea Bartolini, **Per amore di Tzion. Gerusalemme nella tradizione ebraica** [= *For the sake of Sion. Jerusalem in the Jewish tradition*], Effatà: Cantalupa (Torino) 2005, 112p., ISBN 88-7402-1852, € 10.50

*Pauline Bebe, **ISHA: Frau und Judentum. Enzyklopädie**. Aus dem Französischen übersetzt von Caroline Bechhofer, Roman Kovar: Egling an der Paar 2004, 444 S., ISBN 3-925845-97-6, € 34.00 [*Übersetzung von Dictionnaire des femmes et du judaïsme, Calmann-Lévy: Paris 2001*]

Angela Berlis / Manuela Kalsky (Hg.), **Offen für Offenbarung**, (Glauben und Leben 20), Lit: Münster 2005, 104 S., ISBN 3-8258-7682-9, € 9.90

Brenda Brasher / Lee Quinby (eds), **Gender and Apocalyptic Desire**, Equinox Publishing: London 2005, 192p., ISBN 1-904768-86-5, £26.95 / $26.95

Rita Nakashima Brock / Claudia Camp / Serene Jones (eds), **Setting the Table: Women in Theological Conversation**, Chalice Press: Atlanta 2004, ISBN 0-8272-34333, $19.99

Hadumod Bußmann / Renate Hof (Hg.), **Genus. Geschlechterforschung/Gender Studies in den Kultur- und Sozialwissenschaften. Ein Handbuch**, A. Kröner: Stuttgart 2005, 600 S., ISBN 3-520-82201-6

Jose Cabezon / Sheila Greeve Davaney (eds), **Identity and the Politics of Scholarship in the Study of Religion**, Routledge: London – New York 2004, 248p., ISBN 0-415-97065-2, £17.99

Ellen Clark-King, **Theology by Heart: Women, the Church and God**, Epworth: London 2004, 244p., ISBN 0-7162-0587-4, £14.99

Geneviève Comeau, **Grâce à l'autre: le pluralisme religieux, une chance pour la foi**, Les éd. de l'Atelier-Les éd. Ouvrières: Paris 2003, 159p., ISBN 2-7082-3742-X

Severino Dianich / Serena Noceti, **Trattato sulla Chiesa** [= *Treatise on the Church*], Nuovo corso di teologia sistematica, Queriniana: Brescia 2003, 587 p., ISBN 88-399-2405-1 (2° edizione), € 37.00

*Irene Dingel (Hg.), **Feministische Theologie und Gender-Forschung. Bilanz – Perspektiven – Akzente**, Evangelische Verlagsanstalt: Leipzig 2003, 232 S., ISBN 3-374-02078-X, € 18.80

Wendy Doniger, **The Woman Who Pretended to Be Who She Was. Myths of Self-Imitation**, Oxford University Press: Oxford 2004, 320p., ISBN 0-19-516016-9, $29.95

*Andrea Eickmeier / Jutta Flatters (Hg.), **Vermessen! Globale Visionen – konkrete Schritte. Wegmarken durch den feministischen Alltag. Arbeitsbuch zu Elisabeth Schüssler Fiorenzas kritischer Befreiungstheologie**, (Sonderausgabe 3 zur Schlangenbrut), Münster 2003, 76 S., ISSN 1439-2267, € 9.20

Heidi Epstein, **Melting the Venusberg: A Feminist Theology of Music**, Continuum: New York – London 2004, 216p., ISBN 0-8264-1648-9, $24.95

Elisa Estévez, **El poder de una mujer credente: cuerpo, identidad y discipulado en Mc 5,24b-34: un estudio desde las ciencias sociales** [= *The power of a believing woman: body, identity and discipleship in Mc 5,24b-34. A study starting from social sciences*], Editorial Verbo Divino: Estella (Navarra) 2003, 497p., ISBN 84-8169-522-X, € 28.27

Helen Fry / Lynne Scholefield / Rachel Montagu, **Women's Voices: New Perspectives for the Christian-Jewish Dialogue**, SCM Press: London 2005, 256p., ISBN 0-334-02986-4, £19.99

*Carl G. Fürst / Richard Potz (Hg.), **Mutter, Nonne, Diakonin. Frauenbilder im Recht der Ostkirchen / Mother, Nun, Deaconess. Images of Women according to Eastern Canon Law**, (Kanon XVI. Jahrbuch der Gesellschaft für das Recht der Ostkirchen), Roman Kovar: Egling 2000, 326 S., ISBN 3- 925845-89-5, € 26.00

*Susanne Glietsch, **Mittäterschaft und Selbstentwurf. Eine feministisch-theologische Auseinandersetzung mit Christina Thürmer-Rohr**, Ulrike Helmer Verlag: Königstein/T. 2003, 464 S., ISBN 3-89741-127-X, € 39.95 / CHF 69.00

Andrea Günter, **"Der Sternenhimmel in uns". Transzendenz, Geschlechterdifferenz und die Suche nach Rückbindung bei Simone de Beauvoir, Luce Irigaray, den Frauen des Mailänder Frauenbuchladens und Philosophinnen von Diotima**, Ulrike Helmer Verlag: Königstein/T. 2003, 289 S., ISBN 3-89741-097-4, € 24.95

Andrea Günter, **Weltliebe. Gebürtigkeit, Geschlechterdifferenz und Metaphysik**, Ulrike Helmer Verlag: Königstein/T. 2003, 289 S., ISBN 3-89741-132-6, € 24.95

Marion Haubner, **Han. Christologie im Werk von Chung Hyun Kyung**, P. Lang: Frankfurt/M. etc. 2004, 100 S., ISBN 3-631-52105-7, CHF 36.00 / € 24.50 / £17.00

Jennifer Heath, **The Scimitar and the Veil: Extraordinary Women of Islam**, Paulist: Mahwah NJ 2004, 496p., ISBN 0-8091-4236-8, $28.00

Mary E. Hunt, **A Guide for Women in Religion. Making Your Way from A to Z**, Palgrave Macmillan: New York – London 2004, 160p., ISBN 1-4039-6648-6, $15.95

Grace M. Jantzen, **Foundations of Violence**, Routledge: London – New York 2004, 400p., ISBN 0-415-29033-3, £19.99

Catherine Keller / Michael Nausner / Mayra Rivera (eds.), **Postcolonial Theologies: Divinity and Empire**, Chalice Press: Atlanta 2004, ISBN 0-8272-3001-X, $32.99

Hildegund Keul, **Wo die Sprache zerbricht. Metaphern und die Lebensmacht der Gottesrede**, Mainz: M. Grünewald 2004, 144 S., ISBN 3-7867-2523-3, € 14.80 / CHF 26.60

Agnès Kim, **Péché et harmonie. Pour une théologie du péché en contexte confucéen**, Cerf: Paris 2003, ISBN 2-204-07157-4, € 29.00

Dimitra Koukoura, **Introduction to Theology**, Kornilia Sfakianaki: Thessaloniki 2005, ISBN 960-88132-7-1, € 10.00

Dimitra Koukoura, **Rhetoric and Church Rhetoric**, P. Pournaras: Thessaloniki 2003, 366p., ISBN 960-242-288-2, € 12.00

*Helga Kuhlmann, **Leib-Leben theologisch denken. Reflexionen zur Theologischen Anthropologie**, (INPUT – Interdisziplinäre Paderborner Untersuchungen zur Theologie 2), Lit: Münster 2004, 256 S., ISBN 3-8258-7382-x, € 19.90

Isabelle Lévy, **Pour comprendre les pratiques religieuses des chrétiens, des juifs et des musulmans**, Presses de la Renaissance: Paris 2003, 240p., ISBN 2-8561-6926-0, € 19.00

Isabelle Lévy, **La religion à l'hôpital**, Presses de la Renaissance: Paris 2004, 336p., ISBN 2-7509-0043-3, € 20.00

Sylvia Marcos (ed.), **Religiòn y genero** [= *Religion and gender*], Ed. Trotta: Madrid 2004, 364p., ISBN 84-8164-656-3, € 30.00

Charlotte Methuen / Angela Berlis / Sabine Bieberstein / Anne-Claire Mulder / Magda Misset-van de Weg (eds), **Holy Texts: Authority and Language – HeiligeTexte: Autorität und Sprache – Textes Sacrés: Autorité et Langue**, (ESWTR Yearbook 12), Peeters Leuven 2004, IV-316p., ISBN 90-429-1582-X, € 23.00

Cettina Militello, **La Chiesa "Il Corpo Crismato". Trattato di ecclesiologia. Corso di teologia sistematica** [= *The Church, the 'Chrismed Body'. Treatise of ecclesiology. Corse of systematic theology*], Edizioni Devoniane: Bologna 2003, 784p., ISBN 88-10-50357-0, € 54.00

Cettina Militello (ed.), **Donne e teologia. Bilancio di un secolo** [= *Women and Theology. Bilance of a century*], EDB: Bologna 2004, 316p., ISBN 88-10-40960-4, € 23.00

Stella Morra, **"Pas sans toi". Testo parola e memoria verso una dinamica della esperienza ecclesiale negli scritti di Michel de Certeau** [= *"Not without you". Text, speech and memory towards a dynamic of ecclesial experience in Michel de Certeau's work*], Editrice Pontificia Università Gregoriana: Roma 2004, 258p., ISBN 88-7839-000-3, € 20.00

Mercedes Navarro / Pilar de Miguel (eds.), **10 palabras clave en teologia feminista** [= *10 key words in feminist theology*], Editorial Verbo Divino: Estella (Navarra) 2004, 516p., ISBN 84-8169-636-6, € 15.82

Laurie L. Patton, **Jewels of Authority: Women and Textual Tradition in Hindu India**, Oxford University Press: Oxford 2004, 256p., ISBN 0-19-51660-X, $22.50

Marinella Perroni (ed.), **Donne e tradizione della fede in Italia. L'apporto di una teologia di genere** [= *Women and faith tradition in Italy. The contribution of a gender theology*], Roma 2004, 85p. [*available at CTI, Via San Remo 12, 00182 Roma/Italy, info@teologhe.org*]

Catherine Pont-Humbert, **Dictionnaire des symboles, des rites et des croyances**, Collection Pluriel, Hachette Littérature: Paris 2003, 434p., ISBN 2012791268, € 9.20

Uta Pohl-Patalong, **Von der Ortskirche zu kirchlichen Orten. Ein Zukunftsmodell**, Vandenhoeck & Ruprecht: Göttingen 2004, 166 S., ISBN 3-525-60417-3, € 19.90

Uta Pohl-Patalong (Hg.), **Kirchliche Strukturen im Plural. Analysen, Visionen und Modelle aus der Praxis**, Eb-Verlag: Hamburg 2004, 263 S., ISBN 3-9369-1203-3, € 19.80

Robert L. Platzner (ed.), **Gender, Tradition and Renewal**, P. Lang: Oxford – Bern – Berlin 2005, 165p., ISBN 3-906769-64-X, CHF 52.00 / € 35.30 / £22.00

Jacques Potin / Valentine Zuber (éd.), **Dictionnaire des monothéismes**, Bayard: Paris 2003, 668p., ISBN 2-227-47158-1, € 30.00

Kwok Pui-lan, **Postcolonial Imagination and Feminist Theology**, Westminster John Knox Press: Louisville 2005, 252pp., ISBN 0-664-22883-6, $ 24.95

Ljiljana Radonic, **Die friedfertige Antisemitin**? Kritische Theorie über Geschlechterverhältnis und Antisemitismus, (Europäische Hochschulschriften Reihe 31, 508), Frankfurt/M. u.a. 2004, 178 S., ISBN 3-631-53306-3, € 36.40 / CHF 57.00

Ausilia Riggi Pignata, **Oltre il nulla. Percorsi di vita religiosa femminile** [*Beyond the Nothing. Itineraries of femminine religious life*], Donne e Terzo Millennio 3, Il Segno dei Gabrielli: Negarine (Verona) 2003, 384p., ISBN 88-88163-21-2, € 22.00

Marilyn Sewell, **Breaking Free: Women of Spirit at Midlife and Beyond**, Beacon Press: Boston 2004, 256p., ISBN 0-8070-2825-8, $16.00

Archie Smith jr. / Ursula Riedel-Pfäfflin, **Siblings by Choice: Race, Gender and Violence**, Chalice Press: Atlanta 2004, ISBN 0-8272-3456-2, $29.99

Charlene Spretnak, **Missing Mary: The Queen of Heaven and Her Re-Emergence in the Modern Church**, Palgrave Macmillan: New York – London 2004, 288p., ISBN 1-4039-6398-3, $24.95

*Karimah Katja Stauch, **Die Entwicklung einer islamischen Kultur in Deutschland. Eine empirische Untersuchung anhand von Frauenfragen**, (Berliner Beiträge zur Ethnologie 8), Weißensee Verlag: Berlin 2004, 186 S., ISBN 3-89998-049-2, € 26.00

*Sharada Sugirtharajah, **Imagining Hinduism: A Postcolonial perspective**, Routledge: Londen 2003, xviii + 164pp., ISBN 0-415-25744-1, £18.99

Uta Theilen, **Gender, Race, Power and Religion: Women in the Methodist Church of Southern Africa in Post-Apartheid Society**, P. Lang: Frankfurt/M. 2005, 304p., ISBN 3-631-52840-X, € 51.50 / CHF 75.00

*Deanna A. Thompson, **Crossing the Divide. Luther, Feminism and the Cross**, Fortress Press: Minneapolis 2004, 184 S., ISBN: 0-8006-3638-4, $18.00

*Reinhild Traitler (Hg.), **In the Mirror of Your Eyes. Report on the European Project for Interreligious Learning**, Publishing House of the Armenian Orthodox Catholicossate: Beirut 2004, 168 S., CHF 20.00 / € 12.00 / $15.00 [*zu bestellen unter www.epil.ch*]

Rosangela Vegetti, **Maria, donna del sorriso** [= *The holy Mary as smiling woman*], Ancora: Milano 2004, 140p., ISBN 88-514-0194-2, € 9.50

Eske Wollrad, **Weißsein im Widerspruch. Feministische Perspektiven auf Rassismus, Kultur und Religion**, Ulrike Helmer: Königstein 2005, 217 S., ISBN 3-89741-176-8, € 20.00

Maria Theresia Zeidler, **Elohim, SheHe in Love With Life. Überlegungen zur Konstellation zwischen Schekhinah und Heiligem Geist in der Kabbalah des Buches Sohar und der christlichen Pneumatologie**, (Pontes 15), Lit: Münster 2003, 106 S., ISBN 3-8258-6838-9, € 19.90.

I.4 Praktische Theologie, Spiritualität, Liturgiewissenschaft, Religionspädagogik, Homiletik, Ethik

Dolores Aleixandre, **Contar a Jesus: lectura orante de 24 textos del evangelio** [= *Telling Jesus: a praying reading of 24 gospel textes*], CCS: Madrid 2003, 286p., ISBN 84-8316-600-3, € 11.50

Angela Ales Bello, **Sul femminile. Scritti di antropolgia e religione** [= *About the Feminine. Contributions about Anthropology and Religion*], Città Aperta: Enna 2004, XXV+173p., ISBN 888137143X, € 14.50

Linda Rae Bennet, **Women, Islam and Modernity: Single Women, Sexuality and Reproductive Health in Contemporary Indonesia**, Routledge: London – New York 2004, 256p., ISBN 0-415-32929-9, £60.00

Lytta Basset, **La joie impregnable**, (Spiritualité vivante poche), Albin Michel: Paris 2004, 624p., ISBN 2-226-15177-X, € 19.70

Lytta Basset, **Moi je ne juge personne: l'évangile au-delà de la morale**, (Collection spiritualité vivante), Albin Michel: Paris 2003, 256p., ISBN 2-226-13768-8, € 6.95

Martina Blasberg-Kuhnke / Gunda Ostermann, **Zwischen Anspruch und Alltag. Katholische Erwachsenenbildung in Niedersachsen im Spiegel ihres Leitbilds**, (Theologie und Praxis 16), Lit: Münster 2004, 208 S., ISNB 3-8258-6588-6, € 19.90

*Uta Blohm, **Religious traditions and personal stories: Women working as Priests, Ministers and Rabbis**, (Studies in the intercultural history of christianity 137), P. Lang: Frankfurt/M. 2005, [= Diss. Universität Wuppertal, 2004], 469p., 3-631-53740-9, € 69.60

Isabelle Bochet, **Augustin dans la pensée de Paul Ricoeur**, Edition Facultés Jèsuites: Paris 2004, 125p., € 12.00

Francesca Brezzi, **Antigone e la philia. Le passioni tra etica e politica,** Franco Angeli: Milano 2004, 304p., ISBN 8846456696, € 23.00

*Kornélia Buday, **"The Earth has given birth to the Sky": Female Spirituality in the Hungarian folk religion** (Bibliotheca Traditionis Europae 4), Akadémiai Kiadó / European Folklore Institute: Budapest 2004, 234 p., ISBN 963-05- 8136-1, € 39.00

Sara Cabibbo, **Santa Rosalia tra terra e cielo** [= *St. Rosalia between earth and heaven*], Collana La Nuova Diagonale, Sellerio Editore: Palermo 2004, 386 p., ISBN 88-389-1912-7, € 18.00

Geneviève Comeau / Jean-François Zorn (éds), en collaboration avec Edith Bernard, **Appel à témoin. Mutations sociales et avenir de la mission chrétienne**, Cerf: Paris 2004, 224p., ISBN 2-204-07358-X, € 19.00

Susanne M. DeCrane, **Aquinas, Feminism, and the Common Good**, Georgetown University Press: Washington 2004, 236p., ISBN 0878403493, $27.95

Fredy Dutz / Sabine Plonz / Bärbel Fünfsinn (Hg.), **Wir tragen die Farbe der Erde. Neun theologische Beiträge aus Lateinamerika**, Nordelbisches Zentrum für Weltmission und Kirchlichen Weltdienst: Hamburg 2004, 240 S. [*gratis, um Spende wird gebeten, zu bestellen bei: service@emw-d.de, +49-40-254560*]

*Brigitte Enzner-Probst, **Heimkommen. Segensworte, Gebete und Rituale für die Kranken- und Sterbebegleitung**, Claudius: München 2004, 168 S., ISBN 3-532-62301-3, € 12.90

Evangelische Frauenarbeit in Württemberg (Red.), **Ins Leben eintauchen! Feministisch-theologische Beiträge zur Taufe**, Evangelische Akademie: Bad Boll 2004, 139 S., ISBN 3-936369-11-9, € 10.00 [*zu bestellen: www.ev-akademie-boll.de, Tel. +49-7164-790*]

*Bärbel Fünfsinn (Hg.), **"En ti vivimos – in dir leben wir". Glaubensbekenntnisse und Interpretationen biblischer Texte – Beiträge und Interpretationen aus Nicaragua**, Nordelbisches Zentrum für Weltmission und Kirchlichen Weltdienst: Hamburg 2004, 81 S., € 5.00 [*zu bestellen: Agathe-Lasch-Weg 16, D-22609 Hamburg*]

Marie-David Giraud / André Louf / Denis Guerre, **Dieu intime, parole de moines**, Bayard Centurion: Paris 2003, 175 p., ISBN 2-227-01105-X, € 21.00

Heide Göttner-Abendroth, **Inanna – Gilgamesh – Isis – Rhea. Die großen Göttinnenmythen Sumers, Ägyptens und Griechenlands neu erzählt**, Ulrike Helmer: Königstein 2004, 220 S., ISBN 3-89741-158-X, € 20.00 / CHF 36.10

Alice Gombault / Jacques Gaillot / Pierre de Locht, **Un catéchisme au goût de liberté**, Editions Ramsay: Paris 2003, 250 p., ISBN 2-8411-4631-4, € 19.00

Kristina K. Groover (ed.), **Things of the Spirit. Women Writers Constructing Spirituality**, University of Notre Dame Press: Chicago 2004, 368p., ISBN 0-268-02962-8, $25.00

Andrea Günter (Hg.), **Maria liest – das heilige Fest der Geburt**, Ch. Göttert: Rüsselsheim 2004, 203 S., ISBN 3-922499-70-8, € 16.80 / CHF 30.50

Danièle Hervieu-Leger, **Christianisme, la fin d'un monde**, Bayard: Paris 2003, 334p., ISBN 2-227-317078, € 23.00

Benedikta Hintersberger /Aurelia Spendel, **Denn du berührst mich, Gott. Frauen beten**, Schwabenverlag: Ostfildern 2005, ca. 70 S., ISBN 3-7966-1195-8, ca. € 9.80 / CHF 18.00

Janine Hourcade, **Eternel feminine. Femmes mystiques**, Édition du Carmel: Toulouse 2003, 165p., ISBN 2-84713-017-9, € 15.00

Pascale Hummel, **La maison et le chemin. Petit essai de philologie théologique**, P. Lang: Berlin etc. 2004, 356p., ISBN 3-03910-234-6, € 57.90

Pascale Hummel, **Trébuchets. Étude sur les notions de Pierre de touché et de Pierre de scandale**, P. Lang: Berlin etc. 2004, 374 p. ISBN 3-03910-235-4, € 60.70

Pascale Hummel, **Vie (privée). Essai sur l'idée de destine**, P. Lang: Berlin etc. 2004, 300p., ISBN 3-03910-228-1, € 51.00

Ann-Cathrin Jarl, **In Justice: Women and Global Economics**, Augsburg Fortress Press: Minneapolis 2003, 177p., ISBN 0-8006-3568-X, $17.00

Margot Käßmann, **Wurzeln, die uns Flügel schenken. Glaubensreisen zwischen Himmel und Erde**, Gütersloher Verlagshaus: Gütersloh 2004, 160 S., ISBN 3-579-06908-X, € 16.95 / CHF 30.90

Angela Kaupp, **Junge Frauen erzählen ihre Glaubensgeschichte. Eine qualitativ-empirische Studie zur Rekonstruktion der narrativen religiösen Identität katholischer junger Frauen**, (Zeitzeichen 18), Schwabenverlag: Ostfildern 2005, 432 S., ISBN 3-7966-1187-7, € 35.00 / CHF 60.50

Joanna Kerr / Ellen Sprenger / Alison Symington (eds), **The future of women's rights: Global Visions and Strategies**, Zed: London etc. 2004, 224p., ISBN 1-8427-7459-X, € 21.00

Eunjoo Mary Kim, **Women Preaching: Theology and Practice through the Ages**, The Pilgrim Press: Cleveland 2004, 224p., ISBN 0-8298-1527-9, $24.00

Diana Klöpper / Kerstin Schiffner, **Gütersloher Erzählbibel**, Gütersloher Verlagshaus: Gütersloh 2004, 400 S., ISBN 3-579-05466-X, € 19.95 / CHF 36.10

Marie-Luise Langwald / Isolde Niehüser (Hg.), **Frieden suchen**, (FrauenGottesDienste, Modelle und Materialien 18), Schwabenverlag / Klens: Ostfildern / Düsseldorf 2005, 88 S., ISBN 3-7966-1192-3, € 7.80 / CHF 14.50

Marie-Luise Langwald / Isolde Niehüser (Hg.), **Segen**, (FrauenGottesDienste, Modelle und Materialien 19), Schwabenverlag / Klens: Ostfildern / Düsseldorf 2005, 88 S., ISBN 3-7966-1235-0, € 7.80 / CHF 14.50

Christine Lehmann, **Heranwachsende fragen neu nach Gott. Anstöße zum Dialog zwischen Religionspädagogik und Feministischer Theologie**, Neukirchener: Neukirchen-Vluyn 2003, ISBN 3-7887-201-2, € 29.90

Véronique Margron, **L'échec traversé**, Hors collection, Desclée et Brouwer: Paris 2003, 160p., ISBN 2-220-053385, € 16.00

Véronique Margron, **La douceur inespérée: quand la Bible raconte nos histoires d'amour**, Collection Questions en débat, Bayard: Paris 2004, 150p., ISBN 2-227-471662, € 18.00

Alice P. Mathews, **Preaching that Speaks to Women**, Baker Academic: Grand Rapids 2003, 188p., ISBN 0-80102367-X, $14.99

Geneviève Médevielle, **Le bien et le mal**, (Collection Tout simplement), Les Éditions de l'Atelier: Paris 2004, 172 p., ISBN 2-7082-3567-2, € 16.00

Isolde Meinhard, **Ideologie und Imagination im Predigtprozess. Zur homiletischen Rezeption der kritischen Narratologie**, Evangelische Verlagsanstalt: Leipzig 2003, 488 S., ISBN 3-374-02098-4, € 54.00

Charlotte Methuen, **If you love something, let it go...: Reflections for Ash Wednesday to Pentecost**, Inspire: Werrington 2004, 134 S., ISBN 1-85852276-5, £6.99

Pilar de Miguel / Maria Josefa Amell (eds), **Atreverse con la diversidad. Segundo Sinodo europeo de mujeres** [= *Daring diversity. 2nd European Women Synod*], Editorial Verbo Divino: Estella (Navarra) 2004, 239p., ISBN 84-8169-645-5, € 10.00

*Michaela Moser / Ina Praetorius (Hg.), **Welt gestalten im ausgehenden Patriarchat**, Ulrike Helmer: Königstein 2003, 312 S., ISBN 3-89741-125-3, € 24.50 / CHF 43.80

Nathalie Nabert, **Liturgie intérieure**, (Collection Athenia Sophia), Ad Solem: Paris 2004, 160 p., ISBN 2-8848-2046-9, € 15.00

Mpyana Fulgente Nyengele, **African Women's Theology, Gender Relations, and Family Systems Theory: Pastoral Theological Considerations and Guidelines for Care and Counseling**, P. Lang: New York etc. 2004, 272p., ISBN 0-8204-6777-4, CHF 83.00 / € 57.00 / $63.95

Simone Pacot, **L'évangélisation des profondeurs: ose la vie nouvelle! Les chemins de nos Pâques**, tome 3, collection Epiphanie, Cerf: Paris 2003, 392 p., ISBN 2-204-06974-4, € 19.00

Annebelle Pithan / Stephan Leimgruber / Martin Spieckermann (Hg.), **Verletzlichkeit und Gewalt. Ambivalenz wahrnehmen und gestalten**, Comenius-Institut: Münster 2005, 213 S., ISBN 3-924804-59-1, € 13.80

Fran Porter, **It will not be taken away from her: A feminist engagement with women's Christian experience**, DLT: London 2004, ISBN 0-232-5253-6, £10.95

Ina Praetorius, **Handeln aus der Fülle. Postpatriarchale Ethik in biblischer Tradition**, Gütersloher Verlagshaus: Gütersloh 2005, 240 S., ISBN 3-579-05216-0, € 19.95 / CHF 36.10

Aurora Sarcià, **Parrocchia si nasce, comunità si diventa. La ramificazione della parrocchia nel suo territorio attraverso le Comunità Ecclesiali di Base** [= *We Are Born in a Parish, But Are Called to Become a Community*], Edizioni Chiesamondo: Catania 2004, 270p., ISBN 88-85926-45-2, € 15.00

Linda Shires, **Coming Home: A Woman's Story of Conversion to Judaism**, Westview Press: Boulder 2003, 272p., ISBN 0-83-6596-1, $25.00

Randi O. Solberg (ed.), **Let Our Voices Be Heard! Christian Lesbians in Europe telling their Stories**, A Project of the European Forum of Lesbian und Gay Christian Groups, Mein Buch: Hamburg 2004, 542 S., ISBN 3-86516-077-8, € 39.80

Ana Maria Ruiz Tagle (red.), **Los estudios de las mujeres hacìa el espacio comùn europeo** [= *Women studies in an European Perspective*], Arcibel Editores: Sevilla 2004, 414p., ISBN 84-934085-0-6, € 10.00

Irene Mariam Tazi-Preve, **Mutterschaft im Patriarchat. Mutter(feind)schaft in politischer Ordnung und feministischer Theorie – Kritik und Ausweg**, P. Lang: Frankfurt/M. etc. 2004, 349 S., ISBN 3-631-50358-X, CHF 82.00 / € 56.50 / £37.00

Marie-Noëlle Thabut, **Le Messie**, (Collection Spiritualité), Desclée de Brouwer: Paris 2003, 144p., ISBN 2-220-053830, € 14.00

Rita Torti Mazzi, **La preghiera ebraica. Alle radici dell'eucologia cristiana** [= *The Jewish Prayer as a Source of Christian Thanksgiving*], Alle fonti della liturgia, San Paolo, Cinisello Balsamo: Milano 2004, 264p., ISBN 88-215-5161-X, € 12.00

Geneviève Trainar, **Transfigurer le temps**, Ad Solem: Paris 2003, 123 p., ISBN 2-8848-2021-3, € 18.00

Margarita Ueffing, **Der Umgang mit Angst auf dem Weg menschlicher Reifung. Ein pastoralpsychologischer Beitrag vor dem Hintergrund der Psychologie von Verena Kast und der Spiritualität von Teresa von Avila**, P. Lang: Frankfurt/M. etc. 2004, 132 S., ISBN 3-631-52541-9, CHF 40.00 / € 27.50

Marie-Anne Vannier, **La trace: entre absence et présence. Actes du colloque international de Metz**, (Collection Sciences Humaines), Cerf: Paris 2004, 412p., ISBN 2-204-07628-7, € 39.00

Stephanie Wellen Levine, **Mystics, Mavericks, and Merrymakers: An Intimate Journey Among Hasidic Girls**, Foreword by Carol Gilligan, New York Press: New York 2004, 256p., ISBN 0-814751970, $17.95.

II. Rezensionen – Book Reviews – Critique des Livres

II.1 Exegese (Erstes Testament, Neues Testament, nicht kanonisierte jüdische und frühchristliche Schriften) und Hermeneutik

Isa Breitmaier, *Lehren und Lernen in der Spur des Ersten Testaments. Exegetische Studien zum 5. Buch Mose und dem Sprüchebuch aus religionspädagogischer Perspektive*, (Beiträge zum Verstehen der Bibel 8), Lit: Münster 2004, 477 Seiten, ISBN 3-8258-7703-5, € 29.90

Die Habilitationsschrift von Isa Breitmaier beansprucht, exegetisches Schaffen in den Kontext von religionspädagogischen Resonanzen zu stellen und macht sich für eine Religionspädagogik stark, die sich um die Anwendbarkeit bibelwissenschaftlicher Forschungsergebnisse bemüht weiß.

In den insgesamt zehn Kapiteln – unterteilt in drei Teile – steht die exegetische Erarbeitung eines differenzierten Lehr- und Lernverständnisses in alttestamentlichen Kontexten im Mittelpunkt, das dann religionspädagogisch ausgewertet wird. Ausgehend von der Frage nach den historischen Lernorten im Alten Israel greift die Verfasserin die formgeschichtlichen und religionsgeschichtlichen Analysen zur "Schulthese" im Alten Israel auf, mit dem Ergebnis, dass für das Alte Israel keine schulischen Institutionen vorausgesetzt werden können. Allenfalls sei mit einem weitgefassten Famulussystem zu rechnen. Von diesen Überlegungen aus eröffnet sich die von der Verfasserin anvisierte exegetische Perspektive: Im Rahmen einer rezeptionsgeschichtlichen Fragestellung, bei der die Deutung der Tradition als Rezeptionsvorgang verstanden wird, wird das Alte Testament auf seine pädagogischen Ansichten hin in den Blick genommen. Exemplarisch werden dafür die Schriften Deuteronomium und Proverbien herangezogen. Im Bereich der deuteronomisch-deuteronomistischen Theologie wird das Verb למד (lernen/lehren) als an exponierter Stelle stehend eruiert. Dieses sich insgesamt 17-mal im Dtn findende Verb gestaltete das Lehr- und Lernverständnis durch den Gedanken des lebenslangen Lernens, mit dem Ziel, Gott fürchten zu lernen. Unter Zugrundelegung der Annahme von Fortschreibungen im deuteronomistischen Geschichtswerk gelangt die Verfasserin zu dem Ergebnis, dass Lehren und Lernen, besonders in den jüngeren Teilen, reflexiv unter Rückgriff auf ältere Texte geschieht. Im weisheitlichen Kontext von Prov stehen dann die Substantive מוסר – hier ein wenig eigenwillig, aber begründet mit "Lehre" übersetzt – und תוכחת (Zurechtweisung) im Mittelpunkt mit dem Ergebnis, dass im Verlauf des geschichtlichen Wachstums des Buches "Belehrung" immer wichtiger wird. Auch in Prov wird im Zusammenhang des dortigen Lehrverständnisses ein kreativer Umgang mit der überlieferten Tradition aufgespürt. Die Fäden der Ausführungen zu Lehren und Lernen in den beiden Schriften laufen zusammen in dem Begriff des "Hörgeschehens": "Hören und das daraus folgende Lernen und Lehren stellen ein kreatives Geschehen dar, bei dem Wissen reflektiert und zu Handlungswissen weiterentwickelt wird" (378). Diese exegetischen Ausführungen werden im dritten Teil der Arbeit (388-443) für die Religionspädagogik fruchtbar gemacht, in der das "Hörgeschehen" ausformuliert wird zu einer Didaktik des Hörens. Diese Didaktik wird verstanden als eine rezeptionsästhetische, die die Rolle der lernenden Subjekte ernst nimmt und sich der Auffassung eines Religionsunterrichtes als einem beteiligungslosen Dienstleister festgeschriebenen Wissens widersetzt.

Die Arbeit belegt, wie ertragreich ein interdisziplinärer Ansatz sein kann. Die Ausführungen zu einem "klassischen Gesetzestext" tun der evangelischen Theologie vor dem geschichtlichen Hintergrund des diastatischen Verständnisses von Gesetz und Evangelium gut und die Erarbeitung einer Didaktik des Hörens – jenseits der Dressur der Sinne – darf als innovativ und weiterführend angesehen werden. Doch zum Schluss auch eine kritische Anmerkung: Im Rahmen der methodischen Erarbeitung integriert die Verfasserin eine intertextuelle Lektürepraxis, welche sie an Dtn 6 exemplifiziert (217-291), und in der es ihr um "Aspekte einer rezeptionsästhetischen Form von Intertextualität geht" (200). Doch steht in den Ausführungen gerade nicht eine rezeptionsorientierte Form von Intertextualität zur Debatte, sondern eine produktionsorientierte, in der literarkritisch eruierte Schichten des Dtn als "Lesarten" (220) aufgefasst werden und auf ihr Verständnis des literarkritisch zugrunde gelegten Prätextes hin abgefragt werden im Rahmen der darin – unhinterfragten – zugrunde gelegten geschichtstheoretischen Prämissen.

Kristina Dronsch (Frankfurt a.M. / Deutschland)

Frank Crüsemann / Marlene Crüsemann / Claudia Janssen / Rainer Kessler / Beate Wehn (Hg.), *Dem Tod nicht glauben. Sozialgeschichte der Bibel*,

(Festschrift für Luise Schottroff zum 70. Geburtstag), Gütersloher Verlagshaus: Gütersloh 2004, 685 Seiten, ISBN 3-579-05414-7, € 39.95 / CHF 69.00

Die Festschrift zu Luise Schottroffs 70. Geburtstag ist ein beeindruckendes Werk, und dies keineswegs nur wegen ihres immensen Umfangs. Thema, Bandbreite und Qualität der Beiträge machen den Sammelband zu einem wahren Kompendium sozialgeschichtlich, befreiungstheologisch und/oder feministisch inspirierter Exegese (und anderer theologischer Disziplinen), wobei die genannten Etikettierungen in wechselnden Kombinationen zu vergeben wären und sicher nicht jedem Beitrag wirklich gerecht werden.

Mit dem Titel, der über einer der Exegesen Luise Schottroffs für den Deutschen Evangelischen Kirchentag stand (9), lassen die Herausgebenden das Thema anklingen, das sich wie ein Ostinato durch das gesamte wissenschaftlich-theologische Schaffen sowie das gesellschaftliche und kirchliche Engagement der Jubilarin zieht. Ihre sozialgeschichtliche Hermeneutik stellt das ganze Leben der Menschen zu biblischen Zeiten in den Mittelpunkt und bringt es in eine Beziehung zu heutigen Lebenskontexten. So konnten und können biblische Texte zu einer Schule werden, "todbringenden wirtschaftlichen und militärischen Strukturen zu widerstehen und stattdessen teilhaben zu dürfen an einer ihnen von Gott geschenkten 'kostbaren Liebe zum Leben'" (9f.).

Der Band wird nach dem Vorwort von einem von persönlichen Erinnerungen geprägten Brief durch Bärbel Wartenberg-Potter eröffnet. Die weiteren Beiträge werden in drei Kapitel zusammengefasst, die gleichzeitig die Schwerpunkte in Luise Schottroffs Wirken markieren:

Teil I steht unter dem Titel "Die Bibel als Hoffnung der Armen: Befreiungstheologie" und beginnt mit einem der letzten Texte Dorothee Sölles: "Eine andere Welt ist möglich." Nur wenige Wochen vor ihrem Tod geschrieben, erhält er in seiner Eindringlichkeit und Direktheit fast den Charakter eines Vermächtnisses. Weitere AutorInnen dieses Kapitels sind Claudia Janssen, Gerd Theißen, Wolfgang Stegemann, Rainer Kessler, Angela Standhartinger, Andrea Bieler, Fulbert Steffensky, Ulrich Duchrow, Kristian Hungar und Hermann Schulz.

Teil II wird überschrieben mit "Gesetzestreues Christentum: Tora für die Völker" und ist nicht nur der Ort für Beiträge zum Ersten Testament (Gerlinde Baumann, Jürgen Ebach, Jürgen Kegler, Frank Crüsemann, Renate Jost, Ulrike Bail, Marie-Theres Wacker), sondern bietet auch den Raum für Artikel, die sich um eine Auslegung des Neuen Testaments und eine Theologie bemühen, die nicht die christliche Antijudaismusgeschichte fortschreiben (Luzia Sutter

Rehmann, Marlene Crüsemann, Klaus Wengst, Mary A. Tolbert, Klara Butting, Martin Stöhr und Hannelore Erhart).

Teil III stellt unter dem Titel "Lydias ungeduldige Schwestern" Beiträge zur feministischen Sozialgeschichte zusammen (Angela Bauer, Beate Wehn, Bernadette J. Brooten, Avaren Ipsen, Helga Kuhlmann, Antoinette Clark Wire, Elsa Tamez, Rosemary Radford Ruether, Martin Leutzsch, Renate Wind, Martina S. Gnadt und Ivoni Richter Reimer).

Der Band ist nicht nur für FachexegetInnen interessant, enthält er doch neben exegetischen Artikeln auch hermeneutische, liturgiewissenschaftliche, systematisch-theologische und historische Beiträge. Nicht wenige der exegetischen Beiträge stellen Zusammenhänge zu übergreifenden theologischen Fragestellungen und/oder heutigen Lebenskontexten her. So gelingt es Beate Wehn, heutige Gewalt- und Abhängigkeitsverhältnisse, in denen ausländische Hausangestellte in Deutschland leben, als "Kotext" (467) zu den apokryphen Andreasakten zu lesen und damit Luise Schottroffs analytischen Ansatz, "Herrschaftsverhältnisse und Gewalt von den so genannten 'Letzten' her zu entschlüsseln" (466) sowohl auf einen Text des zweiten bis dritten Jahrhunderts nach Christus, als auch auf heutige Ausbeutungsverhältnisse anzuwenden. Ausgehend vom selben Text der Andreasakten zieht sodann Bernadette Brooten den "langen Schatten der Sklaverei im Leben von Frauen und Mädchen" (so der Titel ihres Beitrags) bis heute nach. Als ein weiteres Beispiel sei der Beitrag von Martina S. Gnadt genannt, die drei Passions- und Auferstehungserzählungen (Mt 26,6-13.36-46; Joh 20,11-18) in Verbindung mit zeitgenössischen Gedichten, Filmen, Songs und Fotos als Gesten und Bewegungen der Trauer liest. Sie macht die Erzählungen als Geschichten von Wandlung und Verwandlung zugänglich, die helfen, "mit dem Tod, dem Sterben und dem Verlust, umzugehen, gerade auch mit dem Körper" (646).

Spannend wird die Festschrift auch dadurch, dass sich nicht nur kongeniale MitstreiterInnen und SchülerInnen zusammengefunden haben, sondern – wie etwa mit Gerd Theißen – auch KollegInnen, mit denen Luise Schottroff durchaus im wissenschaftlichen Streit verbunden ist. Ebenso werden Lieblingsthemen feministischer Theologie wie der allzu schnelle Rückschluss auf ein weibliches Gottesbild nach Hos 11,9 angekratzt (Jürgen Ebach). Ein Bibelstellenregister schließt den Band ab. So ist zu dieser Festschrift, die im übrigen nicht nur deutschsprachige, sondern auch sechs englische Artikel enthält, nicht nur die Jubilarin, sondern sind auch die Herausgebenden zu beglückwünschen. Ich wünsche ihr viele Leserinnen und Leser.

Sabine Bieberstein (Bamberg / Deutschland)

Irmtraud Fischer, *Gender-faire Exegese. Gesammelte Beiträge zur Reflexion des Genderbias und seiner Auswirkungen in der Übersetzung und Auslegung von biblischen Texten*, (Exegese in unserer Zeit 14), Lit: Münster 2004, 224 Seiten, ISBN 3-8258-7244-0, € 19.90

Irmtraud Fischer versammelt in diesem Band verschiedene, sehr verständlich geschriebene Aufsätze, die in zwei Teilen zusammengestellt sind: Während der erste, "Gender-faire Exegese mit feministischer Option" (15-80), hermeneutische Überlegungen bietet, werden im zweiten Teil, "Die Geschichte Israels als Frauengeschichte: Genderbias und kultureller Bias bei der Auslegung von Frauentexten" (81-208), Auslegungen verschiedener Texte der hebräischen Bibel über Frauen vorgelegt. Die Autorin macht durch die konsequente Frage nach den Konstruktionen von Geschlecht in den Texten und ihren Auslegungen sichtbar, inwiefern Exegesen androzentrische Tendenzen der Texte häufig verstärken statt sie aufzudecken. Dies beschreibt sie mit der Kategorie des "Genderbias", die deutlich macht, dass die öffentliche, politische und theologische Bedeutung von Frauengestalten gegenüber Männergestalten von AuslegerInnen unterschiedlich bewertet wird. Dies geschieht nicht, weil diese in den Texten unterschiedlich präsentiert werden, sondern weil männliche und weibliche Figuren in den Auslegungen von vornherein unterschiedlich wahrgenommen werden. So werden Frauen in den Erzelternerzählungen traditionell nicht als diejenigen wahrgenommen, die durch ihr Eingreifen die Erben der Verheißung Gottes (Sara in Gen 17f.; 21 oder Rebekka in Gen 25,28; 27,1ff. oder ähnlich Tamar in Gen 38) (18f., 87-90) bestimmen. Sie konstruieren darüber hinaus die Größe Israel mit, indem sie innerhalb der Genealogien nicht als Einzelpersonen dastehen, sondern als Stamm-Mütter für bestimmte Gruppen (102-111). Die Bedeutung von Frauen wird außerdem durch das konsequente Verständnis der Völkergeschichte Israels als Familiengeschichte deutlich: Die familiären Geschichten der Erzelternerzählungen zeigen, dass das Handeln von Frauen keine Privatangelegenheit ist, sondern von großer politischer und ökonomischer Bedeutung (vgl. dazu besonders 31-44, 82-101, 112-134). Dieser Blick lässt auch das Buch Rut in einem neuen Licht erscheinen: Rut ist nicht nur eine aufopferungsvolle Schwiegertochter, sondern eine kluge Auslegerin der Gesetze Israels. Als Moabiterin gehört sie zu Israels Erzfeinden (Dtn 23,4-7). Fischer zeigt an der Analyse des Wortes "gehen", dass Rut durch ihr Mitgehen mit der Schwiegermutter in das fremde Land wie Abraham stilisiert wird, dass ihr also recht gegeben wird über alle Feindschaft hinaus. Indem Rut dann das Gebot der Leviratsehe und des "Lösens" auf ihre und

Noomis Situation hin auslegt und nicht zugunsten der verstorbenen Ehemänner und der Erhaltung ihrer Namen, wird das Gesetz für Frauen aktualisiert angewendet.

Der für den Band verfasste Beitrag "Politik bedarf des Redens – und des Hörens: Weise Frauen und Männer begleiten den Anfang der Königszeit" beschreibt die Funktion und Bedeutung weiser, ratgebender Männer und Frauen in den Erzählungen um die Thronfolge Davids. Deutlich wird, dass es keine geschlechtsspezifischen Unterschiede in der Bedeutung, der Direktheit der Aussagen, in Didaktik oder Höflichkeit der RatgeberInnen gegenüber den Regenten gibt. Im letzten Aufsatz (181-208) wird die Verbindung von Höflichkeit und weisem Verhalten deutlich gemacht: Am Beispiel Abigails und der weisen Frau von Tekoa zeigt Fischer, dass sich Männer und Frauen als Bittende gleich verhalten. Als höfliche Menschen stellen sie sich dem/der Mächtigeren gegenüber (sozial) niedriger dar. Sind sie dagegen befehlend, anmaßend oder ordinär, wird ihnen dies als Unrecht ausgelegt – auch Königen.

Die Aufsatzsammlung bietet einen guten Einblick in literarische Gestaltungen männlicher und weiblicher Wirklichkeiten in der hebräischen Bibel sowie in soziokulturelle Bedeutungen von Textaussagen und deren Auslegungen. Empfohlen sei der Band allen, die sich für biblische Frauengeschichte interessieren, aber auch jenen, denen die biblischen Texte bisher noch fremd blieben.

Ursula Rapp (Feldkirch – Linz / Österreich)

Annette Merz, *Die fiktive Selbstauslegung des Paulus. Intertextuelle Studien zur Intention und Rezeption der Pastoralbriefe*, Vandenhoeck & Ruprecht – Academic Press: Göttingen – Fribourg 2004, 465 Seiten, ISBN 3-525-53953-3, € 69.00

Seit die Pastoralbriefe (Past) von der neutestamentlichen Wissenschaft als Pseudepigraphen und damit als Spätschriften gelesen werden, nehmen sie in der Exegese eher einen Randplatz ein. Dies hat einerseits dazu geführt, dass theologische Sachkritik an der hierarchischen und frauenfeindlichen Konzeption der Briefe leichter möglich geworden ist. Es hat andererseits einen exegetischen "Einbahnstraßen"-Effekt zur Folge: Während ExegetInnen selbstverständlich die authentischen Paulinen und frühen Deuteropaulinen als Prätexte der Past in den Blick nehmen, kommt die Exegese der früheren Paulusbriefe ganz gut ohne die Past aus. In der exegetischen Arbeit scheint sich das unumkehrbare Verhältnis zwischen den Briefcorpora zu spiegeln: Die Paulinen sind wichtig für die Past, nicht aber umgekehrt.

Diese Sicht wird in der 2004 erschienen Dissertation von Annette Merz zu den Past entscheidend revidiert. Auch Annette Merz exegetisiert die drei Schreiben als Pseudepigraphen; aber sie weist nach, dass die spezifische Intertextualität dieser pseudonymen Apostelbriefe eine literarische Strategie darstellt, die nicht nur den Sinngehalt der Texte, sondern auch den der Prätexte bestimmt: Die Pastoralbriefe bieten nicht nur eine Neuformulierung des paulinischen Evangeliums in nachpaulinischer Zeit, sondern sie erzwingen eine Relecture der authentischen Paulinen.

Zu diesem Ergebnis kommt Merz über eine differenzierte Rezeption von Begriffen und Analyseinstrumenten der literarischen Intertextualitätsforschung (5-71; 98-104), die sie in sehr gewinnbringender Weise auf die Pastoralbriefexegese anwendet (vgl. 222-244). Dabei verortet sie die Past in der Intertextualitätskette frühchristlicher Texte: Zum einen analysiert sie die Beziehungen zwischen den Past und den Briefen des Ignatius sowie dem Philipperbrief des Polykarp (114-194). Sie kommt zu dem Ergebnis, dass beide sich auf die Pastoralbriefe als Bestandteile einer Paulusbriefsammlung beziehen – woraus eine Frühdatierung der Pastoralbriefe auf die Zeit der ersten Jahrhundertwende folgt. Zum anderen untersucht sie die intertextuelle Beziehung zwischen den Past und den authentischen Paulinen. Eine minutiöse Analyse von 1 Tim 2,9-3,1 (gottesdienstliche Lehre von Frauen) sowie Tit 2,9f. und 1 Tim 6,1-5 (angemessenes Verhalten von SklavInnen) zeigt auf, wie die Past eine bestimmte gesellschaftskonforme Interpretation des Paulus literarisch verwirklichen (245-372). Wichtigstes literarisches Mittel ist dabei die “fiktive Eigentextreferenz”, das heißt, die Past lassen ‚Paulus‘ präzisierend und korrigierend auf seine ‚eigenen‘ Aussagen Bezug nehmen, die er etwa in der Korintherkorrespondenz und im Philemonbrief getan hat. Die theologischen und ethischen Folgen sind weitreichend: Die soteriologische Gleichheit der Geschlechter (1 Kor 11,11f.) wird aufgegeben, indem Frauen besondere Sündenverfallenheit attestiert und als Heilsweg Ehe und Kindergebären vorgeschrieben wird (1 Tim 2,11-15). Die sozialen Folgen der Geschwisterschaft von SklavInnen in der Gemeinde werden durch ein geschicktes Spiel mit dem semantischen Bestand von Phlm 16 abgebogen: Ist bei Paulus der Sklave der geliebte Bruder und als solcher zu behandeln, so sind in 1 Tim die Herren die geliebten Brüder, denen deshalb umso bereitwilliger die Sklavendienste zu leisten sind.

Es ist faszinierend, Annette Merz auf dem Weg ihrer detaillierten und kenntnisreichen Textanalysen zu folgen. Ihre Grundthese ist gut belegt und überzeugend dargestellt. Aufzuzeigen, wie früh und wie grundlegend die Rezeption des Paulus durch das Paulusbild der Pastoralbriefe bestimmt worden ist, dient für sie vor allem dem Ziel, diese Brille abzulegen: "Sollte man sich nicht grundsätzlich dagegen aussprechen, dass die Pastoralbriefe (...) die von ihnen selbst reklamierte Interpretationshoheit über das Corpus Paulinum behalten, das sie jahrhundertelang in vielen Fragen innehatten?!" (386) Die Past als Pseudepigraphen zu lesen, heißt, ihre Selbstdarstellung als "unstrittige Selbstauslegung des Paulus gegenüber seinen legitimen Schülern" (387) zu kritisieren und deutlich zu machen, dass sie tatsächlich in einem Konflikt um die Auslegung des Paulus parteiisch Stellung beziehen.

Ulrike Wagener (Freiburg / Deutschland)

Claudia Rakel, *Judit – Über Schönheit, Macht und Widerstand im Krieg. Eine feministisch-intertextuelle Lektüre*, (Beihefte zur Zeitschrift für die alttestamentliche Wissenschaft 334), Walter de Gruyter: Berlin – New York 2003, 326 Seiten, ISBN 3-11-017926-1, € 88.00

Barbara Schmitz, *Gedeutete Geschichte. Die Funktion der Reden und Gebete im Buch Judit*, (Herders Biblische Studien 40), Herder: Freiburg u.a. 2004, 543 Seiten, ISBN 3-451-28304-2, € 65.00

Das Juditbuch, das feministische Leserinnen mit einer der ambivalentesten Protagonistinnen des Ersten Testaments konfrontiert, ist Gegenstand zweier Dissertationen, die sich unter ganz unterschiedlichen Fragestellungen dieser komplexen Erzählung nähern. Während für Claudia Rakel die Kriegs- und Geschlechterproblematik das leitende Erkenntnisinteresse darstellt, geht es Barbara Schmitz um eine theologische Analyse der Reden und Gebete des Juditbuches.

Claudia Rakels Arbeit, die 2002 als Dissertation an der Universität Bonn eingereicht wurde, rückt mit Jdt 16 das sogenannte Juditlied in den Mittelpunkt der Untersuchung und nimmt ausgehend von diesem Text die Kriegs- und Geschlechterproblematik in den Blick. In einem ersten Teil wendet sich Rakel ausführlich den methodologischen Grundlagen ihrer, so der Untertitel, feministisch-intertextuellen Lektüre zu. Dabei gibt sie der Diskussion des Intertextualitätsbegriffs breiten Raum und fordert, den Begriff – der mittlerweile zu einem Modewort der exegetischen Forschung geworden ist und in unterschiedlicher und oft unreflektierter Weise verwendet wird – von seinen

Wurzeln her als eine Texttheorie ernst zu nehmen, die einen synchronen Zugang zu den Texten fordert. Das Kapitel ist als Appell zu verstehen, mit dem Intertextualitätsbegriff in Zukunft methodologisch verantworteter umzugehen – alle Fragen, die sich aus diesem Ansatz ergeben (vor allem zu dem Verhältnis von Erzählung und geschichtlichem Hintergrund), sind damit aber noch nicht beantwortet. Im zweiten Kapitel wendet sich Rakel der Kriegs- und Gewaltproblematik im Ersten Testament und im Juditbuch zu. Die spezifischen Erfahrungen von Frauen in Kriegs- und Gewaltkontexten erklärt sie dabei zum hermeneutischen Horizont ihrer Lektüre.

Mit dem dritten Teil der Arbeit beginnt die eigentliche Studie zum Juditbuch. In Form eines so genannten ‚Close Readings' legt Rakel das Juditlied Vers für Vers aus. Sie sieht das Lied in einer kriegskritischen Tradition, das "an der Vision einer Welt fest[hält], in der Gott die Kriege abwendet" (110), in der Gott nicht auf männliche Kriegspotenz setzt. Auf diese Weise werden im Juditbuch allerdings auch Geschlechterstereotype festgeschrieben, wenn Gewalt als männlich, die Täuschung durch Schönheit dagegen als weiblich beschrieben wird (128). Wurden in der Textanalyse die intra- und intertextuellen Bezüge nur vereinzelt angesprochen, so wendet sich Rakel diesen nun in zwei separaten Kapiteln zu. Zuerst folgt sie in Kapitel E den intratextuellen Bezügen im Juditbuch und gruppiert sie unter die Stichworte ‚Macht', ‚Gewalt', ‚Schönheit' und ‚Täuschung'. Besonders hervorzuheben ist hier die Übertragung des von Luce Irigaray entwickelten Mimesis-Konzeptes auf das Juditbuch (221-227). Rakel kann Judits Schönheit so als Parodie männlicher Erwartungen aufzeigen. "Die Mimesis, der Täuschungscharakter der Schönheit, macht die Schöne zu einer Widerstandkämpferin" (225). In Kapitel F wendet sie sich in einem letzten Schritt den intertextuellen Bezügen des Juditliedes zu, das sich zahlreicher biblischer Traditionen bedient, um sie für den historischen Kontext zu aktualisieren. Rakel zeigt auf, dass Judit in der Nachfolge mächtiger Männer wie Mose und David steht und dass Interfiguralität im Juditbuch die Geschlechtergrenzen überschreitet (248-272). Der intertextuelle Zugang erweist sich als äußerst ertragreich und eröffnet neue Perspektiven auf das Juditbuch.

Rakels außerordentlich lesenswerte Dissertation arbeitet konsequent mit einer Genderperspektive und bringt so zahlreiche neue Erkenntnisse für die Lektüre des Juditliedes. Die darin aufgeworfenen Fragen nach politischer Praxis, den Geschlechterverhältnissen und den spezifischen Erfahrungen von Frauen mit Kriegen und Gewalt sind auch heute von größter Aktualität und Bedeutung.

Die 2003 an der Universität Münster eingereichte Dissertation von *Barbara Schmitz* setzt völlig andere Schwerpunkte in der Analyse des Juditbuches. Schmitz hat sich einiges vorgenommen, wenn sie die sechs Reden und Gebete des Juditbuches analysiert, die fast ein Drittel des gesamten Textumfangs des Buches ausmachen. Sie sieht die Reden und Gebete, die bisher kaum als eigener Schwerpunkt gewürdigt wurden, als Schlüssel zur Deutung der Erzählung, da in ihnen die entscheidenden theologischen Reflexionen stattfinden (3).

Ähnlich wie Rakel arbeitet die Autorin eng am Text und bezieht auch die intra- und intertextuellen Bezüge als wichtige Deutungsträger in ihre Analyse ein. In ihren detaillierten und gründlich gearbeiteten Textanalysen zu Jdt 2; 5,1-6,9; 8; 9; 11 und 16 finden sich zahlreiche gute Einzelbeobachtungen zur Theologie sowie zu den Figuren- und Geschlechterkonstellationen des Juditbuches. Als feministisch besonders interessant ist die ausführliche Besprechung der Parallelen zwischen Jdt 9 und Gen 34, der Erzählung um die Vergewaltigung Dinas (241-271) hervorzuheben. In ihrem abschließenden Kapitel führt Schmitz ihre Erkenntnisse zu den einzelnen Sprechhandlungen zusammen, um die Funktion der Reden und Gebete im Juditbuch genauer deuten zu können. Sie untersucht dabei in einem ersten Schritt die Verkettungen der einzelnen Reden und Gebete untereinander und kann so überzeugend einen Spannungsbogen für das Juditbuch herausarbeiten, der durch die Sprechhandlungen hergestellt wird, und Jdt 8 und 9 dabei als theologische Spitzentexte des Buches erweisen (434). Zum Abschluss des letzten Kapitels wendet sich Schmitz konsequenterweise den theologischen Schwerpunkten der Sprechhandlungen zu und zeigt hier unter anderem auf, dass sich dem Juditbuch zufolge Gottes Macht im Handeln der Menschen realisiert (454-462).

Schmitz kann durch die Analyse der Reden und Gebete überzeugend darlegen, dass das Juditbuch ohne diese Sprechhandlungen "nur eine spannende und flott erzählte Geschichte" wäre und erst durch die Reden und Gebete "zu einer theologisch reflektierten Erzählung" wird (438). Mit ihrem Fokus auf die Theologie des Juditbuches verschiebt sie den Blick vom *plot*, der die Rezeption Judits als femme fatale und des Buches als eines erotischen Geschlechterkonfliktes bewirkt hat, auf die theologischen Aussagen des Juditbuches. Dies ist eine der großen Leistungen von Schmitz' Arbeit. Besonders ertragreich sind zudem die Untersuchungen der intratextuellen Bezüge im Juditbuch, die Schmitz aufgrund des großen Textumfangs ihrer Untersuchung detailliert aufzeigen kann. Dass der Arbeit dabei eine Einführung in ihre methodologischen und hermeneutischen Voraussetzungen fehlt, ist schade; für die Lesenden wären zudem zusammenfassende Abschnitte und zusammenhängende

Übersetzungen hilfreich gewesen – beides ist aber aus dem großen behandelten Textumfang heraus zu verstehen. Die Vorteile einer derart breit angelegten Textanalyse liegen auf der Hand: Die theologischen Gesamtzusammenhänge des Juditbuches werden in ihrer ganzen Breite und Vernetztheit deutlich.

Die Vielzahl an neuen Erkenntnissen, die aus der Lektüre beider Arbeiten – die sich durch ihre unterschiedlichen Schwerpunktsetzungen eher ergänzen als überschneiden – gewonnen werden können, zeigen das Juditbuch als faszinierende biblische Erzählung mit einer aussagestarken Theologie und einem ambivalenten Frauenbild, das sich einer eindeutigen Geschlechterpolitik verweigert.

Christina Leisering (Bonn / Deutschland)

Ulrike Sals, *Die Biographie der "Hure Babylon". Studien zur Intertextualität der Babylon-Texte in der Bibel*, (Forschungen zum Alten Testament, 2. Reihe, 6), Mohr Siebeck: Tübingen 2004, 567 pages, ISBN 3-16-148431-2, € 84.00

Die Biographie der "Hure Babylon" is the revised version of Sals' doctoral dissertation at the Ruhr-Universität Bochum in 2003, which considers the biblical image of "Babylon" as city and/or woman in Rev 17-19, Gen. 11:1-9, Zech 5:5-11, Ps. 137, Isa 13:1-14:27, 21:1-12, 47, Jer 25:20-21, 50-51. These texts are treated in the main part of the study, beginning with Rev. 17-19, which sums up all thc themes and imagery from the earlier texts.

The textual discussion is framed by an introduction and a conclusion which sums up the analyses and systematically shows how the texts relate to one another and how they can be read as a "biography of Babylon." Sals chooses "biography" as the designation for a systematic presentation of the different biblical voices that speak about Babylon: her birth, development and destruction.

In the introduction, Sals shows that earlier studies of these "Babylon texts" represent a number of theoretical and methodological positions, and surprisingly often do not relate to one another. One of Sals' intentions is therefore to bring together findings and perspectives from earlier works that have previously not been connected. Neither has there been any earlier comprehensive analysis of the relations between the texts, although they have been shown to be related. This is the point of departure for Sals' work: as the subtitle implies, the key word is "intertextuality".

Sals argues that a study of the intertextuality of these texts is necessary since the texts are interrelated, and are best understood as forming a "net" or a pattern. Moreover, through a study of intertextual relations difficult passages may be understood in the light of other texts. Finally, an intertextual study shows how "Babylon" develops throughout the canon.

A feminist perspective is fundamental. Although Sals' focus is not primarily on gender analysis, she offers gender analyses when relevant. Sals sides – in my opinion rightly – with those who understand language not as just conventional but as creating reality, and, so in a sense, real. The relation between imagery, fiction, and language on the one hand and experience and reality on the other is a recurrent theme, citing the relation between misogynistic female imagery of Babylon and the lives of women as an important example.

It is difficult to make a fair, balanced but at the same time brief evaluation of a work that includes so much: detailed analyses of a number of texts and their relationships, methodological and theoretical reflections, the putting into practice of a programme. This is a bold work, both for its discussions of such a wide selection of complicated texts and for the synthesis of them into a "biography". It is an innovative work to be read, reflected on and discussed by biblical scholars concerned with methodological and hermeneutical issues as well as with the specific texts in question.

Hanna Stenström (Uppsala – Linköping / Sweden)

Uta Schmidt, *Zentrale Randfiguren. Strukturen der Darstellung von Frauen in den Erzählungen der Königebücher*, Chr. Kaiser/Gütersloher Verlagshaus: Gütersloh 2003, 268 Seiten, ISBN 3-579-0549-0, € 34.95

Ausgangspunkt des vorliegenden Buches ist die Frage: Wie verhalten sich die biblischen Erzählungen zum heutigen Leben? Um diese Frage zu beantworten, sucht Uta Schmidt eine Art der Exegese, die die biblischen Aussagen über Gott methodisch reflektiert und auf ihre Relevanz für die Wirklichkeit heutiger LeserInnen befragt.

Schmidt benutzt die Methode der narratologischen Analyse und stützt sich dabei auf den Ansatz der niederländischen Literaturwissenschaftlerin Mieke Bal. Ihr Ziel ist es, die Textstrategien aufzudecken, um so für LeserInnen ein Stück Lebens- und Glaubenswirklichkeit sichtbar zu machen. Damit beabsichtigt sie "Spielräume zu öffnen, in denen LeserInnen sich das Erzählte kreativ aneignen können" (249).

Gegenstand der Untersuchung sind Erzählungen von Frauen in den Königebüchern. Schmidt richtet sich dabei besonders auf die *Strukturen* der Darstellung dieser Frauen. Um die verschiedenen Frauen zu charakterisieren, unterscheidet sie drei verschiedene "Silhouetten", in der die narrative und die dargestellte soziale Rolle der Frauen als Konturen aufgefasst werden. Die Silhouetten "Frau als Mutter", "Frau in Not" und "mächtige Frau" fungieren als Gliederungsprinzip für die Textanalysen. Dies ist eine kreative Lösung, denn die Silhouetten zeigen nicht nur die Gemeinsamkeiten in der Darstellung der Frauen, sondern die Bilder der beschriebenen Frauen werden dadurch auch mehrdimensional und vielschichtig, nicht zuletzt deshalb, weil sich bisweilen mehrere Silhouetten überlagern.

Der Titel des Buches, "Zentrale Randfiguren", ist zutreffend, denn Schmidt zeigt überzeugend dass auf verschiedenen Ebenen in der Darstellung der Frauen eine Spannung sichtbar wird. Frauen nehmen eine ambivalente Position ein. Einerseits gehören sie zu den *zentralen* Figuren der Erzählungen, andererseits werden sie von den größeren Themen der Königebücher immer wieder an den *Rand* gedrängt.

Narratologisch besehen sind die Frauen tatsächlich Randfiguren. Dass sie *zentral* stehen, hätte Schmidt jedoch noch überzeugender demonstrieren können, wenn sie nicht nur die narrative und soziale Rolle der Frauen, sondern auch den theologischen Hintergrund dieser Texte stärker einbezogen hätte. In den Geschichten über die Propheten Elija und Elischa etwa sind die Frauen nicht nur "Mutter" oder "Frau in Not", sondern spielen für die Legitimierung der Propheten eine Schlüsselrolle. Elija und Elischa erweisen sich als Prophet, indem sie den Sohn auferwecken. Das Aufwachen des Sohnes ist eine Metapher für das Wiederaufleben Israels, das die Propheten wieder zu Gott führen. Es sind die Frauen, die den Propheten zur Erfüllung dieser Aufgabe anregen. Für die Witwe von Zarpat ist der Prophet für den Tod ihres Sohnes verantwortlich, worauf Elija ihn in seinem Zimmer vor das Angesicht Gottes trägt. Es ist *die Frau*, die am Ende ausspricht, dass Elija ein wahrer "Mann Gottes" sei. Auch in der Geschichte des Propheten Elischa ist die Rolle der Frau stark: Sie zwingt den Propheten dazu, die Auferweckung des Sohnes nicht seinem Diener zu überlassen, sondern es *selbst* zu tun.

Die Stärke des Buches liegt in der narratologischen Analyse der Einzelgeschichten. Die soziale und narratologische Rolle der dargestellten Frauen wird deutlich beschrieben und systematisch den Silhouetten zugeordnet. Der theologische Aspekt dieser Texte bleibt jedoch auf die persönlichen Gotteserfahrungen der Hauptfiguren beschränkt.

Das Ziel der Studie ist es, für LeserInnen "ein Stück Lebens- und Glaubenswirklichkeit sichtbar zu machen" (248) und dadurch eine Exegese zu liefern, die für die heutige Wirklichkeit von LeserInnen relevant ist. An diesem Punkt fehlt jedoch ein Glied. Denn die Exegesen sind zwar aufschlussreich, aber sie werden nicht zu unserer heutigen Realität in Beziehung gesetzt. Ob diese Studie ihr selbst gestecktes Ziel erreicht, ist deshalb fraglich. Doch vielleicht ist das letztlich doch eine zu ehrgeizige Aufgabe.

Jopie Siebert-Hommes (Ugchelen / Niederlande)

Helen Schüngel-Straumann, *Anfänge feministischer Exegese. Gesammelte Beiträge, mit einem orientierenden Nachwort und einer Auswahlbibliographie*, (Exegese in unserer Zeit 8), Lit: Münster 2002, 320 Seiten, ISBN 3-8258-5753-0, € 20.90

Im vorliegenden Buch sind in leicht verständlicher Sprache und Argumentation sechzehn von der Autorin ausgewählte Aufsätze aus den Anfängen feministischer Exegese in Deutschland in chronologischer Ordnung nachgedruckt. Die meisten sind sehr verstreut erschienen und schwer zugänglich. Sie heute in einem Band gesammelt vorliegen zu haben, bedeutet einen Gewinn, vor allem auch, weil sie uns einen lebendigen Einblick in die Arbeit früher feministischer Exegetinnen zwischen 1982 und 1995 verschaffen. Dass sämtliche Aufsätze gleichsam in ihrer Urform nachgedruckt sind – es wurden keine Änderungen vorgenommen und die Anmerkungen nicht vereinheitlicht – betont den dokumentarischen Charakter. Wiederkehrende Ausführungen lassen sich deshalb weniger als Wiederholungen, denn als Hinweis auf die Gewichtigkeit bestimmter Themen verstehen.

In den Aufsätzen 1, 2, 3, 7, 9, 10, 11, 12, 13 werden Frauen des Ersten und Zweiten Testaments gewürdigt, angefangen von Eva über Schifra und Pua, Mirjam und Debora, die den Ehrentitel "Mutter Israels" erhält, Tamar, Jael, als Prototyp einer Jeanne d'Arc, und Judit bis zu Hulda, der aktiv die Politik von Hiskija mitbestimmenden Prophetin. Die Bedeutung der Ausländerinnen im Stammbaum Jesu wird hervorgehoben; eingehend behandelt werden neben anderen Marta als führende Frau in der frühen Kirche und Maria von Magdala, die eine gleichwertige Stellung wie Petrus innehatte, Priska, die von Johannes Chrysostomus "Königin" genannt wurde, sowie Phoebe und Junia. Der Aufsatz, "Frauen in der frühen Kirche", hebt deren tragende Rolle hervor. Junia habe aufgrund von Röm 16,7 von Johannes Chrysostomus bis ins Mittelalter in hohem Ansehen gestanden.

Im Aufsatz, "Was will die feministische Theologie", werden fünf Aspekte wahrgenommen: Erfahrungs-, Befreiungstheologie, Theologie von unten, kritische und ökumenische Theologie. In Aufsatz, "Gott als Mutter in Hosea 11", wird Hos 11,1-11 das Evangelium des Alten Testaments genannt.

Zum Komplex "Schlange-Baum-Verführung" vertritt Schüngel-Straumann die Ansicht, dass es sich hier nicht um eine sexuelle Verführung handle. Vielmehr gehöre die Frau zum Bildkomplex Baum-Schlange, wie die altorientalische Ikonographie zeige.

Schüngel-Straumann bedauert in ihrem Aufsatz über "ruah", dass unsere Zeit wenig Sinn für die tragende Rolle des Geistes habe. Ihre Forderung, die verschiedenen Bedeutungen dieses zentralen Begriffs als dynamische Einheit zu erleben und je nach Zusammenhang anders zu übersetzen, unterstütze ich sehr.

Im Aufsatz, "Alttestamentliche Weisheitstexte als marianische Liturgie", wird gezeigt, wie nachhaltig die von Männern ausgewählten Texte (Spr. 8 und Jes. Sir. 24) das Bild von Maria prägen und dass die ursprünglich mit Maria assoziierte Sophia auf Jesus übertragen wurde.

Im Aufsatz, "Biblisches Ethos aus feministischer Perspektive", werden die Gebote 6-10 erläutert. Im Nachwort betont Schüngel-Straumann, es gehe ihr um die ganze Theologie: Feministische Theologie werde die ganze Theologie verändern.

Zum Schluss seien ein paar kritische Bemerkungen gemacht: Zur Bezeichnung Phoebes als "diakonos" schreibt die Autorin (69f.), "der in der männlichen Form gehaltene Titel". Das ist philologisch falsch. Im klassischen Griechisch haben alle zusammengesetzten Substantive und Adjektive nur eine maskuline und eine neutrale Endung. Natürlich muss "Phoebe diakonos" mit "die Diakonin/Gemeindeleiterin Phoebe" übersetzt werden. Dasselbe gilt für den Titel "apostolos". "Apostola" kann Maria von Magdala nur auf Lateinisch heißen.

"Adelphoi" (76f.) ist keine "Ehrenbezeichnung", sondern bezeichnet nach Liddell/Scott, Spalte 20,5 schon im 2. Jahrhundert vor unserer Zeitrechnung Mitglieder einer religiösen Gemeinschaft, somit auch Frauen – Beispiele dafür, wie mangelnde Griechischkenntnisse der ersten Übersetzer und Exegeten die androzentrische Perspektive vertieften und vertiefen, wie dies auch in der neuen Zürcher Übersetzung der Fall ist.

Obwohl inzwischen weiter geforscht wurde, halte ich die vorliegende Sammlung doch für eine anregende, hilfreiche Grundlage.

Verena Jegher (Basel / Schweiz)

II.2. Kirchen- und Religionsgeschichte

Kari Elisabeth Børresen, *From Patristics to Matristics: Selected Articles on Christian Gender Models. Published on Occasion of her 70th Anniversary 16 October 2002*, ed. by Øyvind Norderval and Katrine Lund Ore, Herder: Roma 2002, 316 pages, € 35.00

Few women engaged in theological research will have failed to encounter the writings of the pioneering feminist historian of theology Kari Elisabeth Børresen, Professor Emerita at the University of Oslo. Professor Børresen's academic career has spanned the four decades that have seen feminist theology emerge to become one of the most vibrant and challenging engagements of the modern theological enterprise, and it is no exaggeration to identify Børresen's writing as being at the helm of Christian feminist theologising in Europe.

From Patristics to Matristics, sensitively edited by Øyvind Norderval and Katrine Lund Ore to mark the occasion of Børresen's 70th birthday, gathers an impressive selection of her previously published articles, which underlines Børresen's important contribution to theological scholarship, while making readily available previously inaccessible texts. For scholars of her work, the collection is appended with a complete bibliography of her writings.

The collection is divided into six sections: 'Religion and Gender'; 'Patristics'; Métaphorique féminine'; 'Mariologie'; Matristics'; and 'Feminism and Christianity'. In all, fourteen essays are offered: ten in English and four in French. The first essay, 'Recent and Current Research on Women in the Christian Tradition' provides a useful summary overview of Børresen's work as a whole. It is followed by four patristic pieces, two of which focus on Augustine. All discuss the gendered notions of the Church Fathers and some instances of proto-feminism that can be discerned in their writings. The third section looks at the use of feminine metaphors in patristic God-talk. The Mariological essays turn to questions of doctrinal development that surround Roman Catholicism's dogmatic definitions of 1854 and 1950 on the immaculate conception and assumption of the Blessed Virgin Mary. In the largest section 'Matristics' (a delightful phrase coined by Børresen), there are four inspiring essays that recover for the present age some of the neglected Mothers of the Church, with particular focus on Birgitta, Hildegard von Bingen and Mother Julian of Norwich. The final section on 'Feminism and Christianity' provides an opportunity to demonstrate Børresen's engagement with and critique of her Roman Catholic denomination with an essay on the (non-)ordination of women and another on Catholicism's ambivalence towards the human rights (and in particular the reproductive rights) of women in which her trademark meticulous scholarship is combined with excoriating critique ('The Holy See's condemnation of condoms to protect against HIV and AIDS is a scandalous consequence of pontifical bio-theology' p. 306). This serves to remind us that Kari Elisabeth Børresen is a Church historian passionately engaged with contemporary Christianity who has established herself as an authority in recovering the neglected, reconstructing the past and re-envisioning Christianity's future.

Julie Clague (Glasgow / United Kingdom)

Frauengleichstellungsstelle der Evangelisch-Lutherischen Kirche in Bayern (Hg.), *Stehet auf, ihr stolzen Frauen. Frauenleben im 20. Jahrhundert*, (Zweiter Frauengeschichtswettbewerb der Evangelisch-Lutherischen Kirche in Bayern), Evangelischer Presseverband für Bayern: München 2004, 207 Seiten, ISBN 3-583-33111-7, € 9.90

Das weibliche Gesicht der Kirchengeschichte in biographischen Skizzen aufzudecken und festzuhalten, stößt sowohl übergreifend (so wird im Februar 2005 das ‚Lexikon früher evangelischer Theologinnen' vom Konvent Evangelischer Theologinnen in der Bundesrepublik e.V. präsentiert), als auch in lokalgeschichtlichen Projekten gegenwärtig auf großes Interesse. Mit dem Argula von Grumbach-Preis zeichnet die bayrische Landeskirche seit 2002 Arbeiten zur Frauengeschichte ihrer Landeskirche aus, um den Schleier des Vergessens von den Frauen zu nehmen, die zwar meist nicht in Amt und Würden, aber dennoch wirkungsvoll ihren Beitrag für Kirche und Gesellschaft geleistet haben.

Der Rekurs auf ‚Argula von Grumbach' verdeutlicht hierbei die vom Mainstream der Geschichtsschreibung oft vergessene oder verdeckte historische Bedeutung von Frauen: Argula von Grumbach hat sich in Publikationen mit erstaunlicher Verbreitung für Luther eingesetzt und dafür wirtschaftliche Nachteile und sogar Gefängnis in Kauf genommen – der einleitende Beitrag von Andrea Hähnle würdigt ihren Einsatz für die Reformation.

Damit ans Licht kommt, wie Frauen im Schatten berühmter Männer theologisch gearbeitet, sich kirchlich und sozial engagiert und Strukturen für christliches Leben geschaffen haben, kann der zweite Geschichtswettbewerb der bayrischen Frauengleichstellungsstelle vierzig eingesandte Arbeiten zum Thema ,Frauenleben im 20. Jahrhundert' aufweisen, von denen im vorliegenden Buch eine Auswahl abgedruckt und ausgezeichnet werden konnte.

So demonstriert der Hauptteil in 13 biographischen Schlaglichtern die beeindruckende Dichte gelebten Glaubens von Theologinnen, Diakonissen, aber auch nicht berufstätigen bzw. ehrenamtlich engagierten Christinnen in den Wirren des vergangenen Jahrhunderts. Die einzelnen Beiträge sind dabei so anschaulich und bewegend geschrieben, dass es schwer fällt, dieses Buch nach der Lektüre ins Bücherregal zurückzustellen. Das Interesse an gelebter Kirchengeschichte versteht dieser Band zu wecken!

Mit dem ersten Preis wurde der Beitrag von Erika Geiger ,Meine Großmutter Magda Dietzfelbinger. Die Geschichte einer ,Bilderbuch-Pfarrfrau' ausgezeichnet: Mit großem Respekt beschreibt die Enkelin anhand von Erinnerungen, Tagebuchaufzeichnungen und Briefen das Leben einer literarisch versierten Frau, der aufgrund ihres Geschlechts ersehnte Bildungschancen verbaut waren und die trotz innerem Widerspruchsgeist die Möglichkeiten ausgeschöpft hat, die ihr im gesellschaftlichen Kontext als Pfarrfrau blieben. Als begehrte Texterin für Bilderbücher fand sie zwar keinen Ruhm, aber doch eine Nische, ihrer Begabung Ausdruck zu verleihen.

Beeindruckend ist der Beitrag von Ruth Koch und Ines Rein-Brandenburg ,Drei Leben. Fairy von Lilienfeld – Erfahrungen einer Pionier-Theologin' (mit dem zweiten Preis ausgezeichnet): Woher konnte diese Frau die Kraft nehmen, nach Schicksalsschlägen (wie dem frühen Tod ihres Mannes und ihrer behinderten Tochter) in der Not der Nachkriegszeit ein Studium zu beginnen und ihre wissenschaftliche Begabung bis zur Professur durchzusetzen? Als erste Frau in West-Deutschland auf einem theologischen Lehrstuhl (für Geschichte und Theologie des christlichen Ostens) lässt sich an ihrem Weg ablesen, welche Un-Möglichkeiten Frauen im vergangenen Jahrhundert in ihrer intendierten Berufskarriere in Wirklichkeiten umzuwandeln hatten!

Darf ich mein Leben leben? Begabungen erkennen und als Berufswünsche umsetzen? Wie schwer das nicht nur politisch, sondern auch im Kontext gesellschaftlich-familiärer Erwartungen an Frauen war, ist heute kaum mehr vorstellbar. Tiefgründig beschreibt Else Lehmann (als dritte Preisträgerin) den inneren Weg ihres Glaubens und Widerstands gegen die NS-Diktatur in der biographischen Skizze ,Brunnen der Erinnerung': Ihre Schwester litt unter Epilepsie und war damit nach nationalsozialistischer Ideologie mit dem Stigma lebensunwerten Lebens bedroht. Der familiäre und berufliche Druck als Krankenschwester, diese Krankheit zu vertuschen und die Anzeigepflicht zu umgehen, machen deutlich, mit welcher Selbstaufgabe und spirituellen Stärke christliche Frauen für ihre Überzeugungen eingestanden sind.

Den dritten inhaltlichen Teil dieses Sammelbandes rundet eine historische Nachbetrachtung ab, die zum einen den thematischen Schwerpunkt der Biographien ‚Die Frauen und der Krieg' (Sybille Krafft) theoretisch in den Blick nimmt und zum anderen die Situation evangelischer Frauen in Bayern nach 1945 (Sigrid Schneider-Grube) resümiert. Insgesamt versteht es dieser Sammelband, der Geschichte des letzten Jahrhunderts in den ausgewählten Frauenbiographien ein Gesicht zu geben, das einem nahe und nachgeht.

Elisabeth Naurath (Augsburg / Deutschland)

Gertrud Hüwelmeier, *Närrinnen Gottes. Lebenswelten von Ordensfrauen,* Waxmann: Münster – New York – Berlin – München 2004, 242 Seiten, ISBN 3-8309-1415-6, € 24.90

Wie leben Nonnen? Welche Gründe waren für ihren Eintritt ins Kloster ausschlaggebend? Diesen und anderen Fragen geht die Ethnologin Gertrud Hüwelmeier (Humboldt-Universität Berlin) in ihrer Monographie nach. Dabei stellt sie das Leben der "Armen Dienstmägde Jesu Christi" (ADJC) dar. Ausgehend von teilnehmender Beobachtung, lebensgeschichtlichen Interviews und Archivalien legt die Autorin eine Ethnographie vor, in der sie die Geschichte und die heutige Situation dieser Kongregation nachzeichnet.

Nach einer Einleitung, in der die Verfasserin den aktuellen Forschungsstand und die Gliederung des Buches vorstellt, beschreibt sie im ersten Kapitel die "Kontexte", zu denen sie das Kloster als sozialen Raum und die religiöse Erneuerung im 19. Jahrhundert zählt.

Das zweite Kapitel überrascht mit der Überschrift "Inszenierungen". Hier geht es um ein Theaterstück der Schwestern, einen Seligsprechungsprozess und eine wunderbare Krankenheilung. Bereits hier offenbart sich die Schwäche des Buches, die eine Stärke hätte sein können: Der ethnologische Blick von außen auf eine religiöse Gemeinschaft kann sehr ertragreich sein; dennoch bedarf es dazu der Auseinandersetzung mit religiösen und theologischen Themen, die hier jedoch sehr fragmentarisch bleibt. So schreibt Hüwelmeier zwar im ersten Kapitel – erwartet hätte die Leserin die Bemerkungen zum eigenen

Vorverständnis der Autorin schon in der Einleitung – sie habe sich schon in früheren Untersuchungen "am Rande" (19) mit religiöser Alltagspraxis beschäftigt und auch in ihrer Schulzeit eigene Erfahrungen mit Nonnen gesammelt. Ein grundlegendes Verständnis für das, was diese Frauen im Innersten bewegt, scheint ihr jedoch zu fehlen.

Das Gleiche gilt für das dritte Kapitel, in dem unter dem Stichwort "Erfahrungen" die Biographien von sechs Schwestern, gewonnen durch 20 Interviews, wiedergegeben werden. Obwohl diese Biographien fast ein Viertel des gesamten Buchumfangs einnehmen, fehlt es auch hier an Substanz. Erfreulich wäre die Fokussierung auf den Glauben oder die Glaubensentwicklung der Frauen gewesen, die sich für einen *religiösen* Beruf entschieden haben, der das ganze Leben bestimmt.

Auch die Auswertung der Interviews im vierten Kapitel unter der Überschrift "Transformationen" ist unbefriedigend. Sicher ist es richtig, dass sich viele religiöse Gemeinschaften in Deutschland in einem Transformationsprozess befinden. Interessant wäre gewesen zu erfahren, was sich nicht verändert, die Elemente also, die konservativ sind und konservierend wirken. Hier wäre etwa an eine Analyse der Glaubensinhalte der Frauen, die Bedeutung des Glaubens als Motivation zum Eintritt oder als stabilisierender Faktor in ihrem Leben zu denken gewesen. So werden oberflächlich Äpfel mit Birnen verglichen, etwa der Schleier der Nonnen mit dem islamischen Kopftuch. Zudem fehlt bei der Diskussion um das Kopfhaar jegliche Auseinandersetzung mit biblischen Begründungen oder theologischen Argumentationen – auch das Zitat von 1 Kor 11, 14f. vor Beginn des Kapitels reicht hier nicht.

Interessant ist der Schluss, an dem die Autorin sich mit der Frage beschäftigt, wie innerhalb einer Schwesternschaft Hierarchie- und Autoritätsstrukturen aussehen. Sie stellt fest, dass sich weibliche Ordensgemeinschaften langsam von vertikalen Macht- und Herrschaftsverhältnissen entfernen und sich zu horizontalen Egalitätsbeziehungen hinbewegen.

Das Unterfangen, die Mitglieder einer religiösen Schwesternschaft in den Mittelpunkt des Forschungsinteresses zu stellen, ist durchaus nachahmenswert. Viel zu wenig wissen wir über die religiöse Alltagspraxis, den Glauben und das Leben solcher römisch-katholischer Frauen. Gleiches gilt bisher auf evangelischer Seite für die Diakonissen. Aber es sollte doch genug Kenntnis vorhanden sein, um eine religiöse Gemeinschaft auch tatsächlich als *religiöse* Gemeinschaft zu beschreiben.

Rajah Scheepers (Berlin / Deutschland)

Hildegund Keul, *Verschwiegene Gottesrede. Die Mystik der Begine Mechthild von Magdeburg,* Tyrolia: Innsbruck – Wien 2004, 525 Seiten, ISBN3-7022-2608-7, € 49.00

Hildegund Keuls Habilitationsschrift zum "Fließenden Licht der Gottheit" von Mechthild wurde 2003 mit dem Karl-Rahner-Preis für theologische Forschung ausgezeichnet. Nach Aussage der Autorin ermächtigt Mechthild von Magdeburg uns heute dazu, in einer Sprache von Gott zu sprechen, die von Menschen in einer säkularen Welt verstanden wird. Zur Sprache wurde Mechthild von Gott in einer Zeit ermächtigt, in der Frauen in Theologie und Pastoral sprachlos waren bzw. sprachlos gemacht werden sollten. Frausein im Patriarchat heute und Autorität von Frauen und kirchliche Amtsautorität können von Mechthilds Werk aus neu interpretiert werden. Minnegesang, ihre Erfahrungen als adliges Mädchen auf einer Burg und als Begine in Magdeburg führten Mechthild zur selbstbewussten Auseinandersetzung mit Klerikern und Theologen. Gott bricht in ihr Leben ein. Diese Erfahrung bestimmt ihr Leben und Schreiben. Mechthild von Magdeburg erlebt die Minne als gewalttätig und muss deshalb Tod und Leben neu definieren. Auf dem Hintergrund der Lebensform der Beginen entsteht ein theologisches Werk, das die deutsche Sprache und Dichtung geprägt hat.

Hildegund Keul setzt sich für eine genealogische Betrachtungsweise der Mystik ein. Ihr Anliegen ist es, die Mystik der Mechthild von Magdeburg für die Theologie heute fruchtbar zu machen. Sie kritisiert bisherige Methoden der Mystikforschung und eine einseitig historische Betrachtungsweise der Beginenbewegung, die Spiritualität und theologische Bedeutung nicht einbeziehen. In Helfta, wo Mechthild ihren Lebensabend verbringt, ist die Mystik von Gertrud von Helfta und Mechthild von Hackeborn im weiblichen Diskurs des einander Autorität Verleihens und sich aufeinander Beziehens entstanden.

Die Begeisterung der Autorin für die Magdeburgerin und ihre Schwestern im Kloster springt auf die LeserInnen über. Ihre Autorität haben diese Frauen von Gott. Dieses Bewusstsein gebiert eine neue Sprache der Pastoral und Spiritualität. Mechthild wird zur symbolischen Mutter der anderen Frauen. Ihr Buch vom "Fließenden Licht der Gottheit" wird zur Initialzündung, zur inneren Erlaubnis für die anderen Frauen, Sprachrohr Gottes zu werden. Weibliches Begehren findet durch Mechthild eine Sprache – das Wort wird geboren in der Hingabe an die Macht der Minne. Diese geschieht mit der ganzen Frau, Körper, Geist und Seele werden erfasst. Mechthilds Sprache hat ihren

Ursprung im Hohelied der Bibel. Weiterentwickelt durch den Minnegesang, entsteht die Sprache ihrer Gotteserfahrungen. Mechthild von Magdeburg spricht aus, dass mancher Mann es nicht wagt, sich in die Gewalt der nackten Minne zu begeben (FLG II, 34-35). Ihr bleibt nur die Hingabe an Gott, wenn ihr die Sprache gebricht. Im Moment des Zerbrechens des Lebens entsteht die Sprache der Mystik mit ihren großartigen Metaphern.

Hildegund Keul zeigt auch den sozialgeschichtlichen Hintergrund der damaligen Zeit auf. Doch der Schwerpunkt liegt auf dem Erschließen der Gottesrede – und des Schweigens Gottes – für heute. So zeigt sie, wie Maria von Nazareth und Mechthild von Magdeburg beide durch das Wort des Heiligen Geistes eine Lebenswende erfuhren, schöpferisch wurden und zum Schöpferischsein ermutigen. Wie das Hohelied nicht von Gott spricht, sondern in der Sprache der Liebenden Gott zur Sprache kommt, zeigt Mechthild von Magdeburg eine Möglichkeit für heute auf, Gott in der Sprache des Schweigens, im Verstummen ins Wort zu bringen. Gott spricht in der Anonymität. Wo ist Gott im heutigen Lebensalltag von Menschen? Hildegund Keul, die als Westfrau längere Zeit in Magdeburg gelebt hat, beendet dieses Werk mit Folgerungen für die Fundamentaltheologie. Diese sind geprägt von ihren Erfahrungen als Frauenseelsorgerin.

Feuerworte spricht Mechthild, die einen Brand legen (FLG II, 26-2). Nicht nur Mystikforschung, Theologie und Literaturwissenschaft können in der Weiterführung dieser Erkenntnisse zu neuen Ergebnissen kommen, sondern Frauen werden ermutigt, sich von Gott und anderen Frauen Autorität verleihen zu lassen – und selbst anderen Frauen diese Autorität zu geben.

Irene Löffler (Friedberg bei Augsburg / Deutschland)

Ursula King, *Christian Mystics: Their Lives and Legacies throughout the Ages*, Routledge: London – New York 2004, ISBN 0-415-32652-4, 270 pages, £15.99

Ursula King traces the history of mysticism from biblical times to the present day. According to the blurb, she "tells the story of sixty men and women whose mystical devotion to God transformed the times in which they lived and still affects our present-day search for spiritual meaning." Given that this enormous task is tackled in 250 pages of not very dense text, it is scarcely surprising that this book offers at best only a superficial survey of the people and themes it covers.

After a brief theological introduction, the reader is introduced to mystics of the Early Church (Clement of Alexandria, Origen, Gregory of Nyssa, Augustine, Pseudo-Dionysius and other "ascetics and monastics"). As might be expected, the most substantial chapter covers the Middle Ages, including Bernard of Clairvaux, Richard of St Victor, Francis of Assisi, Bonaventure, Hildegard, Catherine of Siena, and Catherine of Genoa, with special sections on the Beguines, including Mechthild of Magdeburg and Marguerite Porete, the Rhenish mystics, including Meister Eckhart and Johannes Tauler, and the English mystics, including Julian of Norwich. In the Early Modern Period, the Spanish and French traditions are primary (including for the former Teresa of Avila and John of the Cross, and for the latter Blaise Pascal), but Protestant mystics such as Jacob Boehme and George Fox also get a mention, as does John Wesley. A chapter on Eastern Orthodox mysticism includes an eclectic selection, ranging from Maximus the Confessor and Symeon the New Theologian to Vladimir Solovyov. A final chapter considers "Mystics of Our Time": Gerard Manley Hopkins, Thomas Merton, Simone Weil, Pierre Teilhard de Chardin, Swami Abhishiktananda (Henri le Saux).

By offering four or five page summaries on the life and work of most of those named here and some others, King introduces her reader to an impressive breadth of mystical thought. However, she does nothing more. Thus there is no attempt to discuss the complex relationship between mysticism and theology, and especially between medieval mysticism and scholastic theology, or between mysticism and church structure. There is scarcely any indication of the more physical or even erotic aspects that may be found in much medieval mysticism. More seriously, King's summaries give no indication of the academic discussions which in many cases lie buried beneath them. The text has no footnotes, and King does not make it easy for her readers to identify points where further reading might be beneficial. When she quotes sources they are attributed by title of work only, so that quotations are well-nigh impossible to trace. Her (relatively brief) bibliography gives only "easily accessible" selections and works, omitting scholarly editions.

In conclusion, King has produced a work which appears to be aimed at the general reader. As a very general introduction it will probably find an audience. However, its lack of scholarly apparatus means that this book will not be of much use to students of mysticism or to those teaching in the field.

Charlotte Methuen (Hanau / Germany – Oxford / England)

Annette Kuhn, *Ich trage einen goldenen Stern. Ein Frauenleben in Deutschland*, Aufbau-Verlag: Berlin 2003, 232 pages, ISBN 3-351-02556-4, € 17.90

Marina Sassenberg, *Selma Stern (1890-1981). Das Eigene in der Geschichte. Selbstentwürfe und Geschichtsentwürfe einer Historikerin*, (Schriftenreihe wissenschaftlicher Abhandlungen des Leo Baeck Instituts 69), Mohr Siebeck: Tübingen 2004, 293 pages, ISBN 3-16-148263-8, € 69.00

Ces deux ouvrages traitent tous deux de la vie d'une historienne et de la conciliation, tout au long de sa carrière, de sa vie privée et de son engagement professionnel.

Trois ans après la naissance d'Annette Kuhn (* 1934), ses parents déménagent aux États-Unis où son père a accepté une chaire de philosophie, en passant par l'Angleterre. La famille ne rentre qu'en 1948 en Allemagne, dans une Allemagne où le miracle économique ne va pas tarder à prospérer, mais aussi dans un pays où le silence règne entre Juifs et Allemands comme scellé par un accord de mutisme (63). Annette Kuhn s'engage dans une carrière universitaire et quand elle devient, en 1966, titulaire de la chaire d'Histoire du Moyen Âge et d'Histoire moderne de la Pädagogische Hochschule de Bonn, elle est la plus jeune titulaire de chaire d'Allemagne. «Tel père, telle fille, ainsi étais-je devenue, moi aussi, professeur d'université» (148). Vingt ans plus tard, sa mission d'enseignement est élargie et elle est le premier professeur d'une université allemande specialisé dans la recherche sur l'histoire des femmes. Deux fils d'Ariane font de cette autobiographie une narration intéressante et un véritable document, d'une part, la carrière de l'auteur comme chercheuse dans le domaine des questions féminines et, d'autre part, sa conscience de Juive.

Ce n'est qu'après la mort de sa mère, en 1971, qu'elle prend véritablement conscience de l'origine juive de sa mère et donc aussi de la sienne propre. «Ma mère se tait. Elle m'a raconté beaucoup d'histoires, mais est restée muette sur la sienne.» (220) Annette Kuhn décrit le retour de ses parents en Allemagne comme retrouvaille avec une «bonne Allemagne». Ce n'est que plus tard qu'elle se rend compte que ses parents ont mené dans l'Allemagne d'après la Seconde Guerre mondiale, l'existence des Juifs assimilés de l'Empire allemand (79). «J'étais devenue, moi aussi, une allemande sans plus aucune trace de judaïté» (79). Ce n'est que très tard, peu avant son éméritat, qu'Annette Kuhn reprend ce fil d'Ariane traversant sa vie. Entre-temps, elle a vécu toute une vie professionnelle d'historienne qui l'a menée de la recherche sur la paix à la recherche sur les questions de femmes. Sa vie privée est marquée par sa conversion au catholicisme (en 1934 elle avait été baptisée protestante par Martin Niemöller, une mesure de protection contre le national-socialisme, propagée par sa grand-mère «arienne») et sa longue relation avec une femme dont elle se sépare quelques années avant son éméritat. Sa vie professionnelle est, elle, un chemin parsemé de «naissances cérébrales» à travers le monde masculin. Annette Kuhn décrit son voyage au règne de l'histoire des femmes (titre de chapitre), les débuts de celle-ci et les difficultés rencontrées, mais évoque également les nombreuses «sages-femmes» historiques et contemporaines (215) sur le chemin de l'histoire des femmes: un tas de débris, que l'historienne rassemble. Elle a trouvé, au cours de ses recherches, non seulement des choses du passé et des choses oubliées, mais aussi des choses qui n'avaient pas été vues (226).

Cet ouvrage est l'analyse introspective et le travail de deuil de la vie personnelle et professionnelle d'Annette Kuhn sur la toile de fond de l'histoire contemporaine des années cinquante à quatre-vingt-dix du XXe siècle.

La thèse de doctorat de Marina Sassenberg sur Selma Stern (1890-1981) témoigne d'une plus grande distance historique. La «grande dame, doyenne de la science historique judéo-allemande» (9), est aujourd'hui encore connue pour son ouvrage en sept volumes sur «l'État prussien et les Juifs». Née d'une famille qui vécut pendant des siècles dans le sud de l'Allemagne, Selma Stern, substitut d'un fils décédé en bas âge, est, elle aussi, une fille qui a marché sur les traces de son père. Son parcours la mène aussi à la recherche scientifique, d'abord à Heidelberg, puis à l'Académie Berlinoise de la Science du judaïsme en 1920, et en 1941 aux Etats-Unis. De retour en Europe en 1960, elle passe les vingt dernières années de sa vie à Bâle.

Les deux grands chapitres de cet ouvrage, «Esquisses personnelles» et «Esquisses historiques», sont précédés d'une introduction qui ébauche le développement de la science historique judéo-allemande et les étapes biographiques de Selma Stern. Ils sont suivis d'un troisième petit chapitre en guise de bref résumé.

La thèse de doctorat de Marina Sassenberg porte le regard sur l'enchaînement de l'expérience (auto)biographique et du travail de recherche historique ou, comme l'exprime le sous-titre, sur «le personnel dans l'histoire». Marina Sassenberg met en relief les quatre points de repère de Selma Stern dans la vie et l'histoire: féminité et intellectualité, germanitude et judaïsme. Or, d'avoir tenté d'allier ces quatre références de sa vie, entraîna Selma Stern dans des contradictions: en tant que femme intellectuelle, elle fut exposée, dans sa vie familiale et dans sa vie sociale, à des mécanismes d'exclusion. Elle se vit par exemple refuser l'habilitation à diriger des recherches. N'aurait-elle pas alors voulu se découvrir elle-même en se tournant vers la recherche biographique historique (72)? Et son travail universitaire ne fut-il pas un instrument d'affirmation de sa personnalité (79)? À partir de 1920, Selma Stern trouve sa place en tant que femme et intellectuelle à l'Académie Berlinoise de la Science du judaïsme et ses publications historiques se consacrent dès lors de plus en plus à l'existence judéo-allemande. La fin de la République de Weimar et l'arrivée au pouvoir des nationaux-socialistes marque, selon Sassenberg, une rupture d'identité décisive dans la vie de Selma Stern (118) qui se claustre avec ses recherches historiques aux archives et le vécu judéo-allemand, écartant de sa vie l'absurdité croissante du national-socialisme pour qui les Juifs deviennent de jour en jour «autres».

Selma Stern instaure un dialogue entre ses esquisses historiques et ses esquisses personnelles. Dans le deuxième chapitre «Esquisses historiques», Sassenberg traite des publications de Selma Stern. Un grand nombre d'entre elles est de nature biographique et elle y exploite la liberté de manœuvre des femmes de l'Histoire dans le but d'aiguiser le regard pour les marges d'action dont jouissent les femmes d'aujourd'hui. Mais à partir des années vingt, ses esquisses de femmes et d'intellectuelles passent au second plan et elle se concentre sur une tentative de synthèse entre la germanitude et le judaïsme. Tandis que ses premières publications sont encore empreintes du désir de montrer le progrès et le succès de la symbiose judéo-allemande, à partir de 1929, (dans son livre "Jud Süß"), elle prend, en revanche, de plus en plus conscience de la fragilité de l'existence judéo-allemande. Dans son recueil de nouvelles «The Spirit Returneth», paru en 1946, elle ne considère plus l'histoire comme une évolution progressive, mais comme «l'alternance infinie et, en définitive, irrationnelle de la vie et de la mort» (205). Dans ses œuvres ultérieures, la légitimation historique de son identité – compréhension, mais aussi fixation par écrit ou transmission de l'histoire juive après l'expérience de la schoa – passe au premier plan et devient désormais sa mission pour l'avenir.

Ce travail retrace les étapes de l'évolution de l'historienne dans son parcours personnel et dans son travail en exposant les liens qui existent entre les deux et leur action l'un sur l'autre. Cela donne un livre extrêmement intéressant qui analyse l'identité judéo-allemande de Selma Stern et sa vision de la femme intellectuelle, ainsi que sa manière de s'être construite personnellement et d'avoir construit son histoire sur la toile de fond de sa biographie. Parfois, l'auteur montre la quête religieuse de Selma Stern et son orientation depuis

1945 «vers le judaïsme dans ses valeurs religieuses et traditionnelles», autrement dit, sa volonté «de s'assurer de sa propre origine» (130) – une représentation plus détaillée de la quête religieuse de Selma Stern aurait été intéressante.

Angela Berlis (Haarlem / Pays-Bas)

Britta Konz / Ulrike Link-Wieczorek (Hg.), *Vision und Verantwortung. Festschrift für Ilse Meseberg-Haubold,* (Theologie 63), Lit: Münster 2004, 250 Seiten, ISBN 3-8258-7323-4, € 24.90

Auf diese Festschrift war ich neugierig. Ilse Meseberg-Haubold hat sich als Kirchenhistorikerin durch ihre Veröffentlichung der Werke von Katharina Staritz verdient gemacht. Leider hat sie ihre 1990 erfolgte Habilitation zum Thema "Widerstand christlicher Frauen im Dritten Reich" nicht publiziert. Die Festschrift der Oldenburger Weggenossinnen und -genossen spiegelt in ihren Themenbereichen Fragestellungen, die Ilse Meseberg-Haubold in ihrer Forschungs- und Lehrtätigkeit bewegt haben und ein breites Spektrum umfassen.

Umreißt ein einleitender Beitrag von Reinhard Schulz das Thema Vision und Verantwortung aus philosophischer Perspektive, so folgen im nächsten Kapitel "Auf dem Weg zur Gleichberechtigung" Aufsätze, die das Verhältnis von Frauen zu Theologie und Religion beleuchten. Doris Brodbeck untersucht instruktiv den Glaubensspielraum von Frauen in der deutschsprachigen Schweiz zwischen 1900 und 1962 und zwar in ökumenischer Perspektive. Britta Konz stellt die jüdische Frauenrechtlerin Bertha Pappenheim vor, Hannelore Erhart den – allerdings kaum konstatierbaren – Einsatz Katharina Staritz' für die "Theologinnenfrage". Siegfried Vierzig schließlich untersucht, ob "Frauen anders glauben" und kommt ausgehend von einer grundlegenden Geschlechterdifferenz zu dem Ergebnis, dass diese naturgeschichtliche und psychologische Ursachen habe. Gesellschafts- und sozialgeschichtliche oder konstruktivistische Erklärungsansätze für die Geschlechterdifferenz werden nicht berücksichtigt, so dass er letztlich eine dualistische Differenz zementiert.

Im zweiten Kapitel "Christentum und Nationalsozialismus" zeigt Gisa Bauer am Beispiel von Agnes Zahn-Harnack differenziert das Konglomerat an Motiven, aus denen heraus es antisemitische Tendenzen in der frühen bürgerlichen Frauenbewegung gegeben hat. Reinhard Rittner behandelt mit Wilhelm Flor einen weithin vergessenen Juristen innerhalb der Bekennenden Kirche. Das dritte Kapitel "Vom Umgang mit Schuld und Scheitern" beginnt mit einer systematischen Reflexion: Ulrike Link-Wieczorek stellt "Überlegungen zur Soteriologie im Umgang mit historischer Schuld" an. Sie plädiert in Auseinandersetzung mit der Tradition, in der sie die Rede von der Erb- bzw. Ursündenlehre in die Rede von struktureller bzw. transpersonaler Sünde überführt, für eine Soteriologie der Stellvertretung. Das heißt, "Gott [fordert U.G.] stellvertretend *für die Opfer* Genugtuung, weil dadurch *deren* Recht wiedergutgemacht werden soll..." (134). Eine gelingende Stellvertretung müsse eine Wandlung der Täter wie der Opfer bewirken können. Während Dietgard Meyer auf den Spuren der Lehrerin Elisabeth Schmitz deren Haltung in der Nachkriegszeit aus zwei Briefen des Jahres 1946 eruiert, beleuchtet Rosine Lambin die in Europa weitgehend unbekannte Diskussion um eine Entschädigung der nordamerikanischen Schwarzen durch die White Churches in einem Manifest aus den sechziger Jahren und die im Gefolge entstehende Black Theology. Der Neutestamentler Wolfgang Weiß schließlich geht dem Walten der "Tyche" bei Josephus und Polybius nach.

Das vierte Kapitel bilden zwei "Ethische Reflexionen für die Praxis". Sie gehen zum einen der Frage nach, inwiefern christliche Friedensappelle konstruktiv sind – so Günther Roth am Beispiel des Irakkrieges. Zum anderen bemüht sich Jürgen Heumann um eine Aktualisierung des Dekalogs für eine Werteerziehung im Religionsunterricht.

Beschlossen wird der Band mit einem Kapitel zum Thema "Interreligiöser Dialog, Inkulturation und Ökumene", das mit einer Auseinandersetzung um die Wahrheit des Bekenntnisses von Sven Evers eröffnet. Er bekennt sich erfrischend deutlich dazu, dass es eine echte Andersheit der verschiedenen Religionen gibt und eventuell auch eine Fremdheit und Unübersetzbarkeit. Er plädiert für einen Dialog mit anderen Religionen, der die eigene Tradition genau kennt und sodann die Offenheit besitzt anzunehmen, dass sowohl die eigene wie die jeweils andere Tradition überlegen sein kann. Mit der deutschen protestantischen Frauenmission in China zwischen 1842 und 1952 wendet sich Vera Mielke einem Thema zu, das zunehmend die Aufmerksamkeit nicht nur der (kirchen-)historischen Frauenforschung findet. Der etwas konfuse Aufsatz stellt eine Zusammenfassung ihrer 2003 an der Universität Oldenburg eingereichten Dissertation dar. Ein Ergebnis ihrer Untersuchungen ist, dass in der zweiten Phase der Mission zwischen 1931 uns 1945 eine deutliche Anpassung der Missionarinnen an chinesische Lebensgewohnheiten erfolgte. Auch Ralph Hennings arbeitet ein Stück bisher eher unbekannter Kirchengeschichte auf, indem er evangelische-lutherische Pastoren und Lehrer der deutschen Kolonien in Russland während des 19. Jahrhunderts in den Blick nimmt. Schließlich wirft Ignacy Bokwa einen instruktiven Blick auf die Ökumene in Polen und die religiösen Minderheiten im Land.

Gefreut und angeregt haben mich persönlich vor allem die Beiträge, die sich mit Frauen- und auch außereuropäischer Territorialgeschichte befassen. Die Festschrift bildet in einem guten Sinne die Interessenlage für bestimmte Themen an einer lehrerbildenden Universität ab.

Ute Gause (Siegen / Deutschland)

Elizabeth Kuhns, *The Habit. A History of the Clothing of Catholic Nuns,* Doubleday: New York – London – Toronto – Sydney – Auckland 2003, 228 Seiten, ISBN 0-385-50588-4, US $ 23.95

Was ist der Unterschied zwischen dem Schleier katholischer Nonnen und der Burka der Musliminnen? Handelt es sich hier wie dort "nur" um religiöse Symbole? Oder stehen auch bestimmte politische Einstellungen dahinter? Wie weit ist ein solch demonstrativer Ausdruck der religiösen Überzeugung einer säkularen Gesellschaft angemessen oder auch nur zumutbar? Dies sind Fragen, die in Kuhns' Darstellung zwar angesprochen, aber leider nur unzureichend entfaltet werden.

Kuhns stellt sich in der Einleitung vor als eine zum Katholizismus konvertierte Journalistin, deren Zugang zum Thema von Hochschätzung für die römisch-katholische Kirche und Bewunderung für das Ordensleben bestimmt ist (3f.). Dieses Vorverständnis prägt ihren wenig kritischen Blick auf die historische Entwicklung: Die bekannten Fakten werden genannt, aber doch so gedeutet, dass der Eindruck einer Kontinuität der weiblichen Ordenstradition vom Neuen Testament bis zu Papst Johannes Paul II. entsteht. Tatsächlich finden sich erst seit dem 3./4. Jahrhundert vermehrt (Gruppen von) Frauen, die sich einer christlich begründeten Askese verschreiben und sich – als Alternative zur Ehe – als "Braut Christi" verstehen. Eine Ordenstracht ist in der Frühzeit noch nicht üblich, lediglich eine schlichte, dem asketischen Ideal entsprechende Kleidung sowie die Besonderheit, dass diese "gottgeweihten Jungfrauen" als Symbol ihrer "Vermählung mit Christus" einen Schleier anlegen, wie er sonst von (weltlichen) Ehefrauen getragen wird. Erst im Mittelalter entwickelt sich im Zusammenhang mit der wachsenden Bedeutung der monastischen Bewegung eine eigene Tracht, die den besonderen "geistlichen Stand" zum Ausdruck bringen sollte. Durch Verweise auf Johannes den Täufer und Paulus versucht Kuhns das Ordensleben im Neuen Testament zu verankern, den "Schleier" sieht sie als erste Form geistlicher Kleidung. Der zeitliche Schwerpunkt ihrer Darstellung, illustriert durch zahlreiche Photographien, liegt im späten 19. und 20. Jahrhundert. Ausführlich geht sie auch auf die Entwicklung seit den 1960er Jahren ein: Das Zweite Vatikanum stellte es den Nonnen frei, geistliche oder weltliche Kleidung zu tragen. Hinzu kam der Einfluss der feministischen Bewegung, die in Nordamerika und Europa viele Nonnen an den von Männern dominierten kirchlichen Strukturen zweifeln ließ. Die Ordenstracht wurde von ihnen als Zeichen "patriarchalischer" Bevormundung abgelehnt (162). Die Entscheidung für oder gegen das Tragen der Ordenskleidung markierte zugleich gesellschaftspolitische Positionen: liberale und progressive Nonnen in weltlicher Kleidung versus konservative in geistlicher Kleidung (160), wobei Letztere im Laufe des Pontifikats Johannes Pauls II. wieder an Bedeutung gewonnen haben. So interessant diese Entwicklungen sind, so problematisch erscheinen die Wertungen, die Kuhns damit verbindet: Ihre These, dass Nonnen in weltlicher Kleidung "unsichtbar" und deshalb ohne Einfluss in der Gesellschaft blieben (167), ist ebenso fragwürdig wie ihre Behauptung, gerade in einer säkularisierten Gesellschaft seien Laien dankbar für solch "radikale" Bezeugungen des Glaubens (166), und die simplifizierende Annahme, das Tragen von Ordenskleidung sei ein Mittel gegen den Mitgliederschwund (163). Kuhns erhebt keinen Anspruch auf Wissenschaftlichkeit (4), doch selbst wenn man dies berücksichtigt, hinterlässt die unverkennbar restaurativ-konservative Tendenz des Buches einen schalen Nachgeschmack.

Anne Conrad (Saarbrücken / Deutschland)

Daniela Müller, *"Ketzerinnen" – Frauen gehen ihren eigenen Weg. Vom Leben und Sterben der Katharerinnen im 13. und 14. Jahrhundert*, Religion & Kultur-Verlag: Würzburg 2004, 287 Seiten, ISBN 3-933891-11-6, € 19.90

Daniela Müller bietet in ihrem Werk über die Katharerinnen einen Abriss über die Geschichte dieser relativ unbekannten "Ketzer"gruppe. Sie widmet sich in ihrer Abhandlung dabei vor allem der bisher eher unbeachteten Frage, inwiefern die vorliegenden Quellen für die Frauen innerhalb dieser Gruppierung nutzbar zu machen sind. Aus diesem Grund beginnt die Verfasserin ihre Darstellung mit einer Klärung, welche Quellen vorliegen bzw. in Bezug auf die Frauenfrage aussagekräftig sind. Diese Problematik spielt vor allem in den Fällen eine Rolle, in denen keine Gerichtsakten überliefert sind, die Einblick in die Prozesse verschaffen, sondern lediglich die Aussagen eines Chronisten herangezogen werden können.

Den Katharerinnen selbst ist im Anschluss daran ein ausführlicheres Kapitel gewidmet, das durch vielfältige Beispiele einen Eindruck entstehen lässt, wie sich das Leben von Frauen im 13. und 14. Jahrhundert abgespielt hat. Sehr interessant erweisen sich die Vergleiche zwischen der Religion der Katharerinnen und dem Katholizismus. Sie machen die Faszination deutlich, die die Bewegung auf Frauen ausgeübt hat. Das Kapitel über die Ketzerprozesse kann sozusagen als Vorbereitung auf die großen Hexenprozesse der Frühen Neuzeit verstanden werden. Durch Daniela Müllers Darstellung werden Parallelen deutlich, die den Boden für die Hexenverurteilungen bereitet haben können. Die Zeit der Katharerinnen wird von ihr in den geschichtlichen Kontext gestellt.

In der gesamten Untersuchung kommt die Autorin immer wieder auf die Frage zu sprechen, was die Frauen innerhalb der Bewegung der Katharer für Aufgaben und Möglichkeiten hatten. Waren Frauen innerhalb der Gruppe gleichberechtigt mit den Männern oder bezog sich die Gleichberechtigung lediglich auf das Leben nach dem Tod? Müllers Analyse wird durch zahlreiche Beispiele gestützt, so dass sich am Ende der Untersuchung ein differenziertes Bild der Stellung von Frau und Mann innerhalb der Bewegung ergibt.

Dabei geht die Autorin in ihrer Beschreibung stark chronologisch vor. Sie beginnt ihre Darstellung bei den Katharerinnen in Deutschland und stellt hauptsächlich das Leben der Gläubigen vor. Von dort ausgehend widmet sich Daniela Müller der Bewegung, wie sie in Frankreich aufgetreten ist. Hier wurde das Leben vor allem durch die Kreuzzüge geprägt.

Die Schilderung der Katharerinnen endet mit der Überlegung, was Ketzerei ist bzw. woher sie rührt. Diese Frage fällt aus dem Gesamtzusammenhang heraus und wirft leider Fragen auf, die zuvor im gesamten Werk nicht ausreichend angesprochen wurden.

Am Ende ihrer Darstellung hat die Autorin ein Glossar angefügt, das sich als gute Lesehilfe erweist und dieses Buch einem weiteren Kreis als lediglich Fachleuten zugänglich machen kann. Leider behindert bisweilen das Seitenlayout das Verständnis des Textes: Die Verfasserin hat sehr viele Bilder aufgenommen, die die Seiten in einer Weise unterbrechen, dass der Text nicht mehr flüssig lesbar ist und der Gedankengang dadurch – rein formal – unterbrochen wird. Alles in allem aber bietet dieses Buch einen sehr guten Überblick über die Zeit der Katharerinnen und stellt die Zeit des Hochmittelalters außerordentlich spannend dar.

Meike Rieckmann (Bonn / Deutschland)

Adriana Valerio (ed.), *Archivio per la Storia delle Donne*, vol. 1, M. D'Auria Editore: Napoli 2004, xvii + 220 pages, ISBN 55-7092-236-7, € 60.00

The *Archivio per la Storia delle Donne* offers a collection of seven essays supplemented with an introduction written by its editor Adriana Valerio. The essays are intended to bring to light new aspects about the life and work of those famous and less-known women of different ages who have "swum against the stream" in religious, social and philosophical spheres. The book is particularly valuable for its inclusion of previously unpublished sources relating to these women, as an appendix to each essay.

Explaining why she decided to publish such a collection, Adriana Valerio comments: "What I want to do is to highlight the history of women. It is my intention to make women subject of reflection and not object of analysis" (p. 9). The book has not been conceived to as a weapon in the struggle between men and women, but as a moral act enabling the female contribution to our societies and Churches to be better acknowledged and understood.

The first part, by Mario Gaglione, introduces Sancia d'Aragona-Majorca, "from queen of Sicily and Jerusalem to nun in Santa Croce". Sancia d'Aragona-Majorca had a lasting influence on Neapolitan society and was publicly recognized by her husband as able to rule the country. Nonetheless, she eventually chose to enter the convent of Santa Croce in Naples. Gaglione analyses previously unknown Neapolitan sources and documents in order to offer a more profound understanding of Sancia d'Aragona.

In the second section, Rita Alibrandi and Adriana Valerio offer a complete critical revision of the *Dialogo* by Domenica Narducci da Paradiso. Adriana Valerio presents a historical, sociological and theological reading of the text, its value and its limitations, while Rita Alibrandi undertakes a philological reconstruction and linguistic analysis of the text.

In her study, "*Ordinationi et Regole* del Sacro Tempio della Scorziata", Giuliana Boccadamo returns to sixteenth-century Naples, drawing attention to an institution founded by Giovanna Scorziata, which sought to offer dignity to young girls whose social status condemned them to become prostitutes.

Turning to Sicily, Rosa Casapullo analyses the work of Sister Teresa di San Girolamo, *Il castello dell'anima*. This almost forgotten text reveals many interesting aspects of Sicilian society, culture and religiosity (including both orthodox and "heretical" movements). Casapullo's essay is complemented by the critical edition of the text offered by Stella Mondino and Rita Sciovè.

"*Viver vita laica, devota et libera,* La terza via di Clemenza Ercolani Leoni, vedova bolognese", by Sara Cabibbo and Adriana Loffredo, considers the creation by Clemenza Ercolani of an institution which took a revolutionary approach to the religious life, and which did not consider religious vows compulsory. The article is supplemented with the original version of the Institution's Rule.

Fabiana Cacciapuoti presents another unusual woman, one of the finest intellects of the mid-nineteenth-century, who was deeply involved both in Italian politics and in philosophical and theological speculation: Marianna Florenzi-Weddington.

Finally, Angela Berlis discusses (in French) the fate of Amalie von Lasaulx, the opponent of papal infallibility and her influence in the Old Catholic Church. Lasaulx, a Sister of Mercy, was suspended in 1871 by her Mother Superior and to a storm of protest was refused a decent Catholic burial. The essay publishes for the first time a number of letters which shed light on the last weeks of her life.

This significant collection introduces its readers to a range of original sources, previously unpublished, but now philologically corrected, and to new information about women who have until now been neglected by official historiography.

Manuela Scaramuzzino (Naples / Italy)

II.3 Systematische Theologie, Ökumene und Interreligiöser Dialog

Pauline Bebe, *ISHA: Frau und Judentum. Enzyklopädie.* Aus dem Französischen übersetzt von Caroline Bechhofer, Verlag Roman Kovar: Egling an der Paar 2004, 444 Seiten, ISBN 3-925845-97-6, € 34.00

Pauline Bebe ist seit 1995 Rabbinerin der damals neu gegründeten *Communauté juive libérale*, einer liberalen jüdischen Gemeinde in Paris. Ihr neuestes Werk *ISHA* (hebr. für "Frau") vereint wissenschaftlich fundiert, erfrischend formuliert und kritisch bewertend auf den Punkt gebracht, Ergebnisse ihrer jahrelangen jüdischen Studien und ihrer praktischen Erfahrungen als Rabbinerin einer zukunftsoffenen und gestaltungsfreudigen Gemeinde. Es enthält mehr als 100 lexikalisch verfasste Abhandlungen, die sich sowohl mit Frauengestalten aus Bibel und Talmud beschäftigen als auch traditionelle und halachische und/oder aktuelle frauenrelevante Themen und Fragestellungen aus weiblicher Perspektive erläutern und diskutieren. Dies zeigen etwa die Einträge über Alleinstehende, Brit Leda (hebr. für "Bund der Geburt" [eines Mädchens]),

Erbrecht, Erziehung, Jevama (hebr. Terminus für eine Witwe, deren verstorbener Mann kinderlos geblieben ist), Jungfräulichkeit, Kaddisch (hebr. für "Heiligkeit, Trennung"; ein Lobgebet), Lesbische Beziehungen, Mechiza (hebr. für "Scheidewand"; Abtrennung zwischen Männern und Frauen an Orten des Gebetes), Mikwe, Nidda, Pubertät, Sexistische Sprache, Torastudium, Umgang zwischen Männern und Frauen oder Vergewaltigung. Beim Stichwort "Nidda" (hebr. für "ausgeschlossen, abgesondert"), dem Terminus für eine Frau im Status der "Separiertheit", zum Beispiel während und nach der Menstruation, operiert Bebe in diesem Zusammenhang leider mit dem Begriff der "Unreinheit", ohne darauf zu verweisen, dass er eine halachische Kategorie umschreibt – einen Zustand ohne negative Implikation. Sämtliche Abhandlungen enthalten Anmerkungen und Querverweise. Im Anhang erscheint eine Bibliographie mit mehr als 200 Vermerken zu den benutzten Primär- und Sekundärquellen.

Pauline Bebe betrachtet die Frage der geschlechtlichen Identität von Jüdinnen und Juden als Schlüssel zur Definition jüdischer Identität. Mit aufgeklärt-modernem Bewusstsein analysiert sie mittels rabbinischer und feministischer Hermeneutik die traditionelle "Rolle"/ Funktion der jüdischen Frau vor dem Hintergrund historischer und gesellschaftlicher Kontexte und kristallisiert dabei spezifisch weibliche Handlungs- und Sichtweisen im Judentum heraus. Indem sie immer wieder auf Beispiele der sich Jahrhunderte lang vollziehenden Einbindung der überlieferten Tradition in neue Lebenswirklichkeiten durch fortlaufende Weitergestaltung verweist, zeigt sie die Existenz eines sich dynamisch entwickelnden, prozessorientierten und lebendigen liberalen Judentums auf. Die Frage, ob die Teilhabe der Frauen am öffentlichen Gottesdienst zugelassen werden kann, ohne damit eine Form von Polytheismus oder einen Göttinnenkult wieder erstehen zu lassen, beantwortet Bebe mit einem klaren "Ja". Sie vertritt einen Monotheismus, "der weder männlich noch weiblich ist, in dem sich Männer und Frauen gleichermaßen erkennen und anerkennen und an dem sie auf gleiche Weise teilhaben können" (15).

Rachel M. Herweg (Berlin / Deutschland)

Irene Dingel (Hg.), *Feministische Theologie und Gender-Forschung. Bilanz – Perspektiven – Akzente*, Evangelische Verlagsanstalt: Leipzig 2003, 232 Seiten, ISBN 3-374-02078-X, € 18.80

Ein Sammelband im besten Sinne des Wortes: Das vorliegende Werk vereint zehn Aufsätze namhafter Autorinnen und bietet damit einen Überblick über die aktuelle Bandbreite Feministischer Theologie. Die Autorinnen vertreten die Disziplinen Theologie, Soziologie, Philosophie, Sprechwissenschaft und Jüdische Studien. Auf diese Weise wird sowohl der traditionelle Fächerkanon der Theologie abgedeckt als auch der Horizont zu neuen, darunter interreligiösen und überkonfessionellen, Fragestellungen erweitert.

Der Sammelband legt den Ausgangspunkt auf die Feststellung, dass sich Feministische Theologie und Gender-Forschung nach Jahren des Aufbruchs inzwischen zwar in Universität und Gesellschaft fest etabliert haben, feministische (An-)Fragen gleichwohl immer noch Anstoß und Widerspruch erregen.

Den Anfang macht die im April 2003 verstorbene Theologin Dorothee Sölle. Sie bilanziert ausgehend von ihrer eigenen Erfahrung – zeitlebens blieb ihr in Deutschland eine Professur verwehrt – das Schon-Erreichte (Gott neu denken) und das Noch-Ausstehende (Veränderung der Welt zum Reich Gottes).

In der Reihenfolge des Fächerkanons der Theologie folgen dann in den exegetischen Disziplinen Irmtraud Fischer (Universität Bonn, jetzt Universität Graz) und Angela Standhartinger (Universität Marburg). Irmtraud Fischer untersucht mit ihrem geschlechterfairen Ansatz die Prophetinnen der Hebräischen Bibel und verknüpft neue Konzepte der Prophetieforschung mit Feministischer Theologie. Dieser Forschungsansatz "untersucht den genderbias, die unterschiedliche Wertung von Sachverhalten einzig aufgrund des Geschlechts" (24).

Die Geschichte und Gegenwart feministischer Paulusauslegungen nimmt Angela Standhartinger unter die Lupe. Ausgehend von der Ersten Frauenbewegung über die Frauenordination stellt sie Tendenzen der gegenwärtigen Paulusauslegung vor. In einem Ausblick formuliert sie die wichtigsten gegenwärtigen Herausforderungen: Jüdische Feministinnen kritisieren die Darstellung des frühen Christentums als besonders emanzipatorische Bewegung und postkoloniale Feministinnen stellen jegliche, auch feministische Kanonbildung, in Frage.

Ruth Albrechts (Universität Hamburg) Aufsatz, in dem sie die Frauen- und Geschlechterforschung in der Kirchengeschichte bilanziert, trägt den charakteristischen Titel "Am Anfang eines langen Weges" und zeichnet die Diskussionsverläufe innerhalb der Feministischen Theologie, der Geschichtswissenschaft und der Kirchengeschichte nach. Als Fallbeispiel blickt sie auf die Pietismusforschung und zeigt dort Forschungsdesiderate auf.

Die Systematikerin Helga Kuhlmann (Universität Paderborn) stellt unter der Überschrift "Abschied von der Perfektion" Überlegungen zu einer ‚frauengerechten Rechtfertigungslehre' an. Hier kommt sie u.a. auf Missverständnisse über Rechtfertigung zu sprechen, wie etwa, dass Rechtfertigung Gewalttaten und Unrecht legitimiere oder der Hoffnung, sich selbst zu verwirklichen, widerspreche. Schließlich fordert sie ebenso die Revision einer nicht frauengerechten Rechtfertigungstheologie wie die Revision einer feministischen Theologie ohne Rechtfertigungstheologie.

Für die Praktische Theologie arbeitet Sybille Becker unter den Stichworten "Praxisbezug und Interdisziplinarität" die einzelnen Phasen der praktisch-theologischen feministischen Forschung heraus. Sie schließt mit neuen Perspektiven, zu denen sie neben anderem die Männerforschung und die Stärkung der spielerisch-ästhetischen Seite des Glaubens innerhalb der Praktischen Theologie zählt.

In den vier folgenden Beiträgen kommen Wissenschaftlerinnen aus anderen Fachgebieten zu Wort: Monika Richarz (Universität Hamburg) gibt einen Überblick über die Frauen- und Geschlechtergeschichte deutscher Jüdinnen in der Neuzeit und benennt Themenkomplexe wie Frau und Arbeit oder die weibliche Bildungsgeschichte, die der Erforschung noch harren. Auch eine Rezeption der Ergebnisse der jüdischen Frauengeschichte durch die allgemeine jüdische Geschichte stehe, so die Autorin, noch aus.

Die Philosophin Elisabeth Conradi (Universität Göttingen) fordert in ihrem Beitrag zur Feministischen Ethik Veränderungen durch interrelationale und kollektive Prozesse. Sie knüpft dabei an die feministische *Care*-Ethik an und betont das, "was zwischen Subjekten, oder besser: das, was im Rahmen des ‚Zwischen' geschieht" (176).

Die Sprechwissenschaftlerin Christa Heilmann (Universität Marburg) befasst sich mit der Frage, inwieweit Geschlecht durch Sprache und Sprechen konstruiert wird.

Im letzten Beitrag untersucht die Soziologin Bettina Heintz (Universität Mainz) in globaler Perspektive den Stellenwert von Frauenrechten im Kontext der Weltgesellschaft.

Nicht nur bilanziert diese Aufsatzsammlung den Stand feministischer Theologie und Gender-Forschung auf weiterführende und exemplarische Art, sie ermöglicht zudem einen erhellenden Blick auf die Perspektiven und zukünftigen Aufgaben feministisch-theologischer Forschung in Deutschland. Ein Buch, dem viele Leserinnen zu wünschen sind.

Rajah Scheepers (Berlin / Deutschland)

Andrea Eickmeier / Jutta Flatters (Hg.), *Vermessen! Globale Visionen – konkrete Schritte. Wegmarken durch den feministischen Alltag. Arbeitsbuch zu Elisabeth Schüssler Fiorenzas kritischer Befreiungstheologie*, (Sonderausgabe 3 zur Schlangenbrut), Münster 2003, 76 Seiten, ISSN 1439-2267, € 9.20

Die vorliegende Broschüre gibt Erfahrungen mehrerer Mitglieder der AG "Feminismus und Kirchen" aus der Arbeit mit dem feministisch-theologischen Denken Elisabeth Schüssler Fiorenzas wieder, und hält damit ein Kapitel feministischer Geschichte fest. Es ist das Ziel der Autorinnen, eine Hermeneutik darzustellen, mit der feministisches Handeln analysiert werden kann und Strategien, Ziele und Optionen ausgewertet werden können. Schüssler Fiorenzas Kyriarchatsanalyse und ihr Verständnis der Ekklesia der Frauen bieten einen Ansatz, die globale Vision einer 'Gerechtigkeit für alle' im Auge zu behalten und gleichzeitig die äußerst komplexen Herrschaftsstrukturen dieser Welt zu analysieren und strategisch anzugehen.

Im ersten Teil skizzieren Jutta Flatters und Christine Schaumberger in zwei Beiträgen die Position der institutionalisierten feministischen Theologie. Anschließend führt Jutta Flatters in Schüssler Fiorenzas Kyriarchatskritik und Ekklesiologie ein. Danach stellt Elisabeth Schüssler Fiorenza selbst ihre zwei zentralen Konzepte vor. In der AG "Feminismus und Kirchen" haben Schüssler Fiorenzas theoretische Konzepte zu konkreten "Leitfäden zur Strategieanalyse" geführt, die im zweiten Teil des Buches von Andrea Eickmeier vorgestellt und anhand mehrerer Fallgeschichten illustriert werden. In ihnen wird die Alltagstauglichkeit dieser feministischen Hermeneutik beleuchtet. So berichtet zum Beispiel Jen-wen Wang, warum sie für sich eine Ordination in der presbyterianischen Kirche in Taiwan abgelehnt hat, und analysiert Ruth Huber ihre Schwierigkeiten, als römisch-katholische feministische Theologin in einer Gemeinde zu arbeiten. In diesen und zwei weiteren Fallgeschichten aus der (Hoch-)Schulwelt zeigen vier Frauen, wo und wie sie im kyriarchalen System verortet sind und mit welchen Strategien sie diesen Sachverhalt kritisieren und verändern. Im dritten Teil würdigen die beiden Herausgeberinnen Schüssler Fiorenzas befreiungstheologischen Ansatz.

Kritisch sei zu dieser Broschüre Folgendes angemerkt: Die Autorinnen geben an, dass im deutschen Kontext ein Gegensatz bestehe zwischen der befreiungstheologischen feministischen Theologie und der feministischen 'Weiblichkeits-Theologie', wie sie u.a. von Andrea Günter und Ina Praetorius vertreten wird. Es mag stimmen, dass die Theologie Schüssler Fiorenzas recht 'unkörperlich' in dem Sinne ist, dass sie unvermeidliche körperliche

Lebenserfahrungen wie Schwangerschaft, Kinderlosigkeit, Krankheit, Schmerz, Alter und Sterben nicht reflektiert. Mit aus diesem Grund nimmt Schüssler Fiorenza die inhärenten Interdependenzen zwischen Menschen zu wenig wahr. Doch ist das Nachdenken über Körperlichkeit im breitestem Sinne nicht unbedingt identisch mit einer essentialistischen Auffassung körperlicher Unterschiede und Gegebenheiten, wie manche Autorinnen zu befürchten scheinen. Problematisch ist es zudem, dass in der Broschüre der Eindruck vermittelt wird, die Untersuchung symbolischer Kategorien sei unsinnig, so lange es noch Frauen gebe, die mit nichts anderem als dem täglichen Überlebenskampf für sich selbst und ihre Familie beschäftigt seien. Denn das "Kyriarchat" ist, wie alle Herrschaftsstrukturen, auch in Symbolik und Sprache fest verwurzelt. Der Kampf dagegen sollte sich folglich auf zwei Ebenen bewegen: der materiellen und der symbolisch-sprachlichen. Es scheint mir nicht fruchtbar, die beiden genannten theologischen Ansätze als einander ausschließend zu betrachten. Es gibt verschiedene Wege und Strategien zum Ziel, das wohl jede feministische Frau und Theologin unterschreibt: 'Gerechtigkeit für alle'.

Trotz dieser Anfragen ist die Broschüre aus mehreren Gründen empfehlenswert. Sie bietet eine Einführung in Elisabeth Schüssler Fiorenzas Denken, wobei ihre Theologie auch im größeren Kontext der (deutschen) feministischen Theologie positioniert wird. Anregend ist der Versuch, eine theoretische Hermeneutik zu einem konkreten analytischen Instrument umzuarbeiten und auf diese Weise zu zeigen, wie es im Alltag funktionieren kann. Zum Schluss ist positiv zu vermerken, dass unbequeme selbstkritische Fragen nicht vermieden werden. So fragt etwa Christine Schaumberger, worum es feministischer Theologie letzten Endes gehe: Beschränken wir uns auf Gender-Fragen? Ist uns das Erreichen einer eigenen bequemen Position vielleicht manchmal wichtiger als die Vision einer alle einschließenden Gerechtigkeit? Welche Rolle spielt Fortschrittsdenken in der feministischen Theologie: Ist es gerechtfertigt, bestimmte Denk- und Verhaltensweisen, Ideale und Visionen als überholt, unrealistisch oder gar als naiv zu qualifizieren?

Ineke Lamers (Tilburg / Niederlande)

Carl G. Fürst / Richard Potz (Hg.), *Mutter, Nonne, Diakonin. Frauenbilder im Recht der Ostkirchen / Mother, Nun, Deaconess. Images of Women according to Eastern Canon Law,* (Kanon XVI. Jahrbuch der Gesellschaft für das Recht der Ostkirchen), Kovar: Egling 2000, 326 Seiten, ISBN 3- 925845-89-5, € 26.00

Der vorliegende Sammelband enthält die Tagungsbeiträge des vierzehnten Kongresses der Gesellschaft für das Recht der Ostkirchen, welcher 1999 in Athen zum Thema "Die Frau im kanonischen Recht der Ostkirchen" stattgefunden hat. Um einen Eindruck von der Lebendigkeit und den teils, so scheint es, heftig geführten Diskussionen, sowie vom gesamten Ambiente der Veranstaltung zu bekommen, ist die Lektüre des von Eva Synek verfassten Berichts zur Tagung empfehlenswert.

Der Reiz des Tagungsbandes besteht darin, dass eine Bandbreite an unterschiedlichen Zugängen von Wissenschaftlerinnen und Wissenschaftlern aus unterschiedlichen Konfessionen zusammengefasst sind. Somit bietet die Publikation eine Zusammenschau von teils bereits häufig diskutierten Themen, Quellen und Zugängen, die in sich wegen ihrer Vielfalt und ihres Nebeneinanders einzigartig ist.

In den deutschen, englischen und französischen Artikeln – ein Drittel ist von Autorinnen verfasst – werden Ein- und Überblicke zu aktuellen und historischen Themen den Status und die Rollen von Frauen sowie die Relevanz der Kategorie "Geschlecht" in den Ostkirchen betreffend gegeben. Zu den Artikeln, die in erster Linie aktuelle Entwicklungen aufgreifen, gehört der Beitrag von Metropolit Gennadios Limouris, "Orthodox and Ecumenical Assemblies and Conferences of the 20th Century", der sich mit ökumenischen und innerorthodoxen Konferenzen in Hinblick auf "die Frauenfrage" beschäftigt. Mit den Zugangsmöglichkeiten zu theologischer Bildung in Griechenland beziehungsweise in Rumänien befassen sich Basileios Jioultsis und Filoteia Cosma. Im Beitrag "The Enclosure of Mount Athos in the Framework of Gender Discrimination" stellt Charalambos K. Papastathis die kirchen- und staatsrechtlichen Regelungen und Probleme in Bezug auf den Berg Athos dar. Im Rahmen der Beiträge, die einen historischen Schwerpunkt haben, befassen sich vier primär mit dem Thema Diakonat. Marcel Metzger gibt mit seinem Beitrag einen historischen Überblick über den Diakonat von Frauen und argumentiert mit Hinweis auf das Zweite Vatikanum für eine mögliche große Offenheit innerhalb der römisch-katholischen Kirche. Evangelos D. Theodorou stellt die Ergebnisse seiner Forschungen über "Weibliche Kleriker aus orthodoxer Sicht unter besonderer Berücksichtigung der Empfehlungen der panorthodoxen Theologenkonferenz von 1988" vor. Heinz Ohme vertritt in seinem Beitrag über "Frauen im Niederen Klerus und als Ehefrauen von Klerikern in den östlichen Traditionen" bezüglich des Status, der Weihe und der Aufgaben weiblicher Diakone ein "klassisches Unterodnungsmodell". Im vierten Beitrag, "An Almost lost Tradition: The Deaconess in the Armenian Church", führt Erzbischof Mesrob K. Krikorian in die Traditionen weiblicher Diakoninnen in der armenischen Kirche ein. Einen Einblick in festgelegte Rechte und die zugleich mögliche Partizipation von Frauen in Byzanz gibt Joëlle Beaucamp in ihrem Beitrag "Les femmes et l'Eglise: droit canonique, idéologie et pratiques sociales". Eva Synek thematisiert in ihrem Beitrag, "Zur Rezeption alttestamentlicher Reinheitsvorschriften ins Orthodoxe Kirchenrecht", Reinheit und Unreinheit und bietet einen rechtsgeschichtlichen Längsschnitt mit Ausblick zum Thema. Die veränderte Stellung von Frauen im Ehe- und Familienrecht sowie im monastischen Bereich ist das Thema von Angeliki E. Laiou mit "The Evolution of the Status of Women in Marriage and Family Law" und Ioannis M. Konidaris mit "Die Rechtsstellung monastisch lebender Frauen unter besonderer Berücksichtigung der Unterschiede zwischen Nonnen und Mönchen". Susan Ashbrook Harvey gibt durch die Einbeziehung bisher wenig berücksichtigter spätantiker Quellen Einblicke in die Ämter von Frauen im syrischen Christentum. Über den Themenbereich des Bandes hinaus geht der Beitrag "Le statut juridique de la femme dans le droit canonique de l'Église Catholique" von Dimitrios Salachas, in dem er einen Vergleich zwischen der rechtlichen Situation in der lateinischen und den unierten Kirchen bietet. Einen inhaltlichen "Sonderstatus" hat der Überblicksartikel "Die Stellung der Frau nach neoislamischer sunnitischer Lehre" von Martin Forstner.

Im Tagungsband wird ein repräsentativer Ein- und Überblick zur Thementrias "Frau – Recht – Ostkirchen" gegeben, er ist aktuell und "ökumenisch" und es werden in ihm auch generelle methodische Fragen, wie die Frage nach der Auswahl und Analyse von Quellen (vgl. Synek, Bericht IX; Beaucamp 87; Ashbrook Harvey 226) diskutiert.

Livia Neureiter (Graz / Österreich)

Susanne Glietsch, *Mittäterschaft und Selbstentwurf. Eine feministisch-theologische Auseinandersetzung mit Christina Thürmer-Rohr*, Ulrike Helmer Verlag: Königstein/Taunus 2003, 464 Seiten, ISBN 3-89741-127-X, € 39.95 / CHF 69.00

Die Tübinger Theologin Susanne Glietsch legt als erste eine systematische Auswertung der Arbeit Christina Thürmer-Rohrs vor. Ausgehend von der

Mittäterschaftsthese macht Glietsch vier inhaltliche Hauptstränge in Thürmer-Rohrs Werk aus: erstens Kritik an einer Opferperspektive auf Frauen, zweitens Kritik an einer einseitig positiven Sichtweise auf Weiblichkeit und weibliche Moral, drittens Kritik an Frauenerfahrungen, Parteilichkeit und gemeinsamer Betroffenheit als methodische Leitkategorien feministischer Forschung sowie viertens das Thema Differenzen unter Frauen. Glietsch skizziert in Teil A ihrer Arbeit entlang dieser inhaltlichen Linien die feministisch-theoretischen Auseinandersetzungen, auf die hin und in die hinein Thürmer-Rohr schreibt, um dann in Teil B Thürmer-Rohrs Ansatz darzustellen. In Teil C lotet sie den Ertrag dieses Ansatzes im größeren Rahmen feministischer Theorieentwicklung aus, indem sie ihn als Kräftefeld von Kritik, Norm und Utopie und in der Spannung von Geschlecht als gesellschaftlichem Tatbestand und veränderbarer Konstruktion analysiert. In Teil D schließlich beschäftigt Glietsch sich mit der Rezeption Thürmer-Rohrs in der feministischen Theologie.

Die systematische Aufarbeitung Thürmer-Rohrs ist ein gewagtes Unterfangen. Wie Glietsch selbst im Vorwort bemerkt, lebt Thürmer-Rohrs Theorie u.a. von ihrer essayistischen Präsentationsform sowie von der Ästhetik, dem Witz und der Schärfe ihrer Sprache. Diese lassen sich in einer systematischen Analyse nicht einfangen. Dementsprechend lesen sich große Teile des vorliegenden Buches eher trocken und erscheinen zudem redundant. Spannend sind jene Teile, in denen Glietsch ihren systematischen Ansatz, der sehr gelungen ist, entfaltet.

Besonders interessant ist Teil D. Hier zieht Glietsch Verbindungslinien zwischen den Themenfeldern, die sie im sozialwissenschaftlichen Teil herausgearbeitet hatte, und den Grundzügen feministischer Theologie: Die inhaltliche Dimension von Thürmer-Rohrs Ansatz (Mittäterschaft und weibliche Moral) ordnet sie feministisch-theologischer Analyse von Unterdrückungs- und Befreiungserfahrungen und deren Interpretation als Sünde bzw. Heilserfahrungen zu, Thürmer-Rohrs Beitrag zur feministischen Methodologie-Debatte (Pauschalierung und Ideologisierung von Frauenerfahrungen und Differenzen unter Frauen) ordnet sie der feministisch-theologischen Hermeneutik zu, die bei den Erfahrungen von Frauen ansetzt. In ihrer Rezeptionsanalyse überprüft Glietsch, welche Dimensionen von Thürmer-Rohrs Ansatz jeweils von Christine Schaumberger, Dorothee Sölle, Christa Mulack und Ina Praetorius aufgegriffen werden.

Als Probleme feministisch-theologischer Konzeptionen von Sünde identifiziert Glietsch bei den genannten Autorinnen, besonders deutlich bei Sölle und Mulack: erstens die Verabsolutierung je einer Dimension von Sünde und Mittäterschaft, zweitens die Gefahr, patriarchale Normierung von Frauenerfahrungen sowie Differenzen unter Frauen bzw. die Puralität von

Frauenerfahrungen zu übersehen und damit zu reproduzieren und drittens eine rein sozial-moralische Definition von Sünde und damit das Fehlen der theologischen Dimension. Diese Problematiken sieht Glietsch gelöst bei Gisela Matthiae, deren Ansatz sie abschließend referiert.

In ihrer Rezeptionsanalyse stellt Glietsch fest, dass die Theologinnen sich sehr stark auf Thürmer-Rohrs Thesen zu Mittäterschaft und weiblicher Moral beziehen, hingegen weniger auf die Themen Pauschalierung und Ideologisierung von Frauenerfahrungen sowie Differenzen unter Frauen. Glietsch bringt die diagnostizierte mangelnde Reflexion hermeneutischer Grundfragen in Zusammenhang mit den genannten Problematiken in den feministisch-theologischen Konzeptionierungen von Sünde. Vor allem Sölle und Mulack würden ihre Sündendefinition aus Negativerfahrungen von Frauen gewinnen, basierend auf der Identifikation relevanter Leiterfahrungen. Bei Sölle sind dies Erfahrungen ungerechter gesellschaftlicher Verhältnisse, bei Mulack Erfahrungen der Entfremdung von einer ursprünglichen Ganzheit. Aus der Benennung dieser Negativerfahrungen werde ein Leitziel abgeleitet – gerechte Gesellschaft bzw. Ganzheit –, die Abweichung davon gelte als Sünde. Sünde werde so von einer theologischen zu einer sozialmoralischen Kategorie, sei ein "negativer Verstärker für gesellschaftlich zu verurteilende (…) Erscheinungen" (305) und ein Medium der sekundären Legitimierung des Leitzieles. Gleichzeitig fehle eine selbstkritische Reflexion auf mögliche Ideologisierungen von (Frauen-)Erfahrung, werde durch die Identifikation allgemein relevanter Leiterfahrungen die Wahrnehmung von Differenzen unter Frauen verstellt und durch die tendenzielle Verabsolutierung eines Befreiungszieles die Vermittlung unterschiedlicher Definitionen von Sünde in verschiedenen kontextuellen feministisch-theologischen Ansätzen behindert.

In dieser – hier sehr gerafft dargestellten – Reflexion der Bezogenheit der inhaltlichen und der hermeneutischen Ebene aufeinander liegt die Stärke von Glietschs Systematik.

Maria Katharina Moser (Wien / Österreich)

Helga Kuhlmann, *Leib-Leben theologisch denken. Reflexionen zur Theologischen Anthropologie*, (INPUT – Interdisziplinäre Paderborner Untersuchungen zur Theologie 2), Lit: Münster 2004, 256 Seiten, ISBN 3-8258-7382-x, € 19.90

Helga Kuhlmann denkt explizit aus theologischer Perspektive über die leibliche Verfasstheit des Menschen nach, die sie aufgrund der Dimensionen der

Endlichkeit, Zeitlichkeit und Sozialität als Leib-Leben begreift. Dabei sieht sie die Wahrnehmung von Leib-Leben und die Reflexion darüber in einer "ständigen reziproken Kommunikation" (13), die dadurch offen bleibt für weitere Wahrnehmungen und Einsichten. Die einzelnen Beiträge beleuchten grundsätzliche Fragen wie das Leib-Leben selbst und das Verhältnis zur Natur sowie grundlegende Leib-Erfahrungen wie Gewalt, Lebensweitergabe und Kranksein. Bei allen behandelten Themen bezieht Kuhlmann die dem Leib-Leben inhärente Geschlechterdifferenz und die mit dem Leibsein und Leib-Leben verbundene Ambivalenz ein. Sie argumentiert sehr differenziert auf der Basis von exegetischen und systematischen Überlegungen.

Einerseits begrüßt Kuhlmann die gerade von Frauenseite erfolgte Aufwertung des Leibes, plädiert aber andererseits für eine "Selbstdifferenzierung vom eigenen Leib" (20), um der Freiheit des Geistes den ihr gebührenden Raum zu geben und der Gefahr der Reduzierung auf den eigenen Leib vorzubeugen. Theologisch sieht sie das in den biblischen "Vorstellungen der Einwohnung Gottes im menschlichen Leib" (22) verankert. Das Verhältnis von Leib und dem "Anderen" des Leibes glücke am ehesten, wenn es im Bild der Freundschaft begriffen werden könne und so einen positiven Umgang auch mit negativen Leib-Erfahrungen ermögliche. Hinsichtlich der Endlichkeit vermittelt der Glaube an die Auferstehung von Leib und Seele Hoffnung sowie Kraft für den Einsatz zur Ermöglichung von Aufstehgeschichten im irdischen Leben.

Ein zeitgemäßes Verständnis des Herrschaftsauftrags hat die von beiden Geschlechtern ausgesagte Gottesbildlichkeit einzubeziehen. Der Herrschaftsauftrag selbst geht strukturell von einem von Gewalt geprägten Verhältnis zur Natur aus. Mit dieser Auslegung widerspricht Kuhlmann gängigen, auch feministischen Interpretationen. Zur Machtausübung gehört sowohl die strukturell angelegte "gewaltsame[r] Einwirkung" des Menschen als auch die "gewaltmindernde[r] Fürsorge" (64). Sich als Mit-Natur zu begreifen und dabei lange ausgeblendete Körpererfahrungen einzubeziehen, befördert die Erneuerung einer theologischen Theorie der Natur und deren Dialog mit den Naturwissenschaften.

Will Theologie Gewalt überwinden helfen, muss sie Gewalt angemessen reflektieren und sich dazu mit ihren eigenen, Gewaltstrukturen unterstützenden Traditionssträngen auseinander setzen. Eine weitere Unterstützung bietet das Wissen um, beziehungsweise der Glaube an die Auferweckung Jesu und die damit verbundene Befreiung der Menschen zur Freiheit.

Kuhlmann widerspricht einem mit der Generativität verknüpften Eheverständnis und macht vielmehr andere Qualitätsmerkmale geltend, die auch in anderen Lebensformen realisiert sein können und deshalb den Segen Gottes verdienen.

Schwangerschaftskonflikte verschärfen sich mit den Möglichkeiten der Pränatal- und Präimplantationsdiagnostik. Es gilt, sowohl das Recht der Frauen auf selbstbestimmte Schwangerschaft als auch den Schutz der Embryonen zu gewährleisten. Dazu braucht es nicht zuletzt eine kinder- und behindertenfreundliche Gesellschaft, für die sich insbesondere die Kirchen einsetzen sollten.

Das Story-Konzept (hier das Erzählen der eigenen Krankheitsgeschichte) scheint Kuhlmann geeignet, der Vielfalt der Erfahrungen des Krankseins gerecht zu werden. Sie plädiert dafür, solche Erfahrungen auch in Liturgie, Seelsorge und Gemeindearbeit einzubeziehen.

Obschon sie ihre Beiträge als Beginn eines theologischen Nachdenkens über Leib-Leben begreift, kommt Kuhlmann das Verdienst zu, sowohl die aktuelle deutschsprachige Körperdiskussion mit einem explizit theologischen Beitrag zu ergänzen und weiterzuführen, als auch für die Theologie selbst Leiberfahrung fruchtbar zu machen. Mögliche Ansatzpunkte zum Weiterdenken sehe ich im Nachdenken über Leib-Leben aus der Perspektive von Menschen mit einer Behinderung (insbesondere hinsichtlich des Verständnisses der Auferstehung) sowie im vertiefteren ökumenischen Gespräch.

Béatrice Bowald (Kriens / Schweiz)

Karimah Katja Stauch, *Die Entwicklung einer islamischen Kultur in Deutschland. Eine empirische Untersuchung anhand von Frauenfragen*, (Berliner Beiträge zur Ethnologie 8), Weißensee Verlag: Berlin, 186 Seiten, ISBN 3-89998-049-2, € 26.00

Karimah Katja Stauchs Buch ist eine Einladung für LeserInnen, viele spannende und bisher unbekannte Fakten kennenzulernen, Projektionen zu hinterfragen und mehr über Ansichten und Beweggründe einer immer wieder marginalisierten Gruppe zu lernen. Die vorliegende qualitative empirische Studie verändert die pauschale Wahrnehmung muslimischer Frauen zugunsten eines differenzierten Bildes. Fünfzehn muslimische Frauen, in Deutschland geboren und sozialisiert, überwiegend aus Migrantenfamilien stammend, nehmen Stellung zu ihrer deutsch-islamischen Identität und Kultur. Sie beantworten Fragen zu ihrer Rolle in der muslimischen Gemeinschaft, ihrer Situation in der deutschen Gesellschaft, ihren Wünschen und Zielen und zu ihrem Verständnis gelebter Religion im deutschen öffentlichen Leben.

Die Autorin ist Diplom-Volkswirtin und Islamwissenschaftlerin und konvertierte Muslima deutscher Herkunft. Sie ist zweite Vorsitzende der Deutschen Muslim-Liga Bonn e.V. und der Christlich-Islamischen Gesellschaft e.V. in Köln. Ausführlich geht sie zunächst auf die wenig bekannte Geschichte des Islams in Deutschland ein, von den Anfängen dauerhaft hier lebender Muslime im 17. Jahrhundert bis in die heutige Zeit. Bei dem Begriff der "islamischen Kultur in Deutschland" geht es der Autorin hauptsächlich um zwei Aspekte: erstens, die bewusste Fortentwicklung islamischer Identität verbunden mit einer Auseinandersetzung mit den islamischen Quellen sowie zweitens, die Institutionalisierung islamischen Lebens und die Anerkennung des Islams im öffentlichen Raum.

Die Autorin vertritt die These, dass Erkenntnis des "Anderen" auch Selbsterkenntnis bewirkt und formuliert damit die Erfahrungen vieler Menschen, die im interreligiösen Dialog engagiert sind. Die vorgestellte Studie untersucht neben Erkenntnis- und Wandlungsprozessen auf persönlicher Ebene auch Fragen des muslimischen Gemeindelebens und dessen Wechselwirkungen mit dem öffentlichen Leben in Deutschland.

Durch die Stellungnahmen der Probandinnen und durch die begleitenden Erläuterungen der Autorin entsteht ein differenziertes Bild der durchaus unterschiedlichen Ansichten praktizierender Musliminnen. Die befragten Frauen, die eine gute Schulbildung und entsprechend gute Deutschkenntnisse haben, verstehen sich als vollwertiger Teil der deutschen Gesellschaft, in der sie auch ihre muslimische Religiosität anerkannt sehen möchten. Der Islam soll nicht nur als Migrationshintergrund verstanden werden, sondern als eine in Deutschland anerkannte Religion einschließlich einer tatsächlichen Gleichstellung des Islams mit anderen Religionen und Konfessionen.

Islamische Inhalte werden von den befragten Frauen anhand religiöser Quellen im europäischen Kontext definiert, religiöse Traditionen der Herkunftsländer zum Teil sehr kritisch hinterfragt. Innerislamische Kritik wird ebenso offen und nachdenklich formuliert wie der Umgang mit islamfeindlichen Tendenzen in der deutschen Öffentlichkeit. Die Mehrheit der Befragten befürwortet eine stärkere Mitwirkung muslimischer Frauen sowohl in muslimischen Organisationen als auch am öffentlichen Leben in Deutschland. Alle Probandinnen sind jedoch der Ansicht, dass MuslimInnen von der deutschen Öffentlichkeit weder als Gesprächspartnerinnen wahr-, noch ernst genommen und gleichberechtigt behandelt werden. Engagierten Frauen, die sich entschlossen haben Kopftuch zu tragen, sind durch die negative Einstellung der deutschen Öffentlichkeit viele Möglichkeiten verschlossen. Die islamischen

Dachverbände werden durchweg positiv beurteilt. Im Verhältnis der Geschlechter untereinander erleben die meisten Probandinnen eine große Kluft zwischen Ideal und Wirklichkeit, die unterschiedlich interpretiert wird: Einig ist man sich, dass die Umsetzung von Gleichberechtigung in der Praxis nicht erfolgt.

Einige Probandinnen sind jedoch mit traditionellen Geschlechterrollen eher zufrieden, während die Hälfte der Befragten dies ablehnt. Theologisch wünschen sich viele Frauen eine aktivere Rolle von Musliminnen, und zwar sowohl ein größeres theologisches Wissen als auch mehr weibliche Gelehrte. Eine Mehrheit befürwortet öffentliche Qur'an-Rezitationen von Frauen.

Das Buch zeigt viele interessante Aspekte muslimischen Frauenlebens und -erlebens auf und bleibt dabei immer spannend, informativ und angenehm zu lesen. Karimah Katja Stauch leistet einen überzeugenden und nachdenklichen Beitrag zum interreligiösen Dialog.

Coletta Latifah Damm (Düsseldorf / Deutschland – Mallorca / Spanien)

Sharada Sugirtharajah, *Imagining Hinduism: A Postcolonial Perspective*, Routledge: London 2003, xviii + 164 pages, ISBN 0-415-25744-1, £18.99

In this book the author Sharada Sugirtharajah, lecturer in Hindu Studies at the University of Birmingham, explores how eighteenth- and nineteenth-century orientalists and missionaries contributed to Western constructions of the notion of Hinduism. The author relates the work of five representatives of this Western construction to elements of postcolonial critique.

The author's main focus is to show that the notion of a monolithic Hinduism, both romanticized and ridiculed by the West, is a product of the colonial era. She argues that Hindus and Westerners collaborated in the hermeneutical exercise of this construction, although the parameters were set by Western scholars.

The term Hindu originally referred to a geographical area; it was later used to define religious practices and from the nineteenth century came to be associated with religious identity.

Sugirtharajah examines the construction of a monolithic notion of Hinduism from the perspective of a postcolonial critique which identifies totalizing tendencies in Eurocentric and nationalistic modes of thinking and practice. The author interrogates textual, historical, religious and other witnesses of Hinduism as it was affected by the historical reality of colonial presence and domination. The works of four missionaries and orientalists, William Jones,

Max Müller, William Ward and John Nichal Farquhar, are used to support this analysis. Sugirtharajah shows clearly that the way in which they approached India and its religious practices leads either to the glorification or the rejection of its history and identity. Europe, with its Christian religion, and India with its religious practices and cultures are looked at by the missionaries and orientalists so as to maintain the superiority of the West.

In a final chapter the author analyses a contemporary text by a western female scholar, Julia Leslie, who seeks to consider women's role in the practice of "sati". Sugirtharajah shows how even apparently progressive and critical texts are in fact influenced by the orientalist mode of interpretation and can be used in the construction of present Hindu fundamentalism.

The way the author conceptualized the book makes it possible to read the chapters independently from each other, yet they show a diverse mosaic of how the understanding of Hinduism has served western prejudices.

This is a highly informative and critical book. It forms part of a growing body of work by Asian women scholars, including for example also the Indian scholar Uma Narayan, some working in the West, who reflect critically on their own culture and on the sometimes monolithic construction of cultures and religiosity. As such they introduce a new and important approach to intercultural discourse.

Lieve Troch (Breda / The Netherlands)

Deanna A. Thompson, *Crossing the Divide. Luther, Feminism and the Cross*, Fortress Press: Minneapolis 2004, 184 Seiten, ISBN: 0-8006-3638-4, $18.00

Die Dissertation der lutherischen Theologin Deanna Thompson setzt sich das Ziel, den Graben zwischen lutherischer Kreuzestheologie und feministischer Theologie zu überbrücken. Aus der Überzeugung heraus, dass das Anliegen einer tiefgreifenden Reform der herrschenden Theologie und Kirche Martin Luther und feministischen Theologinnen gemeinsam sei, skizziert Thompson in einem ersten Teil ihres Buches Luthers Theologie und konfrontiert sie mit feministischen Anfragen an sein Sündenverständnis, an seine Betonung des Leidens und an seine Soteriologie. Das Ergebnis dieses Dialoges ist das Programm einer feministischen Kreuzestheologie, wie Thompson es im letzten Kapitel entwirft.

Ausgangspunkt ist für Thompson Luthers Kreuzestheologie in der Heidelberger Disputation von 1518 und deren inhaltliche Weiterführung, die sie kontextuell, im Zusammenhang mit den politischen Auseinandersetzungen der Reformation, versteht. In Zentrum stehe – hier bewegt sich Thompson im Hauptstrom der Lutherforschung – die Dialektik vom verborgenen Gott, der sich "sub contrario" offenbare: nicht in der machtvollen mittelalterlichen Kirche, sondern im Leiden menschlicher Existenz und im Kreuz Christi (28). Erfreulicherweise bezieht Thompson auch die Theologie des späten Luther in seinen Genesis-Vorlesungen zwischen 1536 und 1547 mit ein, insbesondere Luthers Darstellung des Abraham als vorbildlich Glaubenden sowie seine Deutung von Sarah und Hagar. Daran im letzten Kapitel kritisch anknüpfend, unternimmt Thompson eine lesenswerte Deutung von Sarah und Hagar als Vorläuferinnen einer feministischen Kreuzestheologie. Zugleich kommt sie zu dem Urteil, dass Luther durch die Verbindung verschiedener Faktoren, nämlich aufgrund seines beschränkten Blicks auf Frauen, seiner Allianz mit gesellschaftlichen Autoritäten und seiner Akzentuierung der inneren, geistlichen Beziehung des Menschen zu Gott ungerechte (gesellschaftliche) Herrschaftsstrukturen unterstütze, obgleich er sie weiterhin im kirchlichen Bereich bekämpfe (85).

Im zweiten Teil entfaltet Thompson den Dialog feministischer Theologien mit Luther anhand der feministischen Anfragen an Luthers Sündenverständnis, die Männlichkeit des Erlösers und das erlösende Leiden. Gemeinsam sei die Betonung der Erfahrungsdimension bei Luther wie bei feministischen Theologinnen. Beide teilten eine "Hermeneutik des Verdachts", die vermute, dass theologische Interpretationen von kulturellen und gesellschaftlichen Normen und Vorurteilen wie auch von allerlei Herrschaftstheologien geprägt seien. Dagegen stehe die starke feministische Kritik an Luther hinsichtlich einer eigenen *theologia gloriae*, sofern er die Erfahrung seines angefochtenen Gewissens zur Grundlage einer allgemeinen Aussage über die menschliche Situation mache.

Thompson bleibt in ihrem Sündenverständnis lutherisch geprägt, sofern sie Sünde im Kern als Unglauben versteht, der sich als Stolz zeige – bei Frauen in der Dialektik von weiblicher Selbstverneinung als Stolz über ihre Opferhaltung (108). Thompson betont gegenüber der feministischen Debatte die Bedeutung der personalen Dimension von Sünde (109), während sie gegenüber dem lutherischen Sündenverständnis eine klare Akzentuierung der strukturellen Aspekte von Sünde einfordert. Damit öffnet Thompson den Weg für eine differenzierte Sicht auf Gestalten der Sünde, die in einzelnen Personen die Möglichkeit "aktiven Sündigens" und erlittener Sünde gleichzeitig festhält und damit komplexe gesellschaftliche Herrschafts- und Unterdrückungsstrukturen theologisch qualifizieren kann, in denen Frauen sowohl als Opfer wie als Täterinnen einen Ort haben können. Eine Identifikation Gottes mit Unterdrückern in einer Gewaltbeziehung sei in jedem Falle theologisch abzulehnen, denn Gottes Gegenwart sei an der Seite der Opfer (151). In ihrer Auseinandersetzung mit der Bedeutung des männlichen Erlösers will Thompson biblisch und historisch am Judesein wie an der Männlichkeit Jesu festhalten und im Gegengewicht das Bild der gekreuzigten Frau als Ort, an dem Christus heute zu suchen sei, betonen (124f.).

Letzter Punkt der Auseinandersetzung ist die Frage des erlösenden Leidens im Kreuz Christi. Der lutherischen Theologie attestiert Thompson eine soteriologische Verharmlosung des Kreuzesleidens und eine Vernachlässigung der Auferstehung. Gegenüber der harten feministischen Kritik vom missbrauchenden Vatergott plädiert sie für eine differenzierte Sicht auf Luthers Christologie, die auf die Aussage zuläuft, dass im Kreuz Christi Gott uns den Spiegel unserer Sünde vorhalte (134) und die einzigartige Bedeutung des Opfers Christi gegenüber allem anderen menschlichen Leiden festzuhalten sei (150).

Elisabeth Hartlieb (Marburg / Deutschland)

Reinhild Traitler (Hg.), *In the Mirror of Your Eyes. Report on the European Project for Interreligious Learning*, Publishing House of the Armenian Orthodox Catholicossate: Beirut 2004, 168 Seiten, CHF 20.00 / € 12.00 / $ 15.00 (*zu bestellen unter www.epil.ch*)

Aus einer "schlichten Vision" (8), dass Zusammenleben in Frieden möglich und erlernbar sei, entwickelten Reinhild Traitler und Teny Simonian das *European Project for Interreligious Learning* (EPIL), ein mutiges und wegweisendes zweijähriges Dialogprojekt, an dem neun Musliminnen und vierzehn Christinnen aus fünf Ländern teilgenommen haben.

"Sprich von Herzen" ist eine der wesentlichen Forderungen des Dialogansatzes, den Martina und Johannes F. Hartkemeyer in aller Kürze vorstellen (10-19). Dass die Lerngemeinschaft der 23 Frauen diese Forderung berücksichtigt hat und berücksichtigen konnte, ist den weiteren Beiträgen des Bandes abzuspüren.

Das Projekt begann mit dem Kennenlernen und Vorstellen der unterschiedlichen Religionen unter der Überschrift "Identity and Difference". Dies geschah mit persönlichen Statements zur Frage: "was bedeutet mein Glaube für mich persönlich" (Elisabeth Raiser, Teny Simonian, Amira Hafner-Al-Jabaji). Nach diesem ersten Modul in der Schweiz fand Modul II in Barcelona unter dem Thema "History and Memories" statt. Hier hat mich besonders der Vortrag von Mercè Viladrich interessiert über "The Rediscovery of Al-Andalus", der die Unkenntnis und das Desinteresse der spanischen Gesellschaft hinsichtlich der muslimischen Geschichte des eigenen Landes aus der Sicht einer Historikerin darstellt (59-68). Mein Leseinteresse ist geprägt von meiner Erfahrung in der Vorbereitung auf die Zweite Europäische Frauensynode 2003 in Barcelona: Manche Missverständnisse und Konflikte, die ich dabei erlebte, sind für mich durch diesen und andere Beiträge der spanischen Gruppe nachträglich besser zu verstehen.

Modul III fand in Bosnien-Herzegowina statt: "Religious Identity: Conflict or Potential for Pluralism". Die Beiträge im Buch lassen mich vermuten, dass die Erfahrungen und Begegnungen in Sarajewo, Mostar und Zenica die Teilnehmerinnen mehr und anders bewegt haben: Reflexionen der Barcelona-Gruppe, ein Reisetagebuch und Eindrücke von zwei weiteren Teilnehmerinnen sind neben zwei Vorträgen für die Dokumentation ausgewählt worden. Eindrücklich sind ebenfalls ein Friedensgebet sowie ein offener Brief der libanesischen Gruppe, die fernbleiben mussten, da ihr Flug aufgrund des Irak-Krieges ausfiel.

Das Modul IV in Berlin stand unter dem Thema "The Challenge of Migrant Communites" und geht ausführlich auf soziokulturelle Aspekte im multikulturellen Berlin ein. Gerdien Jonker zeichnet die Entwicklung des christlich-islamischen Dialogs in Deutschland seit 1970 nach.

In Beirut fand das fünfte und letzte Modul statt: "Elements for Reconciliation in Christianity and Islam". Besonders hat mich das persönliche Statement einer Libanesin berührt, die den Krieg aus ihrer Erfahrung schildert und ihren Weg, sich trotz oder wegen dieser Erfahrungen auf einen Dialog mit "den anderen" einzulassen – vor Ort und innerhalb der EPIL-Gruppe.

Als eine abschließende Evaluation steht der Beitrag der Berliner Soziologin Aliye Yegane, die den Dialogprozess der EPIL-Gruppe kritisch würdigt. Yegane beobachtet grundlegende Unterschiede zwischen der Herangehensweise der christlichen und der muslimischen Teilnehmerinnen an das Projekt, die unterschiedliche Bewertung von Gender-Rollen wie ihre enttäuschte Erwartung, dass in einem Frauen-Dialog ausschließlich Solidarität und Schwesternschaft entstünde. Gleichzeitig benennt sie exemplarische Lernerfolge, die Mut machen. Sie endet mit einem Zitat von Abdu'l-Baha, das schließt: "Denke nicht, dass der Frieden in der Welt unmöglich sei." (156)

Ein spannendes und mutiges Projekt, in das die Dokumentation auch durch viele Fotos Einblicke erlaubt und bei der so manches auch noch "zwischen den Zeilen" steht.

Antje Röckemann (Gelsenkirchen / Deutschland)

II.4 Praktische Theologie, Spiritualität, Liturgiewissenschaft, Religionspädagogik, Homiletik, Ethik

Uta Blohm, *Religious traditions and personal stories: Women working as Priests, Ministers and Rabbis*, (Studies in the Intercultural History of Christianity 137), P. Lang: Frankfurt/M. 2005, [= Diss. Universität Wuppertal, 2004], 469 Seiten, 3-631-53740-9, € 69.60

Das vorliegende Buch untersucht das Selbstverständnis von Frauen in Leitungsämtern in Christentum und Judentum. Die Autorin hat 1998-2000 in 50 qualitativen Interviews 16 anglikanische Priesterinnen, 10 methodistische, drei baptistische und vier reformierte Amtsträgerinnen sowie 17 Rabbinerinnen im südlichen Großbritannien befragt. Baptistische Pfarrerinnen gibt es in England seit 1918, 1974 folgten die ersten methodistischen Pfarrerinnen; 1994 wurden die ersten Priesterinnen der Kirche von England geweiht. Seit 1975 arbeitet die erste Rabbinerin in Großbritannien.

In acht Kapiteln legt die Autorin ihre Ergebnisse vor. Im ersten Kapitel beschreibt sie das Projekt, ihre Methodik sowie die einzelnen religiösen Gemeinschaften, in denen die Befragten verwurzelt sind. Im Zentrum stehen die persönlichen Geschichten von Frauen und deren Verhältnis zur eigenen religiösen Tradition. Tradition ist in Blohms Dissertation ein vielschichtiger Begriff: Er kann den religiösen Rahmen (etwa Bibel, Halachah) bedeuten, es kann dabei aber auch um eine historisch gewachsene Praxis gehen, um die *Wahrnehmung* von Tradition im allgemeinen oder aus einem feministischen Blickwinkel (60-64). Einerseits wird durch diesen breiten Traditionsbegriff deutlich gemacht, dass Tradition lebendig und Überlieferung immer Akt und Aktualisierung ist; andererseits werden dadurch bisweilen Konturen verwischt und schleichen sich theologische Ungenauigkeiten ein: So ist die Tradition im Christentum nicht nur das Ergebnis des Schrifttums der Kirchenväter (61), sondern auch der Beschlüsse von Synoden und Konzilien. Ungenau sind auch die Beschreibung des dreifachen Amtes oder der Ordination in der Kirche von England (vgl. 43). Hier rächt es sich vielleicht, dass sich die Autorin zu sehr als Beobachterin sieht und zu wenig als ökumenische Theologin einbringt. Schade ist, dass die Autorin offensichtlich nicht weiß, dass Sibyl Sheridans Artikel über Rabbinerinnen (vgl. 41, Fn. 69) im ESWTR-Jahrbuch 2000 erschienen ist.

Mit Hilfe von Geschichten machen Menschen deutlich, wer sie sind (63). In den Kapiteln zwei bis sieben beschreibt die Autorin anhand ausführlicher Zitate aus Interviews die Wege, die Frauen ins Amt führten, ihre professionelle Identität, die Bedeutung der religiösen Tradition, den Umgang mit Vorurteilen und Widerstand sowie die Entwicklung eines kritischen Verhältnisses zur eigenen Tradition und Fragen der inklusiven Sprache. Im achten Kapitel fasst sie die Ergebnisse zusammen. Ein paar solcher Einsichten seien genannt: Während die Rabbinerinnen den Weg ins Rabbinat aus Liebe zum Lernen oder zur jüdischen Tradition eingeschlagen haben, sprechen die christlichen Amtsträgerinnen eher von "Berufung" durch Gott. Rabbinerinnen verstehen sich vor allem als Lehrende in einer langen Traditionskette, christliche Amtsträgerinnen sehen vor allem ihre liturgische Rolle als zentral an. Die Entscheidung für das Amt geschah bei den meisten nicht aus feministischen Gründen, sondern aus religiösen Beweggründen. Aus Vorsicht vor stereotyper Wahrnehmung vermeiden es die meisten, sich selbst als "feministisch" zu bezeichnen (321).

Viele Frauen haben einen steinigen Weg zurückgelegt, oft fehlten weibliche Rollenvorbilder. Ähnlich wie bereits die Studie von Helen Thorne (*Journey to Priesthood*, 2000; rezensiert im ESWTR-Jahrbuch 2002, 299-301) stellt auch Blohm einen Unterschied zwischen der ersten Generation der Frauen im Amt und der nächsten Generationen fest, für die der Kampf um den Zugang zum Amt bereits der Geschichte angehört (307).

Die hier zusammengetragenen Erfahrungen und Erkenntnisse sind nachvollziehbar, nicht nur für Frauen im Amt, sondern generell für Frauen in (kirchlichen) Leitungspositionen.

Angela Berlis (Haarlem / The Netherlands)

Kornélia Buday, *"The Earth has given birth to the Sky": Female Spirituality in the Hungarian folk religion*, (Bibliotheca Traditionis Europae 4), Akadémiai Kiadó / European Folklore Institute: Budapest 2004, 234 pages, ISBN 963-05-8136-1, € 39.00

"The Earth has given birth to the Sky" is an important contribution to the studies in religion and gender from a Central European perspective. Exploring female spirituality in the Hungarian folk religion, the Roman Catholic theologian Kornélia Buday reflects recent ethnological research in her own

country and relates this to a 'Western' feminist spirituality and re-construction of Goddess spirituality. What makes her work so unique is her attempt to come closer to a world that is completely unfamiliar to our modernity by engaging in what she names 'scientific empathy'. Thus the purpose of her investigation is "to re-explore and re-adopt the message of forgotten, but positively strengthening Hungarian traditional images, overcome by different ideological interests, and to revive them for the coming female (and male) generations as living heritage of our ancestries." (14). In the past this tradition of popular belief, still known to older people, was assimilated or opposed by the dominating worldviews both of Communism and of official Christianity.

In her attempt to reconstruct the marginalized but living female tradition of her country, in her first chapter Buday goes back to the Asian origins of the Magyar people in prehistoric times. In the matrifocal tribal belief of these male and female wanderers who came from the East to the West, the fertile 'Mother Earth' and her circulating (female) rhythm was honoured in magic practises in which women as shamanic healers played a decisive role. As can be reconstructed only by oral tradition, the ancestress of this ancient Hungarian religion is the so-called 'Happy Woman' (Boldogasszony) who creates, heals and leads to eternal life. Later on she was adopted and inculturated in the Christian figure of 'Mary' (as well as in the figure of 'St. Anne'), who became the divine Magna Mater in contradistinction to the dreadful Judge, the paternal God. The popular perspective of the female trinity and genealogy (Anne-Mary-Jesus) is expressed in a folk prayer that gave the title to her book: "The Earth has given birth to the Sky, the sky has given birth to St. Anne, St. Anne has given birth to Mary, Mary has given birth to her Holy Son, the redeemer of the world..." (68).

In her second chapter, Buday analyses the imagery of femaleness in the oral tradition of Hungarian rural communities by first looking at the 'Divine Woman' with her 'blessing or cursing female power', and then at the 'Human Woman' with her 'blessed or cursed female state'. In this way she does not merely explore positive images but also negative ones, in other words "typical degrading approaches to femaleness, most often narrated by men, as part of their justification of the patriarchal order built up through the centuries"(111). Trying to overcome the deeply ingrained split between evil/divine, fertile/pure, whore/virgin, Eve/Mary that is symbolized in the Hungarian Folk tradition by the 'Happy Woman' and the 'Beautiful Woman', Buday finally gives her vision of female integration: "In her-story female beauty is re-evaluated and is seen no more as an evil temptation, but as the mirror of her inner harmony with her ancient female roots"(131).

In the third chapter Kornélia Buday finally relates the investigated images and roles of femaleness to the results of her own intensive field-studies on two women both of whom have been regarded in their own environment and era as visionaries, priestesses or prophets representing the 'female power of the Happy Woman': Klára Csépe of Haznos (1913-1985), and Mária Katona of Somos (born in 1922). Budays narration of 'the dualistic Eve-Mary fate' of Klára Csépe 'the seer of Fallóskút' (now a pilgramage place) who was oppressed by her husband as well as by Church authorities and by the psychiatric system is especially moving. The case of Mária Katona who seems to have further developed the religious ideas of Klára Czépe is similar but also different. What is similar is her visionary experience, her use of Christian images and her attraction to rural believers; what is different is her turn away from official church authorities, her inspiration 'to restore sanctity in the profane', and her own ritual practise in the presence of other believers. Buday interprets her female spirituality of a growing identification with the heavenly mother and her conviction as a childless woman that she could give birth to a second, female Redeemer 'Christa' within the greater framework of women's religion. In this religion motherhood is crucial not merely as physical fertility but as a sign of life-giving and healing power. It is the profane female experience that is sacralised in women's rituals; and – far from dogma or moral doctrines –, it is the non-transcendent view of the Goddess who deals with persons rather than rules that gives an interpersonal orientation.

In the conclusion, Buday again puts her own study of female spirituality in the Hungarian folk religion into the larger context of gender studies in religion. Thereby she stresses the need for new methodologies and frameworks of scientific interpretation to reveal the undermined reality of Goddess-like characteristics in different cultural traditions. It is not least her own investigation into Hungarian 'verbal iconography' and into the biographies of two Hungarian spiritual women with which she has made an enormous contribution to this.

Annette Esser (Cologne / Germany)

Brigitte Enzner-Probst, *Heimkommen. Segensworte, Gebete und Rituale für die Kranken- und Sterbebegleitung,* Claudius Verlag: München 2004, 168 Seiten, ISBN 3-532-62301-3, € 12.90

Die evangelische Theologin Brigitte Enzner-Probst hat in diesem Buch Texte zusammengetragen, die sie in ihrer langjährigen Praxis in der Begleitung kranker und sterbender Menschen gesammelt oder (größtenteils) selbst verfasst hat.

Dabei richten sich die Texte vorrangig an Christinnen und Christen, unabhängig von ihrer Konfession. Menschen anderer Glaubensrichtungen werden allerdings auch tröstliche Gebete und Rituale finden, wenn auch die meisten Texte von der Hoffnung auf Auferstehung geprägt oder zumindest beeinflusst sind.

Das erste Kapitel richtet sich bewusst an Begleitende, ihre Vorbereitung und ihren Umgang mit der Situation des sterbenden Menschen. Nur wenn die Helfenden Ausdrucksmöglichkeiten für ihre eigene Trauer, Hoffnungslosigkeit, Verzweiflung und Wut finden, können sie mit Sterbenden den Weg der Begleitung zu Ende gehen. So schildert die Autorin zum Beispiel den Krankenbesuch als Ritual, in dem Befürchtungen vor dem Besuch, dem aktiven Da-Sein während des Besuches und dem Loslassen-Können danach fester Bestandteil sind. Im zweiten Teil folgen Texte, die mit oder von Kranken selbst gesprochen werden können. Dabei orientieren sich die Gebete an bekannten Symbolen von Wandlung und Veränderung, wie etwa das Wachsen und Vergehen von Pflanzen, der Lauf eines Flusses oder auch eine Reise. Nach einführenden Worten über den heute oft verschämten Umgang mit Klage und Verzweiflung gibt die Autorin im dritten Kapitel einige konkrete Beispiele für Klagegebete, wie sie etwa nach dem Abbruch einer Behandlung formuliert werden können. Dabei betont sie gleichzeitig, dass die hier vorgelegten Klagen als Anregung für eigene Formulierungen dienen sollen, da gerade die Klage etwas sehr Individuelles ist. Im vierten Teil werden verschiedene Rituale beschrieben. Hier finden sich sowohl neue als auch althergebrachte Rituale, wie etwa die Krankensalbung oder das Krankenabendmahl (die Krankenkommunion), die in Kirchen katholischer Tradition in der Regel von einem Ordinierten gespendet werden. Die Autorin ermuntert Begleitende aller Konfessionen, diese Rituale für sich fruchtbar werden zu lassen und sie anzuwenden. Im abschließenden fünften Kapitel versammelt Brigitte Enzner-Probst neben einigen bekannten Gebeten (wie etwa Luthers Abendsegen) verschiedene biblische Textstellen, die im Zusammenhang mit dem Tod und der Hoffnung auf Auferstehung stehen. Gerade für Menschen, die Schwierigkeiten mit dem freien Sprechen und Formulieren von Gebeten haben, finden sich hier hilfreiche Anknüpfungspunkte für die Rückbesinnung auf traditionelle Texte.

Insgesamt bietet das Buch Menschen, die Sterbende und Schwerkranke begleiten, vielfältige Möglichkeiten. Besonders gelungen finde ich den Anfang des Buches, der auf den "Beginn vor dem Beginn", die direkte Vorbereitung der Begleitenden, eingeht und diesen oft vergessenen Bereich hervorhebt. Die Vielfalt der Bilder von Wandlung ermöglicht es einer Vielzahl unterschiedlicher Menschen, ihr je eigenes Symbol zu finden und den für sie passenden Text zu formulieren. Neben aller Hoffnung auf Auferstehung und Heilwerden nach dem Tod lassen die Texte aber auch Verzweiflung, Klage und Anklage zu, so dass auch Menschen in großer Verzweiflung viel Brauchbares in diesem Buch entdecken können.

Diejenigen, die Schwierigkeiten beim freien Formulieren religiöser Texte haben, finden viele Anregungen. Anderen wiederum gibt das Buch nützliche Hinweise, um selbst individuelle Gebetstexte zu verfassen. Abgerundet wird das Buch durch eindrucksvolle Bilder zu Beginn jedes Kapitels.

Katharina Friebe (Nieheim / Deutschland)

Bärbel Fünfsinn (Hg.), *„En ti vivimos – in dir leben wir". Glaubensbekenntnisse und Interpretationen biblischer Texte – Beiträge und Interpretationen aus Nicaragua*, Nordelbisches Zentrum für Weltmission und Kirchlichen Weltdienst: Hamburg 2004, 81 Seiten, € 5.00 (zu bestellen: Agathe-Lasch-Weg 16, D-22609 Hamburg)

Die kleine Broschüre enthält 26 Glaubensbekenntnisse und sieben Interpretationen biblischer Frauentexte (in spanisch und deutsch), die während einer Gastdozentur Bärbel Fünfsinns am Centro Interecclesial de Estudios Teologicos y Sociales (CIEETS) in Managua im Zeitraum 2002 – 2003 entstanden sind.

In Kursen über Geschlechtergerechtigkeit in der Theologie haben Studierende und Lehrende im Rahmen ihrer intensiven Auseinandersetzung mit traditionellen Gottesvorstellungen eine kreative Aneignung versucht, indem sie Credos schrieben, in denen es darum ging, eine nicht androzentrische Sprache und Symbolik zu finden.

Das ist leichter gesagt als getan. Viele der dabei entstandenen Bekenntnisse helfen sich, indem sie die alten, uneingelösten Utopien benützen, die in die Gottesrede eingeflossen sind und nach denen Menschen sich noch immer sehnen. Sie bekennen Gott als Liebe, Barmherzigkeit, Gerechtigkeit, als Befreier der Unterdrückten, als Geburt zu neuem Leben, als Lebenskraft und Auferstehung, und stellen in der harten Lebenswirklichkeit der Menschen eine Ermutigung dar, die sich die bekennende Person selbst zuspricht.

In ihrer sprachlichen Form suggerieren die meisten Bekenntnisse allerdings, dass Männlichkeit weiterhin zur Weise des Sprechens von Gott gehört. Wenn manche Credos weibliche Bilder verwenden, dann erscheinen diese meistens als Zusatz: Da ist von Gott/Göttin die Rede, von Vater/Mutter und die

Schreibenden scheinen sich zu beeilen, Geschlechtergerechtigkeit herzustellen, indem sie einfach alle vorhandenen Bilder aufaddieren.

Die Bekenntnisse, die mir am besten gefallen und die gleichzeitig klarmachen, worum es vielleicht ginge, sind jene, die gleichsam ohne das Wort Gott auskommen und weder in einer theologischen noch in einer liturgischen Sprache von Gott zu reden versuchen, sondern in einer poetischen:

> *Wir finden dich*
> *jenseits unserer Gedanken und unseres Verstehens*
> *bei Morgengrauen und Abenddämmerung*
> *mitten im Schlamm, der uns bis zum Hals reicht*
> *aber wir heften unsere Augen an dein Gesicht*
> *mit der Sehnsucht derjenigen, die von der Sonne verbrannt sind*
> *und mit dem Glanz unserer Hoffnungen.* (Maria Teresa Madrigal Toval, 47)

In manchen dieser Bekenntnisse wird von der Erfahrungswelt von Frauen gesprochen, von ihrem Körper, in manchen wird dieser Körper als verletzlich und von Gewalt bedroht erlebt – Bild eines verletzlichen Gottes.

In einem Gedicht "Im Lernprozess" formuliert die Autorin Rosa Mercado einige der Probleme des Redens von Gott im Kontext der früh verinnerlichten patriarchalen Bilder, die sie "Gott" immer noch als "Vater" wahrnehmen lassen. Glauben ist für sie Paradox, an dem sie festhält *"trotz meiner... Verwirrung mitten im Prozess, dich in anderen Bildern glauben zu lernen"* (59).

Leider ist die Sprache der Übersetzungen (Michaela Görtzen, Bärbel Fünfsinn) manchmal schwerfälliger und androzentrischer als die spanischen Texte es sind. Die Grossschreibung des göttlich (vermuteten) "Du" im deutschen Text stellt einen Kommentar dar, den ich fragwürdig finde. Indem das "du" in der spanischen Version nicht herausgehoben erscheint, bleibt es *opaque*, steht nicht zur Verfügung, muss immer neu gesucht werden – was ja wohl der Zweck dieser Einübung einer geschlechtergerechten Gottesrede war.

Reinhild Traitler (Zürich / Schweiz)

Michaela Moser / Ina Praetorius (Hg.), *Welt gestalten im ausgehenden Patriarchat*, Ulrike Helmer: Königstein 2003, 312 Seiten, ISBN 3-89741-125-3, € 24.50 / CHF 43.80

Was es bedeutet, am Ende des Patriarchats über gutes Leben für alle nachzudenken, war im Sommer 2002 Thema eines internationalen Symposions zur

Feministischen Ethik in Salzburg. Im Konferenzband werden die Gedanken vieler Frauen und einiger Männer in vielfältigen Handlungsfeldern zueinander in Beziehung gesetzt. Die Mitte des Buches bildet die von Ina Praetorius, Eva Pelkner, Michaela Moser und Gerlinde Mauerer verfasste "Salzburger Erklärung zur so genannten Bioethik". Sie wendet sich u.a. gegen eine Aufsplitterung der Ethik in Teilbereiche, wie etwa "Bio"-Ethik. Den Autorinnen geht es um eine Weltsicht der Bezogenheit im Rückblick auf die je eigene Lebensgeschichte. Nicht nur medizinische und juristische Fachleute sollen über das Leben entscheiden können. Die ganze Komplexität ökonomischer und politischer Zusammenhänge, Geschlechterfragen, alle Bereiche des menschlichen Zusammenlebens müssen dazu in den Blick genommen werden. Es wird aufgezeigt, dass "Bio"-Ethik nicht herrschaftsfrei möglich ist. Welchem Leben dient eine solche Ethik? Die Autorinnen geben zu bedenken, dass Menschenwürde bisher ausdrücklich nicht auf Frauen und Kinder und an den Rand gedrängte Gruppen bezogen worden ist. Wie der Embryo als in den Körper einer Frau eingebettet gesehen werden muss, so kann auch die Menschenwürde nicht auf die Eizellen im Mutterleib beschränkt bleiben.

In den 26 Aufsätzen dieses Buches scheinen viele neue Denkansätze auf: Ina Praetorius erläutert in fünf Thesen, wie Ethik nach dem Patriarchat gedacht werden kann. In anderen Artikeln geht es um die Berechtigung von Gewaltanwendung (Heike Weinbach über Emma Goldmann) oder um ein neues Nachdenken über den Opferbegriff. Maria Katharina Moser regt dazu an, dass Frauen den Wunsch unschuldig zu bleiben, aufgeben und ihre eigene Beteiligung an Dominanzstrukturen thematisieren. Ulrike Wagener arbeitet heraus, wie die Frauenbewegung ein Umdenken im Umgang mit Gewalt an Frauen bei Polizei und Staat bewirkt hat. Auch Michi Ebner geht es um Dominanz – ausgearbeitet am Thema Mobbing – und um die Einfühlung in Außenseiterinnen als subversive Strategie. Anne-Claire Mulder ergänzt Ebners Ansatz und fragt nach neuen Bedingungen eines menschlichen Zusammenlebens. Die Aufmerksamkeit für die eigene Körperlichkeit ist für Mulder die Grundbedingung für die Erschaffung eines "Dazwischen" gegenüber Anderen.

Besonders interessant als Anfrage an feministische Theologinnen sind die Gedanken Birge Krondorfers, die uns nach unseren unbewussten Voraussetzungen fragt, wenn wir zum Beispiel die Lehre von Erbsünde oder Erlösung kritisieren und unsere Version weitertragen. Sie will eine Voraussetzung für einen nichtarroganten Umgang mit Frauen und Feministinnen aus anderen religiösen Kontexten und religionsgeschichtlichen Herkünften schaffen (69).

Unter der Überschrift "Räume gestalten" denkt Katharina Zaugg über das Putzen öffentlicher Toiletten und darüber nach, dass für einen spirituellen Weg die eigene innere Reinigung Vorbedingung ist. Ursula Knecht stellt den Labyrinthplatz in Zürich vor. Die Arbeitsgruppe Chora denkt neu nach über Subsistenzarbeit – Tauschhandel und die eigenen Bedürfnisse in Bezug auf andere, zum Beispiel der Dankbarkeit der Mutter gegenüber.

Fürsorge und "anders wirtschaften" sind die Überschriften zweier weiterer Kapitel. Gemeinsam mit der Salzburger Erklärung finden sich im Kapitel "'bioethische' Fragen einmal anders stellen" verschiedene Gesichtspunkte näher erläutert: Eva Pelkner stellt ein Menschenbild der Bezogenheit ausführlicher dar und stellt der gängigen Diskussion in der Bioethik so einen neuen Ansatz gegenüber. Menschen seien gleichen Ursprungs, heißt es bei Karin Ulrich-Eschemann: Wir entwickeln uns zum Menschsein seit unserer Geburt in vielfältigen Beziehungen und sind nicht machbar. Gerlinde Mauerer befragt die Rede von der weiblichen Gebärautonomie – und findet eine Kontrolle über Frauen, die Freiwilligkeit unmöglich macht.

Im Kapitel über "anders wirtschaften" werden die Aufteilungen und Bewertungen von Haus-, Familienarbeit sowie mit Einkommen verbundener Tätigkeit neu in den Blick genommen. Michaela Moser definiert den Reichtum von Frauen und unserer Gesellschaft neu. Andrea Günter ermutigt zur Weltliebe in Rückbindung an das Tun der Mutter.

Dieses Buch gibt Anstöße zum Umdenken: im persönlichen Lebensraum und zum Neudenken der Welt.

Irene Löffler (Friedberg bei Augsburg / Deutschland)

EUROPEAN SOCIETY OF WOMEN IN THEOLOGICAL RESEARCH

EUROPÄISCHE GESELLSCHAFT FÜR THEOLOGISCHE FORSCHUNG VON FRAUEN

L'ASSOCIATION EUROPÉENNE DES FEMMES POUR LA RECHERCHE THÉOLOGIQUE

Contact for the ESWTR Bulletin:
PD Dr. Luzia Sutter Rehmann,
Margarethenstr. 20, CH-4102 Binningen

Journal of the European Society of Women in Theological research

1 **Luise Schottroff, Annette Esser**, *Feministische Theologie im europäischen Kontext – Feminist Theology in a European Context – Théologie féministe dans un contexte européen*, 1993, 255 p., ISBN: 90-390-0047-6 [out of print]

2 **Mary Grey, Elisabeth Green**, *Ecofeminism and Theology – Ökofeminismus und Theologie – Ecoféminisme et Théologie*, 1994, 145 p., ISBN: 90-390-0204-5 23 EURO

3 **Angela Berlis, Julie Hopkins, Hedwig Meyer-Wilmes, Caroline Vander Stichele**, *Women Churches: Networking and Reflection in the European Context – Frauenkirchen: Vernetzung und Reflexion im europäischen Kontext – Eglises de femmes: réseaux et réflections dans le contexte européen*, 1995, 215 p., ISBN: 90-390-0213-4 23 EURO

4 **Ulrike Wagener, Andrea Günter**, *What Does it Mean Today to Be a Feminist Theologian? – Was bedeutet es heute, feministische Theologin zu sein? – Etre théologienne féministe aujourd'hui: Qu'est-ce que cela veut dire?*, 1996, 192 p., ISBN: 90-390-0262-2 23 EURO

5 **Elisabeth Hartlieb, Charlotte Methuen**, *Sources and Resources of Feminist Theologies – Quellen feministischer Theologien – Sources et resources des Théologies féministes*, 1997, 286 p., ISBN: 90-390-0215-0 23 EURO

6 **Hedwig Meyer-Wilmes, Lieve Troch, Riet Bons-Storm**, *Feminist Pespectives in Pastoral Theology – Feministische Perspektiven in Pastoraltheologie – Des perspectives féministes en théologie pastorale*, 1998, 161 p., ISBN: 90-429-0675-8 23 EURO

7 **Charlotte Methuen**, *Time – Utopia – Eschatology. Zeit – Utopie – Eschatologie. Temps – Utopie – Eschatologie*, 1999, 177 p., ISBN: 90-429-0775-4 23 EURO

8 **Angela Berlis, Charlotte Methuen**, *Feminist Perspectives on History and Religion – Feministische Zugänge zu Geschichte und Religion – Approches féministes de l'histoire et de la religion*, 2000, 318 p., ISBN: 90-429-0903-X [out of print]

9 **Susan K. Roll, Annette Esser, Brigitte Enzner-Probst, Charlotte Methuen, Angela Berlis**, *Women, Ritual and Liturgy – Ritual und Liturgie von Frauen – Femmes, la liturgie et le rituel*, 2001, 312 p., ISBN: 90-429-1028-9 23 EURO

10 **Charlotte Methuen, Angela Berlis**, *The End of Liberation? Liberation in the End! – Befreiung am Ende? Am Ende Befreiung! – La libération, est-elle à sa fin? Enfin la libération*, 2002, 304 p., ISBN: 90-429-1028-9 23 EURO

11 **Elżbieta Adamiak, Rebeka J. Anić, Kornélia Buday with Charlottte Methuen and Angela Berlis**, *Theologische Frauenforschung in Mittel-Ost-Europa – Theological Women's Studies in Central/Eastern Europe – Recherche théologique des femmes en Europe orientale et centrale*, 2003, 270 p., ISBN: 90-429-1378-9 23 EURO

12 **Charlotte Methuen, Angela Berlis, Sabine Bieberstein, Anne-Claire Mulder and Magda Misset-van de Weg**, *Holy Texts: Authority and Language – Heilige Texte: Autorität und Sprache – Textes Sacrés: Autorité et Langue*, 2004, 313 p., ISBN: 90-429-1528-x 23 EURO

All volumes of the Journal of the ESWTR can be ordered from Peeters Publishers, Bondgenotenlaan 153, B-3000 Leuven
Fax: +32 16 22 85 00; e-mail: order@peeters-leuven.be

The volumes of the Journal of the ESWTR are also available online at http://poj.peeters-leuven.be